城市轨道交通运营车辆系统岗位培训教材

城市轨道交通车辆检修技术

丛书主编　张　辉　谭文举　柳　林
主　　编　王　亮　明　洪　李福斌　黎　鑫
主　　审　李文柱　李　军

中国建筑工业出版社

图书在版编目（CIP）数据

城市轨道交通车辆检修技术/张辉，谭文举，柳林丛书主编，王亮等分册主编．—北京：中国建筑工业出版社，2017.10
城市轨道交通运营车辆系统岗位培训教材
ISBN 978-7-112-20926-2

Ⅰ.①城… Ⅱ.①张…②谭…③柳…④王…
Ⅲ.①城市铁路-铁路车辆-车辆检修-岗位培训-教材
Ⅳ.①U279.3

中国版本图书馆 CIP 数据核字（2017）第 158614 号

　　本书共14章。分别是车辆总体、车体内装及贯通道、空调系统、车门系统、转向架系统、车钩系统、供风制动系统、列车控制系统、通信控制系统、主电路系统、辅助供电系统、乘客信息系统、照明系统、附属设备等内容。本书根据城市轨道交通设备操作岗位标准和培训规范进行编写。本书是作者对我国城市轨道交通车辆系统的实践进行的较为科学、全面的总结，具有较强的实用性和操作性。

　　本书可作为城市轨道交通运营车辆系统岗位培训考试用书，也可作为运营管理部门、设计部门、科研单位和教育机构的参考书。

责任编辑：胡明安
责任校对：焦　乐　刘梦然

城市轨道交通运营车辆系统岗位培训教材
城市轨道交通车辆检修技术
丛书主编　张　辉　谭文举　柳　林
主　　编　王　亮　明　洪　李福斌　黎　鑫
主　　审　李文柱　李　军

*

中国建筑工业出版社出版、发行（北京海淀三里河路9号）
各地新华书店、建筑书店经销
霸州市顺浩图文科技发展有限公司制版
北京同文印刷有限责任公司印刷

*

开本：850×1168毫米　1/32　印张：11¾　插页：1　字数：315千字
2017年9月第一版　　2017年9月第一次印刷
定价：38.00元
ISBN 978-7-112-20926-2
(30580)

版权所有　翻印必究
如有印装质量问题，可寄本社退换
（邮政编码100037）

本书编委会

丛书主编：张　辉　谭文举　柳　林

主　　编：王亮明　洪　李福斌　黎　鑫

主　　审：李文柱　李　军

编　　委：（排名不分先后）

　　　　　高大毛　钟国强　郑吴富　李　辉　李大洋
　　　　　任崇会　谢喜佳　覃承强　卜美玲　谢海丹
　　　　　滕　展　江　腾　陈　鹏　韦忠潮　李　良
　　　　　韦洋洋　阮高万　周子杰　韦　迪　向伟彬
　　　　　王　磊　李燕艳　刘光普　邱士正　张振东
　　　　　韦庭三　旷文茂　李军生　张　度　王交奇
　　　　　陆　杨　何　君

参编单位：南宁轨道交通集团有限责任公司
　　　　　中国建筑股份有限公司

序

目前，随着我国城市轨道交通事业的快速发展，城市轨道交通的运营、管理及安全已经摆到了首位。轨道交通系统一旦建成，就必须夜以继日地保持系统的安全和高效运营。城市轨道交通系统设备先进、结构复杂，高新技术应用越来越普及，要保障这样庞大系统的安全和高效，必须依靠与之相协调的高素质的人员。轨道交通行业职工素质的高低直接关系到企业的生存和发展。因此，企业必须拥有一支高素质的技术队伍，培养一批技术过硬、技艺精湛的能工巧匠，才能确保安全生产，提高工作效率，提升非正常情况下的应急应变能力。

岗位培训是人才培养的重要途径，是提高企业核心竞争力的重要手段，而岗位培训需要适合的培训教材，在对国内城市轨道交通行业进行广泛调研的基础上，推出了"城市轨道交通运营车辆系统岗位培训教材"，涉及城市轨道交通标准化作业教程、电客车驾驶、工程车驾驶、工程车检修技术、厂段调度、车辆系统功能与组成、车辆检修技术、设备维修技术、设备操作原理、运营安全管理等内容。

本套教材由南宁轨道交通集团和中国建筑股份有限公司组织从事城市轨道交通建设和运营管理的专家编写。在教材内容方面，力求实用技术和实际操作全面、完整，在注重实际操作的基础上，尽可能将理论问题讲解清楚，并在表达上能够深入浅出。本套丛书不仅是城市轨道交通工程运营专业人员的岗位培训、技能鉴定的培训教材，也可以作为城市轨道交通大中专院校、职业学校学生的教学参考用书。

相信该套培训教材，能在广泛吸收国内、外同行技术与管理经验的基础上，结合国内行业实际情况，为城市轨道交通车辆系统提供一套完整而系统的参考读物，亦为我国城市轨道交通运营管理的基础理论和实用技术填补空白。

张　辉

前　言

地铁车辆是地铁交通的核心部分，一切地铁交通的建设及维护都是为地铁车辆安全而平稳运行这个最重要目的服务的。地铁车辆检修是其中重要的环节，合理地开展地铁车辆检修工作对确保地铁车辆安全运行、提升车辆运行品质以及降低运营成本有十分重要的意义。

地铁车辆的检修工作，是非常的繁琐与复杂，而地铁车辆又是安全运营的核心关键之一，如何保证地铁车辆检修工作保质保量的进行检修人员又是其中的关键。车辆检修工作为地铁车辆检修工作的执行者，在工作中需要具有大量相关专业知识，而目前培养这些技术人员迫切又需要一些深入浅出，简明易懂的教材。本书便是基于以上目的编著而成。

本教材共14章，主要内容有：车辆总体、车体内装及贯通道、空调系统、车门系统、转向架系统、车钩系统、供风制动系统、列车控制系统、通信控制系统、主电路系统、辅助供电系统、乘客信息系统、照明系统、附属设备。各章力求文字深入浅出，简明易懂。

本书对编者多年来在轨道交通行业的实践进行了较为全面和科学的总结，具有较强的实用性和可操作性，本书可作为城市轨道交通运营车辆系统岗位培训考试用书，也可作为运营管理部门、设计部门、科研单位和教育考试机构的参考书。

本书在编写过程中得到了南宁轨道交通集团及运营分公司领导专家的大力支持，在此一并致谢，在成文过程中，也参考和引用了部分同行的相关成果，特向相关作者表示感谢，鉴于编者水平有限，书中纰漏和不足之处在所难免，恳请广大专家、读者批评指正！

编　者

目 录

1 车辆总体 ··· 1

  1.1 列车编组 ··· 1

  1.2 列车分类 ··· 3

  1.3 列车系统 ··· 4

  1.4 B型车主要技术参数 ································· 9

  1.5 编号及标记定义 ····································· 11

2 车体内装及贯通道 ····································· 15

  2.1 车体 ·· 16

  2.2 内装 ·· 19

  2.3 贯通道 ··· 26

3 空调系统 ·· 33

  3.1 概述 ·· 33

  3.2 空调系统组成 ······································· 34

  3.3 空调控制系统 ······································· 44

  3.4 常见故障处理 ······································· 59

4 车门系统 ·· 62

  4.1 客室车门 ·· 62

  4.2 司机室侧门 ··· 79

  4.3 车门常见故障处理 ································· 82

5 转向架系统 ... 84
- 5.1 概述 ... 84
- 5.2 转向架主要零部件及其功能 ... 93
- 5.3 转向架组装流程简介 ... 109
- 5.4 转向架常见故障处理 ... 111

6 车钩系统 ... 113
- 6.1 概述 ... 113
- 6.2 车钩结构及工作原理 ... 120
- 6.3 车钩的预防性维修 ... 133

7 供风制动系统 ... 136
- 7.1 概述 ... 136
- 7.2 制动方式 ... 137
- 7.3 制动系统功能 ... 139
- 7.4 供风装置 ... 142
- 7.5 制动控制系统 ... 149
- 7.6 基础制动装置 ... 161
- 7.7 供风制动系统其余装置 ... 169

8 列车控制系统 ... 174
- 8.1 概述 ... 174
- 8.2 司控器主要部件介绍 ... 175
- 8.3 司机台 ... 180
- 8.4 列车控制电路 ... 186

9 通信控制系统 ... 194
- 9.1 概述 ... 194
- 9.2 数据类型及传输 ... 197

  9.3 系统控制功能 …………………………………………… 198
  9.4 系统模块介绍 …………………………………………… 206
  9.5 系统检修维护 …………………………………………… 208
  9.6 系统常见故障处理 ……………………………………… 212

10 主电路系统 …………………………………………………… 214

  10.1 概述 ……………………………………………………… 214
  10.2 受电弓 …………………………………………………… 217
  10.3 高压箱 …………………………………………………… 233
  10.4 牵引逆变器 ……………………………………………… 240
  10.5 制动电阻 ………………………………………………… 258
  10.6 牵引电动机 ……………………………………………… 265
  10.7 接地装置 ………………………………………………… 269
  10.8 避雷器 …………………………………………………… 271

11 辅助供电系统 ………………………………………………… 272

  11.1 概述 ……………………………………………………… 272
  11.2 辅助系统的基本功能及主要组成部分 ………………… 272
  11.3 辅助电源系统控制原理 ………………………………… 276
  11.4 辅助逆变器工作原理 …………………………………… 278
  11.5 蓄电池充电机 …………………………………………… 286
  11.6 蓄电池 …………………………………………………… 287
  11.7 常见故障处理 …………………………………………… 289

12 乘客信息系统 ………………………………………………… 296

  12.1 系统说明 ………………………………………………… 296
  12.2 系统设备及原理 ………………………………………… 299
  12.3 系统功能操作 …………………………………………… 326
  12.4 故障诊断 ………………………………………………… 334
  12.5 常见故障诊断与处理 …………………………………… 334

12.6	缩写表	339
13	**照明系统**	**340**
13.1	车辆外部照明	340
13.2	车辆内部照明	341
13.3	预防性维修	344
14	**附属设备**	**346**
14.1	概述	346
14.2	火灾报警系统	346
14.3	刮雨器	351
14.4	预防性维修	353

1 车辆总体

城市中使用车辆在固定导轨上运行，且主要用于城市客运的交通系统称为城市轨道交通。地铁车辆，是城市轨道交通的重要组成部分，是用来运输乘客的运输工具。地铁车辆有不同的编组，主要分为 A、B、C 三种车型，通常根据机械和电气原理分为机械系统和电气系统，两个系统包含有不同的子系统。

1.1 列车编组

地铁列车的编组通常是由 6 节车厢编组完成，也有部分列车采用的是 3 节编组或 4 节编组。6 节编组的列车可以由 3 节动车与 3 节拖车（3 动 3 拖）编组，也可以有 4 节动车与 2 节拖车（4 动 2 拖）编组，4 节编组的列车通常由 2 节动车与 2 节拖车（2 动 2 拖）编组。

随着地铁技术的发展，也有部分地铁列车采用了 8 节编组的形式，由 6 节动车与 2 节拖车组成，比如北京地铁 16 号线。也有部分 4 节编组的列车由于实际运营需求，由原来的 4 节编组更改为 6 节编组。通常动车和拖车通过车钩连接而成的一个相对固定的编组称为一个单元，一列车可以由一个或几个单元编组而成，图 1.1-1 为六节（4 动 2 拖）车辆编组一个单元的示意图，其中 T_c 车业内也称为 A 车，为拖车，M_p 车为带受电弓的动车，也称为 B 车，M 车为不带受电弓的动车，也称为 C 车。T_c、M_p、M 车之间通过半永久牵引杆进行机械连接，两个单元以半自动车钩联挂，电气连接通过跨接电缆实现，气动功能则通过用于连接车辆的软管进行传递。各个单元的司机室端配备全自动车钩。如果出现紧急情况，可将两列车联挂，用一列车来拖动另一列车。

编组方式为：$+T_c \times M_p \times M = M \times M_p \times T_c+$

其中　　+——全自动车钩；

　　　　=——半自动车钩；

　　　　×——半永久牵引杆。

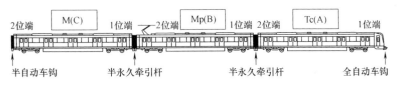

图 1.1-1　车辆编组示意图

车厢之间通过车钩进行连接，从而实现列车各车厢之间的力的传递，车厢之间的跳接电缆实现了列车各车厢之间的能源与信息传递，贯通道则为乘客提供相邻车厢通行的通道及保护。

与传统铁路车辆依靠动力车头牵引的集中式动力系统不同，地铁车辆通常采用的是分布式动力系统，动力系统分布到各节车厢。现代地铁列车采用的是电力牵引技术，电力通过接触网或第三轨传送到列车上，经由牵引电动机实现列车的牵引。

制动系统通常分为再生制动、电制动以及空气制动，再生制动的优先级优于电制动，电制动的优先级优于气制动，在电制动制动力不足的情况下，空气制动将会补充制动力差值。制动的控制方式有一个电子控制单元控制一节车厢的制动的车控方式，也有一个电子控制单元控制一个转向架的架控方式。

地铁车辆的设备布置主要集中在车底，采用的是悬挂方式。由于设备众多，空间有限，故设备布置结构较为紧致，需要兼顾安装维护需求以及车辆重心；空调设备通常安装在车顶，控制电器柜通常安装在客室内；列车内部有内墙装饰，提供舒适的外观并对乘客以及内部设备电缆进行保护，座椅、扶手、照明以及通风设备则为乘客提供舒适的乘车环境；列车两端各布置一个司机室，列车可以在终点站或需要的地方进行折返。

1.2 列车分类

地铁车辆类型可分为：A、B、C三种。三种车型的主要区分是车体宽度，一般而言，A型车的车宽为3.0m，B型车的车宽为2.8m，C型车的车宽为2.6m，此处所说的宽度通常指的为列车的地板面高度处的列车宽度。A型车长度一般在21～24m；B型车长度一般在19～21m；C型车长度一般在15～19m。列车长度可以靠改变编组来随时变化，高度差别不大（因为人的身高都差不多），所以这些都不是车型的参考标准。只有宽度最重要，而且一旦成型就无法再改变，因此是区分车型的唯一标准。

通常而言，各个车型的列车的数据参数如表1.2-1所示：

各车型相关参数 表1.2-1

车 型	A型车	B型车	C型车
最大客运量（单向小时人次）	4.5万～7.5万人	3.0万～5.5万人	0.8万～3.0万人
线路形态	隧道为主	隧道为主	地面或高架
路用情况	专用	专用	专用
平均站距(m)	800～1500	800～1200	600～1000
站台长度(m)	200	200	120
站台高低	高	高	高
车辆宽度(m)	3.0	2.8	2.6
车辆定员（站6人/m²）	310	240	220
最大轴重(t)	16	14	11
最大时速(km/h)	80～160	100	80
平均运行速度(km/h)	34～40	32～40	30～40
轨距(mm)	1435	1435	1435
额定电压(V)	DC1500	DC1500(750)	DC1500(750)
受电方式	架空线/第三轨	架空线/第三轨	架空线/第三轨
列车自动保护	有	有	有
列车运行方式	ATO/司机驾驶	ATO/司机驾驶	ATO/司机驾驶
行车控制技术	ATC	ATC	ATP/ATS
列车最多车辆编组	3～8	6～8	4～7
列车最小行车间隔	90s	120s	120s

1.3 列车系统

通常情况下地铁列车主要分为车体、内装和贯通道系统；空调系统；车门系统；转向架系统；车钩系统；供风及制动系统；列车控制系统；列车通信网络系统；牵引主电路系统；辅助供电系统；乘客信息系统；照明系统；附属设备等系统。

1. 车体、内装和贯通道系统

地铁车辆的车体通常采用大型中空铝合金或不锈钢板材全焊接结构，相对于不锈钢车体，铝合金车体具有重量轻，承载量大，外形美观等优点，车体底架、侧墙、车顶、端墙分别组焊后再在总焊装台上被焊接成整个车辆壳体。采用整体承载的结构，这种结构可充分发挥车体各个构件的强度，提高车体的整体刚度，降低车辆自重，车体通常分为梯形车和鼓形车两种。车体是车辆的主体结构，是安装与连接其他设备和部件的基础。车底架通常由侧梁、端梁、牵引梁、枕梁、横梁和其他部件焊接而成。底架的主要作用是承受车体上部载荷并传递给整个车体，通常在Tc车前端设置防爬器，用于吸收车辆撞击时的能量，最大程度的保护乘客安全。

地铁车辆内装是车辆与乘客直接接触的部件，直接反应车辆的美观性能、舒适性能。内装结构按照功能、安装位置主要分为：中顶板及出风格栅、侧顶板、侧墙和门立柱罩、客室座椅、立柱扶手、客室端墙及电器柜、司机室隔墙及电器柜、司机室内装、头罩、导流罩和前窗玻璃等。

贯通道是列车上的一个柔性部件，可以允许车辆间的相对运动，便于列车通过曲线路径，同时使列车各车厢相连通，为旅客提供安全、舒适的过道以便于每节车厢内的乘客数相对均衡，提高乘客的乘坐舒适性。贯通道通常分为整体式和分体式，本书主要介绍了整体式贯通道。整体式贯通道通常由端墙框总成、折棚总成、踏板总成、渡板总成、侧护板总成、棚板总成等组成。

2. 空调系统

列车空调系统主要作用是为客室和司机室提供温度调节、通风等。在北方，空调通常有制冷和制热功能，在南方，通常只有制冷功能。系统主要由空调机组、空调控制器、紧急逆变器、废排装置、风道等组成。

空调机组和控制器是空调系统最重要的组成部分，通常在单节车的1/4和3/4处安装两台空调机组，空调控制器则是安装在客室或者司机室的电气柜中，主要是对空调系统进行有效的控制、保护和故障诊断。

紧急逆变器的主要作用是在辅助交流电源故障时，将110V直流电逆变成交流电，驱动送风机工作，为客室提供通风。此时机组内的回风门关闭，新风门全开，送入的为全新风。业主可以根据自身实际情况要求厂家设计满足：在辅助交流电源故障时，空调系统能够保证一定时间紧急通风功能并向客室输送一定量的新风量。

废排装置主要是用于排出与新风量相等的车内废气。风道主要用于是空调系统的送风和回风，一些风道外部会采用防寒棉以减少传热损失，内部粘贴阻燃吸音材料以降低噪声。

3. 车门系统

车门系统主要包括客室车门、司机室侧门，此外还有一些列车设置了司机室前端疏散门，按照车门开启及结构形式主要分为移动门和塞拉门，移动门又可分为内藏式滑动移门、外挂式滑动移门。由于客室车门关系到乘客的安全，现在的列车设计通常把客室车门状态的监测装置与列车的牵引指令电路连锁。同时为了紧急情况下车门能够开启，在车门配置了可现场操作的切除装置和紧急开门装置。

4. 转向架系统

转向架系统是承受车体载荷并引导列车沿着轨道平稳和安全走行的走行装置。其主要作用是：

（1）支撑车体、载重并将其传给钢轨。

（2）将传动装置传递来的功率实现为列车的牵引力和速度。

（3）传递轨道与车体之间各方向的作用力，并使轴重均匀分配。

（4）保证车辆安全运行，能灵活地沿直线线路运行及顺利地通过曲线。

（5）减小轮轨振动和冲击对车体的影响，提高车辆运行平稳性和安全性。

转向架主要包括构架、一系悬挂装置、二系悬挂装置、减振器、横向缓冲装置、牵引装置、抗侧滚装置、轮对及齿轮箱、轴箱、联轴节、齿轮箱吊杆和转向架管路等部件。

5. 车钩系统

车钩及缓冲装置装在底架牵引梁上，是车辆的一个安全部件，车钩通常有全自动车钩、半自动车钩、半永久牵引杆。全自动车钩能够实现机械、气路、电路的自动连挂；半自动车钩能够实现机械、气路的自动连挂，电气的人工连挂；半永久牵引杆能够实现机械、气路、电路的人工连挂。

车钩的主要作用有：

（1）用来连接列车中各车辆使之彼此保持一定距离或列车之间的救援连挂。

（2）传递和缓和列车在运行中所产生的纵向力和冲击力。

（3）实现车辆间的电路和气路连接。

6. 供风及制动系统

供风系统包括空气压缩机组（由压缩机、干燥器、油过滤器组成）、各类空气阀件、空气管路和储风缸，其主要作用是为列车的气制动、空气弹簧、受电弓升弓等提供气源。

地铁列车制动系统通常分为电制动以及空气制动，以压缩空气为源动力的制动方式称为空气制动，以电磁力为源动力的制动方式称为电制动。制动的控制方式有一个电子控制单元控制一节车厢的制动的车控方式，也有一个电子控制单元控制一个转向架的架控方式。地铁列车的制动通常有常用制动、快速制动和紧急制动三种制动模式。常用制动以电制动优先，气制动系统根据制动需求补充电制动的不足；快速制动，普遍采用电制动优先，气制动补充的方式，也有部分车辆设计为全气制动方式；紧急制动全部为气制动，一旦触发不可缓解，必须制动到列车停车为止。

7. 列车控制系统

列车控制系统是列车各系统中的关键部分，控制着列车的启动和停止。列车控制系统是指为实现列车牵引和制动控制相关功能而设计的相关联控制电路系统，采用的主要部件有司控器、继电器、按钮/旋钮、开关以及连接用的导线等，现阶段的地铁列车通常采用DC110V的控制电路。

8. 列车通信网络系统

列车通信控制系统，简称TCMS，是指用计算机总线控制系统，各个项目的列车通信控制系统的结构没有一定的标准，只能以厂家的基础协议来区分，目前几个主要的总线系统有TCN（WTB、MVB）、ARCNET、CAN等。用户可以根据自身需求，选择总线，同时对总线所连接的子系统/设备、作用及功能分配跟生产厂家提出自己的要求。本书主要阐述以MVB总线为主的列车通信网络系统。TCMS主要包括列车控制与故障诊断两部分，一般采用分布式控制技术，划分列车控制级和车辆控制级，此外，借助车载无线传输系统，可将线上的列车状态和故障数据实时传输到地面运营控制中心，从而实现列车远程监控功能。

9. 牵引主电路系统

与传统铁路车辆的依靠动力车头牵引的集中式动力系统不同，地铁车辆通常采用的是分布式动力系统，动力系统分布到各节车厢。现代地铁列车采用的是电力牵引技术，电力通过接触网或第三轨传送到列车上，经由牵引电动机实现列车的牵引。地铁列车的主电路系统为电客车提供牵引用电，除此之外，电客车辅助设备用电包括空调、空压机、照明、乘客信息、110V控制等系统的正常工作用电都是通过主电路提供的。主电路系统由受电弓向接触网取流，通过牵引逆变器的逆变过程为牵引电动机提供电力来源，主电路系统还包括制动工况和牵引工况。牵引工况下，可为列车提供牵引动力，将接触网的电能转化为列车在轨道上运行的动能。制动工况可分为再生制动和电阻制动，再生制动是在列车进行制动时，把列车的动能转化为电能反馈到电网进行再生利用，而电阻制动为列车制动时将无法反馈回接触网的电能进行热耗散。

主电路系统通常由受电弓、避雷器、高压箱（含高速断路器、三位置开关、熔断器面板、防反二极管等）、制动电阻、牵引逆变器、牵引电动机、接地装置等部件组成。

10. 辅助供电系统

辅助电源系统主要作用是将直流电压（DC1500V）逆变成三相交流电压（AC380V），为控制电路提供稳定的三相四线制交流电压，并将交流电压（AC380V）通过蓄电池充电机变换成蓄电池与低压直流负载使用的DC110V电压。DC24V则由DC/DC模块提供。

列车上常见的AC380V的负载有：空气压缩机、空调系统等；常见的DC110V电源的负载有：有触点控制电路、各系统的电子控制电路、照明电路、指示灯、广播系统、乘客信息显示系统等。

11. 乘客信息系统

列车乘客信息系统是依托计算机网络、通信、多媒体等技术，以计算机系统为核心，以车载终端为媒介向乘客提供音视频信息服务的综合性信息系统，一般包含了列车广播/对讲、乘客信息显示、视频监控3个子系统。广播/对讲通常包括有：数字化语音报站、人工广播、司机室与司机室的内部对讲、乘客与司机的紧急对讲等；乘客信息显示主要有：运营信息显示、动态地图显示、媒体直播显示、媒体录播显示，根据各个地铁的具体需求，显示器可以使用LCD和LED显示器；视频监控主要是司机室和客室内的视频监控，有些项目还有监控画面上传控制中心的功能。

12. 照明系统

列车照明系统一般分为车辆外部照明和车辆内部照明，外部照明通常包括前照灯（亮、暗）、标志灯和运行灯，车辆内部照明包括司机室照明和客室照明。大部分车辆的客室照明采用直流110V电源。客室内的照明灯通常分开两条控制电路，由蓄电池充电器供电的为常用照明线，蓄电池供电的紧急照明线，主要是为了在列车失去外部电源的情况下，客室内能够维持一定时间的紧急照明。

13. 附属设备

地铁列车的附属设备主要包括火灾报警、刮雨器、电笛等，主要承担车辆的辅助功能。

1.4　B型车主要技术参数

下面以某地铁公司B型车为例，详述车辆的主要技术参数，供读者参考。

1. 供电条件

（1）供电方式架空接触网。

（2）供电电压（额定）：DC 1500V。

（3）电压变化范围：DC1000～DC1800V（再生制动时允许瞬时达到DC1950V）

2. 车辆主要尺寸

（1）车体载荷：

车体静态纵向压缩载荷：1000kN；

车体静态纵向拉伸载荷：800kN。

（2）列车长度（含车钩长度）：118788mm；

（3）地板面处车辆宽度：2800mm；

（4）车辆高度：3800mm；

（5）车辆地板面距轨面高度（AW0，新轮，空气簧充气）：1100mm；

(6) 转向架中心距:12600mm;

(7) 转向架固定轴距:2300mm;

(8) 转向架最低点离轨面最小距离(磨耗轮):60mm;

(9) 车钩中心线距轨面高度:660mm;

(10) 车轮直径:

新轮:840mm;

轮对内侧距:1353±2mm。

(11) 车体内中心高度(客室内净空高度):

地板面到顶棚中心最小高度:2100mm;

客室内乘客站立区最小高度:1900mm。

(12) 客室侧门:

侧门对数:4对/辆;

侧门开度:1300mm;

开门和关门的时间:3±0.5s。

(13) 贯通道(不设置端门):

贯通道通过宽度:1300mm;

贯通道通过高度:1900mm。

(14) 客室窗:

每侧窗数:3扇/辆;

窗宽度:1400mm;

窗高度:≤1000mm。

3. 列车牵引性能

(1) 列车最高运行速度:80km/h;

(2) 平均旅行速度:38km/h;

(3) 列车纵向冲击率:≤0.75m/s³;

(4) 平均启动加速度(0~40km/h):≥1.0m/s²;

(5) 平均加速度(0~80km/h):≥0.62m/s²;

(6) 列车联挂速度:3~5km/h;

(7) 洗车工况下列车走行速度:3~4km/h;

(8) 列车牵引计算黏着系数:0.165;

(9) 传动比：6.6875；

(10) 电动机持续功率：190kW。

4. 列车制动性能

(1) 常用制动平均减速度（80 km/h～0）：$\geqslant 1.0 \text{m/s}^2$；

(2) 快速制动平均减速度（80 km/h～0）：$\geqslant 1.2 \text{m/s}^2$；

(3) 紧急制动平均减速度（80 km/h～0）：$\geqslant 1.2 \text{m/s}^2$；

(4) 制动计算黏着系数：0.16；

(5) 制动时冲击极限：$\leqslant 0.75 \text{m/s}^3$；

(6) 电空制动转换点：3～8km/h。

5. 故障运行能力

列车在超员状态下，当损失 1/4 牵引动力时，列车仍然可以在 30‰ 的坡道上启动，并能以正常运行方式完成当天运行。

列车在超员状态下，当损失 1/2 牵引动力时，列车仍然可以在 30‰ 的坡道上启动，能运行到最近的车站，清客后返回车辆段。

一列 6 辆编组的空车能将另一列停在 30‰ 坡道上的 6 辆编组超员故障列车移至到下一车站，清人后牵引回车辆段（上坡）。

一列 6 辆编组的空车能将另一列停在 35‰ 坡道上的 6 辆编组故障空车救援回车辆段（上坡）。

1.5 编号及标记定义

1. 编号规则

就总体而言，在没有特殊说明的情况下，列车的编号按照的是一种现代的阅读习惯进行编号的，在定义好列车的 I 端后，就把列车的俯视图视作一本书，I 端即为书籍的上部，现代的阅读习惯是从上至下，先左后右，当我们将列车的俯视图视作一本书后，列车的编号就是从上至下，先左后右，有特殊要求的除外，具体编号以某地铁的 4 动 2 拖六节编组 B 型车为例进行讲解。

2. 车辆端部

每节车靠近司机室端为Ⅰ位端,另一端为Ⅱ位端。

T_c车:Ⅰ位端是带有全自动车钩和司机室的一端;

M_p车:靠近T_c车的一端为Ⅰ位端;

M车:Ⅰ位端是连接半永久牵引杆的一端。

对于超过一节车厢范围的编号,就会在一组车的基础上进行编号,同样,对于超过一组车的编号就会在一列车的基础上进行编号,如一列车可以分为1~3节车的一单元以及4~6节车的二单元。

3. 车辆侧部

当从车辆的Ⅱ位端向Ⅰ位端看去时,右手侧定义为车辆的右侧,左手侧定义为左侧。

4. 列车侧部

列车侧部的左右侧的定义与车辆侧部的定义相同。

5. 转向架和轴编号

转向架编号:车辆的Ⅰ位端转向架为转向架1,车辆的Ⅱ位端转向架为转向架2。

车轴编号:从车辆Ⅰ位端转向架开始编号一直到Ⅱ端转向架,依次为该车的1轴、2轴、3轴、4轴。

转向架和车轴编号如图1.5-1所示。

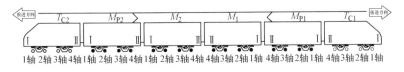

图1.5-1 转向架和轴编号

6. 车门编号

车门编号为1位数字编号,从Ⅰ端开始向Ⅱ端编号,从左侧开始向右侧编号:

沿着每辆车的左侧,车门编号为1、3、5、7。

沿着每辆车的右侧,车门编号为2、4、6、8。

左侧1号门,右侧2号门是最靠近Ⅰ位端的车门。

车门的编号布置如图 1.5-2 所示。

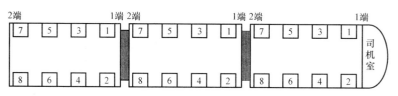

图 1.5-2　车门编号

7. 空调单元编号

每辆车的车顶安装两个空调单元（A/C 单元）。位于Ⅰ位端的空调单元称为空调单元 1，位于Ⅱ位端的空调单元称为空调单元 2，如图 1.5-3 所示。

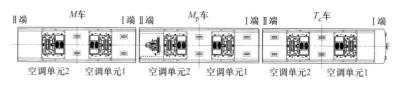

图 1.5-3　空调单元编号

8. 常见专业术语解释

A/C	空调	Air Conditioning
AC	交流	Alternating Current
SIV	辅助逆变器	Auxiliary Inverter
ATC	列车自动控制	Automatic Train Control
ATO	列车自动操作	Automatic Train Operation
ATP	列车自动保护	Automatic Train Protect
BC	制动斩波器	Brake Chopper
BECU	制动电子控制单元	Brake Electronic Control Unit
CAN	控制器区域网络	Controller Area Network
CACU	司机室声音通信单元	Cab Audio Communication Unit
CCTV	闭路电视	Closed-Circuit Television
DC	直流	Direct Current
DCU	逆变器牵引控制单元	Driving Control Unit
DID	车门隔离装置	Door Isolation Device

DIN	DIN 标准	DIN Standard
MDCU	主门控单元	Master Door Control Unit
EAD	紧急入口装置	Emergency Access Device
ED-brake	电制动	Electro-Dynamic Brake
EED	紧急出口装置	Emergency Egress Device
EMC	电磁兼容性	Electromagnetic Compatibility
EP-brake	电空制动	Electro-Pneumatic Brake
FRP	玻璃钢	Fiber Reinforced Plastics
HSCB	高速断路器	High Speed Circuit Breaker
HVAC	空调	Heating, Ventilation, Air Conditioning
HPL	高压叠制	High Pressure Laminate
IEC	国际电工协会	International Electrotechnical Commission
IGBT	绝缘门际双极晶闸管	Insulated Gate Bipolar Transistor
IP	防护等级	Protection Class
LED	发光二极管	Light Emitting Diode
MCB	微型断路器	Miniature Circuit Breaker
MRE	主风缸	Main Reservoir
MRP	主风管	Main Reservoir Pipe
MVB	多功能车辆总线	Multifunction Vehicle Bus
PA	广播系统	Public Address
PCB	印制电路板	Printed Circuit Board
PEACU	乘客紧急警报通信单元	Passenger Emergency Alarm Communication Unit
PI	乘客信息系统	Passenger Information
PID	乘客信息显示器	Passenger Information Display
PISC	乘客信息系统控制器	Passenger Information System Controller
PWM	脉宽调制	Pulse-Width-Modulation
RAM	随机存储内存	Random Access Memory
SACU	车厢声频通信单元	Saloon Audio Communication Unit
TDD	列车目的地显示器	Train Destination Display
TOR	轨面	Top of Rail
VCM	车辆控制模块	Vehicle Control Module
VSI	电源逆变器	Voltage Source Inverter
VVVF	变压变频	Variable Voltage Variable Frequency
WSP	车轮防滑	Wheel Slide Protection

2 车体内装及贯通道

地铁车辆的车体通常由大型中空铝合金或不锈钢板材全焊接连接，整体承载，分为梯形车和鼓形车两种，相对于不锈钢车体，铝合金车体具有重量轻，承载量大，外形美观等优点。车体是车辆的主体结构，是安装与连接其他设备和部件的基础。它主要部分是客室。客室是容纳乘客的地方。地铁车辆的车体与一般铁路客车车体有许多相同之处，但由于其特殊的用途，又具有其自身的特征：

1. 一般为电动车组，有单节、双节。三节式等，有头车（即带司机室的车辆）和中间车，以及动车与拖车之分；

2. 由于属于城市轨道交通范畴，在车内的平面布置上有其特征，如座位少、车门数量多且开度大，内部服务乘客的设备较为简单等；

3. 重量的限制较为严格，要求轴重小，以降低线路的工程投资；

4. 为使车体轻量化，对于车体承载结构一般采用大型中空截面挤压铝型材，或高强度复合材料，或不锈钢。对车体其他辅助设施也尽量采用轻型化材料；

5. 对车体的防火性能要求高，在车体的结构及选材上均采用防火设计和阻燃处理；

6. 对车辆的隔音和减噪有严格要求，以最大限度地降低噪声对乘客和沿线居民的影响；

7. 车辆外观造型和色彩具有美化和与城市景观相协调的要求。

对于B型车，每个客室设有4对电动塞拉门供乘客出入，车窗采用全封闭式中空玻璃，车内还安装有座椅、扶手、乘客信息系统等各种乘客服务设施，以及紧急开门装置、紧急对讲、灭火器等安全设施。车体分为 T_c 车、M_p 车、M 车三种车型，其中 T_c 车为带有司机室的拖车，M_p 车为带受电弓的动车，M 车为不带受电弓的动车。在两车辆之间，采用贯通道连接，使乘客能在整列车中自由移动，车内乘客分布相对均匀。

2.1 车体

1. 车体的功能

车体是车辆结构的主体，是容纳乘客和司机驾驶的处所，又是安装其他设备和部件的基础。车体要承受各种动静载荷、各种振动并适应车辆在最高速度下的运行要求；还要隔音、隔热、防火，在事故状态下尽可能保证乘客安全。

在 T_c 车司机室端的底架上设置了防爬器，车体底架和顶盖各设置了两根边梁，其作用是在严重撞击情况下，防止过载穿透到车体客室。防爬器是一种可承受压力相对客室区域较小的，可更换式吸能元件，用来吸收撞击时产生的能量，减少事故中伤害乘客的风险。

2. 车体的结构

车体为整体承载结构，主要由大型中空挤压铝型材焊接而成。T_c 车车体主要由司机室、顶盖、侧墙、端墙、底架等几个模块组焊而成（图 2.1-1）。M_p 车和 M 车无司机室结构，两端都设置了端墙（图 2.1-2）。

（1）侧墙

侧墙主要由大断面挤压铝型材的侧墙板和门立柱焊接而成。侧墙模块与底架和顶盖模块之间采用焊接连接。侧墙由中间的 6 个带窗孔的大侧墙单元和位于两端的 4 个小侧墙单元组成。侧墙是决定车体高度的重要部件，侧墙与底架、顶盖连接在一起，共同承受和传递来自车体的载荷。

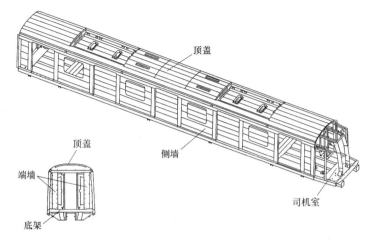

图 2.1-1 T_c 车车体结构

图 2.1-2 M_p 车和 T_c 车车体结构

（2）端墙

非司机室端的端墙由大型铝挤压型材的端墙立柱和端墙板焊接而成，其作用是连接客室车体与贯通道（或司机室）的联结体。贯通道通过铆螺母或钢螺套用螺栓固定在端墙上。

（3）顶盖

顶盖由顶盖边梁、顶盖端部横梁、圆弧顶盖、空调底板、空调隔墙、废排等组成。空调布置在车顶的 1/4 及 3/4 处，空调平台四角设有排水口。车体顶盖除了安装空调外，内部还用于安装风道、顶棚以及悬挂电气线缆。顶盖边梁上设计有通长的雨檐,雨水从车辆两端排出。

(4) 底架

底架主要由边梁、端部结构、地板、端梁等部件拼焊而成。底架是车体结构的主要受力部件,车体通过底架枕梁与转向架连接。在底架下部两个枕梁之间区域主要用于悬挂牵引逆变器、辅助逆变器、高压箱、制动控制模块、蓄电池等部件。底架牵引梁则用于安装车钩。

(5) 司机室

司机室主要由门立柱、前端立柱、司机室纵梁等部件组成,为满足工业设计需要,车体前端结构设计满足准流线型头罩安装,采用全宽型司机室,增加司机视野。

3. 车体技术参数

(1) B型车车体技术参数

1) 防火要求:

可燃等级:S4;

烟雾量:SR2。

2) 尺寸:

T_c 车长度:19634mm;

M_p 车和 M 车长度:19000mm;

宽度(最大外宽):2892mm。

3) 强度参数:

车体静态压缩强度:1000kN;

车体静态拉伸强度:800kN。

(2) 城市轨道交通常用各车型车体技术参数对比(表2.1-1)

4. 维护操作

车体采用的是全焊接的结构,而且在列车安装完成后,车体的内部是基本不可见的,只能在外侧观察,所以在进行车体维护的时候,日常维护则是每月进行一次车体外观的目视检查,检查外观无损伤、无裂纹及异常变形。车体维护任务表见表2.1-2。

A 型车、B 型车、L 型车车体参数对比表　　表 2.1-1

车型 项目名称	A 型车	B 型车	L 型车	备注
A 车车辆长度	23690mm	19634mm	17600mm	
B/C 车车辆长度	22100mm	19000mm	16840mm	
宽度	3070mm	2892mm	2890mm	
高度	2605mm	2626mm	3255mm	
车体静态压缩强度	1200kN	1000kN	1000kN	
车体静态拉伸强度	960kN	800kN	800kN	
可燃等级	S4	S4	S4	
烟雾量	SR2	SR2	SR2	

车体维护任务表　　表 2.1-2

周期代号	运行公里数(km)	周期	维护任务
F1	10400	每月	车体的目测检验
F2a	31250	每 3 个月	—
F2b	62500	每 6 个月	—
F3a	125000	每年	底架和顶盖的目测检验
F3b	250000	每 2 年	—

2.2 内装

1. 概述

城轨车辆内装是车辆与乘客直接接触的部件，直接反映车辆的美观性能、舒适性能。内装结构按照功能、安装位置主要分为：中顶板及出风格栅、侧顶板、侧墙和门立柱罩、客室座椅、立柱扶手、客室端墙及电器柜、司机室隔墙及电器柜、司机室内装、头罩、导流罩和前窗玻璃等，以某公司的 B 型车为例。

2. 内装部件

(1) 侧窗

通常每车每侧布置3～4扇侧窗，侧窗采用铝合金窗框结构。采用双层中空安全钢化玻璃，侧窗玻璃总厚度为20mm，从车外向车内依次为：5mm～11mm～4mm（外部～间隙～内部）。中空玻璃通过结构胶胶接在铝合金窗框上，橡胶压条镶嵌在铝合金窗框的安装槽内作为窗玻璃与侧墙窗框的自然过渡。客室内装实体图见图2.2-1。

图2.2-1　客室内装实体图

侧窗的安装方式为西卡胶粘接方式进行安装，将侧窗的铝合金窗框与车体侧墙预留的窗孔进行连接。车窗的制造以及安装工艺决定车窗的维护工作以目视检查为主，如有损坏只有采取更换玻璃的作业方案。

（2）中顶板及出风格栅

中顶板采用铝蜂窝板，蜂窝板周边采用铝型材框架。中顶板通过不锈钢螺栓与内侧纵梁连接在一起，沿车辆中心左右对称。板与板之间采用搭接形式进行拼接。中顶板离地板顶面高度为2100mm。

回风格栅为铝型材制成，安装在中顶板上，沿车体中心对称分布。出风格栅一侧插接在中顶板上，另一侧通过螺栓紧固在内侧纵梁上。

（3）客室端墙接电器柜

端墙和客室电气柜材质为铝板和铝蜂窝的复合结构，端墙通过螺栓安装在车体的端墙上。

电气柜下端安装在车体地板上的安装座上，车体侧墙一侧安装在车体侧墙上，侧体端墙一侧安装在车体端墙上。客室电气柜柜门采用3把7mm方孔锁进行锁闭。

端部侧墙通过工业搭扣、螺栓连接以及插接的安装工艺安装在车体上，螺栓连接通常为侧墙靠近车门边缘以及侧墙上部，中部则通过工业搭扣进行连接，端墙侧则通过插接的方式连接在连接梁上。电气柜上部则由一个或两个搭钩安装在外侧纵梁上，下部通过安装螺栓安装在边缘挡板上，靠近侧门的一侧则通过插接方式连接在连接梁上，靠近贯通道侧则通过螺栓连接在车体上。

（4）侧墙和门立柱罩

1）侧墙

侧墙板采用玻璃钢材料整体成型，设有LCD和广告框的安装接口。侧墙板上、下、两侧通过螺栓连接安装到车体侧墙的C型槽上，预留的侧窗安装口则通过侧窗本身的橡胶条压接好，中空部分则用工业搭扣将侧墙与车体侧墙连接起来。

2）门立柱罩

门立柱罩为聚酯玻璃钢材料，为整体模具成型，通过插接与螺栓紧固。门立柱罩上自带门立柱扶手。部分门立柱罩设置有紧急解锁或者紧急对讲的安装接口。

（5）客室座椅

客室车厢内部通常在纵向靠侧墙布置座椅，位于两个侧门之间，在部分长度不足的地方，也可能会布置长度较短的座椅，客室座椅表面材料有不锈钢或塑料，通常为不可调节座椅，如图2.2-2。

（6）侧顶板

侧顶板由挤压成型铝合金型材制成，一侧采用铰链连接在纵横梁型材上，以方便门驱机构和车内布线的检修，另一侧通过方孔锁固定在侧墙板上的止动条上。侧顶板上方的铰链通过调整，可以调整侧顶板的高低，从而调整好各个侧顶板之间，侧顶板与门立柱罩之间的配合，使得整个客室内装显得整齐美观。侧顶板上安装有安全锤、扬声器、动态地图等设备，同时也有大量的安全、提示标识粘贴在侧顶板上。

图 2.2-2　客室座椅

（7）地板结构

地铁车辆使用的橡胶地板布铺装在司机室和客室地板上，为司机和乘客提供一个可靠的防火及防滑平台。地板结构采用在车体底架上面铺设铝蜂窝地板，在铝蜂窝地板上粘贴地板布的双层结构形式，也有直接在车体地板面上铺设地板布的结构形式。

在安装铝蜂窝板前，需要对列车进行调平测量，检测出铝蜂窝板下方的减震垫需要粘贴多少毫米才可以保证铝蜂窝板不会出现起翘不平、地板布无法与车体端墙以及车门门槛配合好的情况，铝蜂窝板通过螺栓连接将两块铝蜂窝板连接起来（图2.2-3）。

非铝蜂窝结构的地板布在进行粘接前，则需要检测车体地板的平面度，并对尺寸超差部分进行打磨。

（8）立柱扶手

立柱扶手采用焊接不锈钢管，表面进行拉丝处理或其他表面工艺处理，使表面光滑耐腐蚀。所有接头以及覆盖为铸件，表面采用喷塑处理，各个扶手杆之间、扶手杆与中间纵梁之间、扶手

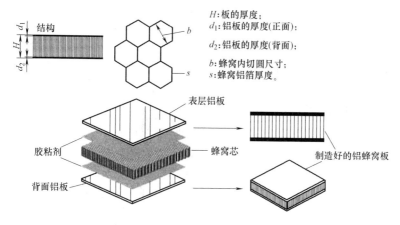

图 2.2-3 铝蜂窝板结构

杆与车体地板之间通过螺栓连接安装紧固。

在中间立柱扶手杆上安装有扶手拉环。在进行扶手拉环的检查的时候,需要轻轻转动以及拉动扶手拉环,检查扶手拉环是否安装紧固以自身紧固。

扶手布置位置:客室中间、座椅两侧及上方、车门两侧、端墙、司机室隔墙附近均布置扶手;在司机室侧门两侧均布置司机上车用的司机室扶手。

(9) 头罩

司机室外侧采用整体式非饱和聚酯玻璃钢头罩,内侧靠铝合金骨架支撑,头罩与车体之间采用胶粘连接方式。在头罩的设计过程中,预留出前窗玻璃、车灯的安装空间。

(10) 导流罩

导流罩采用不饱和聚酯玻璃钢材料整体模具成型,并预埋和粘接安装骨架,通过螺栓安装到车体底架上。螺栓安装完成后,再通过粘接的方式将导流罩与车体连接起来。

(11) 前窗玻璃

前窗玻璃是采用夹层式透明电加热安全玻璃。其耐冲击强度应符合 UIC651 的试验要求。采用胶粘结到玻璃钢头罩上,只能从外面安装和拆卸。

(12) 司机室内装

司机室顶棚为聚酯玻璃钢成型件和铝蜂窝板材,通过螺栓安装在车体骨架上。司机室内装侧墙板采用不饱和聚酯玻璃钢材料,上下端通过螺栓和安装支架安装在车体骨架上,在与司机室操作台接触位置打胶防水密封。

司机室头罩的设计误差较大,使得司机室内装的配合基础相差较大,此时,司机室内装的各个部件的安装支架上采用的是腰孔设计,这种设计就保证了在不同的配合基础下可以保证司机室内装各个部件之间的配合不会出现无法接受的情况,但这种设计也意味着对安装、维护作业人员的技能水平要求较高。

(13) 司机室座椅

司机室座椅具有上下、左右、前后以及旋转功能,同时靠背具有倾斜、放倒功能。

(14) 遮阳帘

挡风玻璃上配有一个手动遮阳帘。遮阳帘在列车运行时可保护司机免受过强阳光及对面列车灯光的直射。遮阳帘位于司机室挡风玻璃内侧、顶棚与操纵台之间。遮阳帘固定司机室内装的前顶板上,导杆安装座固定在操作台上。

遮阳帘用手往下拉到哪个位置停止,遮阳帘就可以停在哪个位置,如果需要收回遮阳帘,就直接拉住复位拉绳直至遮阳帘回到原位,如果在遮阳帘还没回到原位就松开复位拉绳,则遮阳帘就会停在当前位置。

3. 维护要求及故障处理

(1) 维护要求

对于内装部件,绝大部分部件自身并无复杂的设计,所以,内装部件的维护作业较为简单,主要是外观的检查,故障多数为外观油漆的损坏,内装部件的安装方式以螺栓连接为主,所以维护检查的时候也需要对安装的紧固件进行检查,内装部件的紧固件与其他系统的紧固件所不同的是,内装部件的紧固件有一部分是内装可见面的安装螺栓,为了保证内装的美观,这一部分的螺栓往往是不画防松标记的,这就决定了在进行检修的时候需要用手轻轻拍打或轻轻摇动检查目标来检验是否有部件松动。如在进行侧顶板检查时,日常的检查则目视观察外观,用手轻轻拉动或推动以检查是否有外观损坏或安装不紧固的情况,在季度检查的时候,则需要打开侧顶板,检查侧顶板及侧顶板附件的安装情况。

内装部件相对于转向架、牵引、制动等系统而言,没有影响行车安全的部件,损坏对列车行车安全造成的影响较小,但是,内装部件是直接与乘客接触的部件,是保证乘客乘车安全及舒适性的关键,因此乘客的满意度为内装检查维护提出更高的要求。

(2)故障处理

1)外观损坏

通常,内装部件的外观会有刮伤、掉漆等外观的损伤,造成这些损伤的原因主要是人为原因,对于此类损伤,通常采用的方法是补漆。

2)部件松动

部件松动多数表现在扶手杆及扶手拉环的部件上,这些部件经常受到乘客给的各个方向的力,就容易造成松动,对于松动的内装部件,需要按照扭力要求将部件重新紧固,关键受力部位紧固件需要重新更换。

3)部件损坏

内装部件与乘客息息相关,扶手杆和拉环经常使用,这些部件往往容易损坏,某公司部分扶手拉环出现损坏、开裂,经过详细调查存在两方面原因:一是产品本身质量不佳,出产质量检验不到位;二是使用频繁,受力不均导致产品开裂。对于产品本身的问题,需从设计和制造质量上进行分析,杜绝不良产品给乘客安全带来安全隐患。

2.3 贯通道

1. 概述

贯通道是列车上的一个柔性部件，可以允许车辆间的相对运动，便于列车通过曲线路径，同时使列车各车厢相连通，为旅客提供安全、舒适的过道以便于每节车厢内的乘客数相对均衡，贯通道具有良好的隔热、隔音、防雨、防风功能，有效提高乘客的乘坐舒适性。

在轨道交通车辆专业，贯通道又分为整体式和分体式，本书以整体式贯通道为例。

2. 技术参数

(1) 端墙连接距离：520mm；

(2) 贯通道适应速度：80km/h；

(3) 内部通过最小宽度：≥1300mm；

(4) 内部通过最小高度：≥1900mm；

(5) 最小 S 曲线半径：$R150m \sim R5m \sim R150m$；

(6) 正线最小曲线半径：$R300m$；

(7) 踏渡板承载大于：9 人$/m^2$；

(8) 最小竖曲线半径：2000m。

3. 结构组成

贯通道由端墙框总成、折棚总成、踏板总成、渡板总成、侧护板总成、棚板总成等组成，如图 2.3-1 所示。

(1) 端墙框总成

端墙框总成是由优质铝合金型材整体搣弯加工而成，且只有一道封闭焊缝，有较好强度和平面度，和不锈钢相比重量很轻，如图 2.3-2 所示。在端墙框上焊接有压板锁组件，通过它把折棚安装在端墙框上的。而锁组件有重力自锁和弹簧片锁定两种锁紧装置，安全可靠。在端墙框的槽内还有端墙密封条的存在，在安装折棚时给予它一定的压力，它将变形，从而防雨和保证气密性

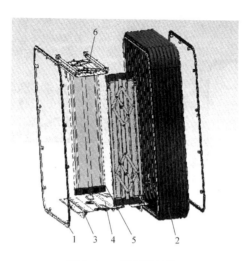

图 2.3-1 贯通道结构
1—端墙框总成；2—折棚总成；3—踏板总成；
4—渡板总成；5—侧护板总成；6—棚板总成

的作用。

（2）折棚总成

折棚总成由铝合金型材与内、外层棚布密封夹装制成，与端墙框架通过压板锁组件连接形成圆周环形封闭结构，如图 2.3-3 所示。棚布采用 8 褶篷布、双层结构，内、外层篷布缝合在一起，然后装夹在铝合金型材的牙口内。此种结构具有良好的隔热、隔声、防尘、防雨的性能。棚布选用橡胶布，符合 DIN5510.2-2009 的 3 级防

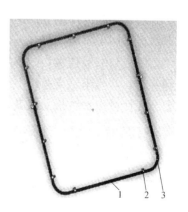

图 2.3-2 端前框总成
1—端墙框；2—压板锁
组件；3—端墙密封条

火要求。颜色是黑色。在外侧的连接铝框上内面四周铣有 U 形长条孔，便于端墙框上的压板锁组件定位，并提供限位（使压板

锁组件可以靠重力锁定)。

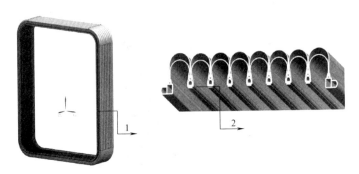

图 2.3-3　折棚总成
1—端墙框；2—棚布

(3) 踏板总成

踏板总成由边踏板、踏板、折页、端墙连接板、拉杆连接座等组成，如图 2.3-4 所示。其中边踏板采用不锈钢扁豆花文板制作，有较好的防滑作用，而踏板要与渡板的磨耗条和配合滑动，所以踏板采用了不锈钢板（不带花纹）。

边踏板与端墙连接板配焊到一起，踏板通过折页与边踏板安装到一起，并且坐到支撑板上。这样通过边踏板和端墙连接板上的安装孔便可以把踏板总成安装到车端墙上。

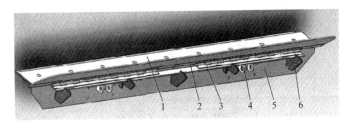

图 2.3-4　踏板总成
1—边踏板；2—踏板；3—折页；4—拉杆连接座；5—端墙连接板；6—支撑板

（4）渡板总成

渡板总成由渡板、边渡板、锁组件、拉杆总成以及磨耗条等组成，如图 2.3-5 所示。其中渡板和边渡板是由不锈钢扁豆花纹板制作而成，有防滑作用。磨耗条通过拉铆钉安装在渡板上，使用寿命 6～7 年。

锁组件是在安装和拆卸渡板时使用的，具体原理如图 2.3-5 所示。

拉杆总成中心安装到渡板上，两端安装到踏板上的拉杆连接座上，其主要作用是列车在过曲线时保证渡板总在两个端墙的中心线上，通过曲线后保证渡板迅速回位。

渡板没有做成一个整体而是做成了一个渡板，四个边渡板的原因是保证列车侧滚时，踏板和渡板产生的间隙较小，有效地保护旅客的安全。

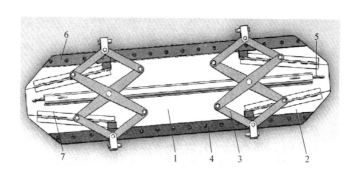

图 2.3-5 渡板总成

1—渡板；2—边渡板；3—拉杆总成；4—磨耗条 1；
5—锁组件；6—磨耗条 2；7—折页

（5）侧护板总成

侧护板总成主要由高强度铝合金型材制作而成，它主要包括中间护板、侧护板、拉杆总成、上下挡尘板、上下连接座等，如图 2.3-6 所示。

拉杆总成中心安装到中间护板上，两端安装到侧护滑板的连接座上,其主要作用是列车在过曲线时保证中间护板总是处在垂直状态,通过曲线后保证中间护板迅速回位。

上下挡尘板采用三元乙丙胶制成,质地柔软,抗老化性强。

侧护板总成通过上下连接座安装到车体端墙上,侧护板总成下部直接安装到下连接座的转角轴上,上部通过销轴固定在上连接座上,直接依靠销轴的重力自锁,结构简单,安全可靠。

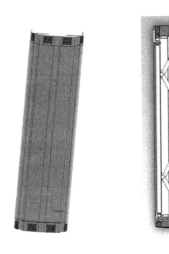

图 2.3-6 侧护板总成
1—中间护板;2—侧护滑板;3—拉杆总成;4—上连接座;5—下连接座;6—上下挡尘板;7—安装销轴

(6) 棚板总成

棚板总成由中间棚板、两侧棚板、拉杆总成、棚板横梁及横梁连接座等组成。如图 2.3-7 所示。棚板的拉杆总成两端使用关节轴承安装在棚板横梁上,中间固定在中间棚板的销轴上,这样就将中间棚板相应定位。而两侧棚板一端通过折页连接在棚板横梁上,一端搭在中间棚板的耐磨毛毡上,形成一个封闭的平面。通过横梁连接座使用销轴将棚板总成安装在车端墙上。中间棚板和两侧棚板均使用铝板制成,重量较轻。

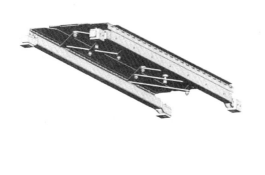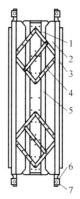

图 2.3-7 棚板总成
1—中间棚板；2—两侧棚板；3—棚板横梁；4—拉杆总成；5—耐磨毛毡；6—横梁连接座；7—安装销轴

4．维护要求与故障处理

（1）维护要求

1）折棚检查内容：外观良好、无破损、无脱胶、无漏水现象。

2）踏渡板检查内容：

① 检查踏板端墙连接板安装螺栓部件齐全，防松线无错位。

② 检查边踏板紧固螺栓齐全无松动。

③ 渡板、边渡板和踏板摆动无卡滞。

④ 渡板锁组件锁闭正常，弹簧无损坏。

⑤ 渡板磨耗条无异常磨损，铆钉应凹进磨耗条内，避免刮伤渡板。

⑥ 清除踏渡板间异物。

3）侧护板检查内容

① 检查侧护板安装座无异常，安装螺栓紧固。

② 检查中间护板、侧护板间活动无干涉，拉杆活动灵活。

③ 检查侧护板外观状态完好无损坏无裂纹，油漆损坏面积

不超过900mm²。侧护板上下挡尘板裂纹长度不超过40mm。

4）棚板检查内容：

① 检查棚板外观状态良好，无破损和变形，无雨渍，油漆损坏面积不超过900mm²。

② 棚板安装紧固，无松动脱落。

③ 检查安装座紧固件无松动，防松线无错位。

④ 检查中间棚板、侧棚板间活动无干涉，拉杆活动灵活。

⑤ 棚板无裂纹、损伤。

（2）贯通道异响故障处理

贯通道是列车上的一个柔性部件，由许多子部件构成，同时存在车辆间的相对运动，在车辆运行过程中必然存在部件与部件的摩擦。随着时间的推移，部件的磨耗超出原来的尺寸，异响也随之产生；对于此故障，要从侧护板、棚板和踏渡板的结合部位进行检查，通过跟踪运行情况记录数据，对异响部位进行拆卸，查看接触面的磨耗情况，分析原因。

① 磨耗部件尺寸或者材质存在问题，尺寸存在变形或者损坏；

② 结合部件的安装问题，安装位置或者流程不对；

③ 外部其他原因导致其变形或干涉；

针对不同问题进行拆卸、尺寸调整和损坏部件更换，加强日常维护检修。

3 空调系统

随着空调的普遍应用和乘客对乘车环境舒适性要求的不断提高,近几十年来,在轨道交通的列车上大部分安装了空气调节设备。近年来,我国大力新建的城市轨道交通,在使用的列车上基本上都安装了空调系统。客室空气调节装置主要由通风系统、空气冷却系统(一些项目还有空气加热系统)及自动控制系统等组成。其通风系统包括离心式通风机、送风风道、回风风道、排风口。空气经过制冷机组的蒸发器降温除湿后由离心式通风机送入送风风道。

3.1 概述

目前,城市轨道交通的列车空调一般是在每节客室的顶部安装一台或者一台以上的空调机组,分散地向客室车厢内各部位送风。夏季,通过制冷机组和送风风道向车厢内送冷风;冬季,通风机仅向车厢内送风(新风与回风混合后的混合风)。

列车车辆空调系统一般由空调机组、控制系统组成。在近几年来大部分项目采用的是每列车配备 12 台集中式空调机组、6 台控制盘。空调机组的结构形式为车顶单元式,安装在车顶,每节车安装 2 台。空调控制系统采用 KPC 控制器作为核心控制单元,一台控制盘控制两台空调机组,控制盘可以对空调系统进行有效的控制、保护和故障诊断。同时司机室独立设置了通风控制单元,可通过旋钮开关对不同风级进行调节,空调系统总体分布图见图 3.1-1。

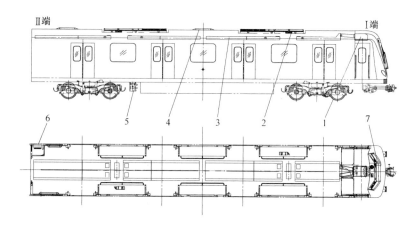

图 3.1-1 空调系统总体分布图

1—司机室通风单元；2—空调机组；3—风道；4—废排装置；5—紧急逆变器；
6—空调控制盘；7—足部取暖器

3.2 空调系统组成

空调系统正常工作时工作电源由列车辅助电源中的辅助逆变器提供，辅助逆变器通过接触网或第三轨得到高压直流电后逆变成三相380V的交流电给空调进行供电。另外，每节车还设有一台紧急逆变器，用于辅助逆变器停止工作时，将列车蓄电池输出的直流电逆变成三相交流电，供应急通风使用。

1. 空调系统概述

空调系统客室空调机组按功能，可分为蒸发单元、冷凝单元两部分。

蒸发单元主要包括：离心风机、蒸发器、混合风滤网、新风阀、回风阀、新风口及新风滤网、新风温度传感器、送风温度传感器、空气净化器、节流装置等。

冷凝单元主要包括：压缩机、轴流风机、冷凝器、制冷管路、干燥过滤器、视液镜、逆止阀、压力开关、气液分离器等。

表 3.2-1 是不同项目的空调系统的对比。

不同项目的空调系统对比　　　　表 3.2-1

序号	型号	冷凝风机形式	蒸发风机形式	压缩机形式	制冷量	制冷剂
1	KG35E	轴流式	离心式	卧式涡旋	35kW	R407C
2	KLD-37MPP2	轴流式	离心式	卧式涡旋	37kW	R407C
3	KG44F	轴流式	离心式	卧式涡旋	44kW	R407C

2. 空调系统的主要部件及功能

以 KG35E 空调为例，说明空调结构及各部件作用，其主要技术参数如表 3.2-2 所示。

空调主要参数　　　　表 3.2-2

空调机组型号	KG35E
电源	
压缩机	$3\phi, AC380V \pm 5\%, 50 \pm 0.5Hz, 6.88kW$
轴流风机	$3\phi, AC380V \pm 5\%, 50 \pm 0.5Hz, 0.55kW$
离心风机	$3\phi, AC380V \pm 5\%, 50 \pm 0.5Hz, 1.1kW$
控制回路	DC110V
工作参数	
制冷量	35kW
额定送风量	$4000m^3/h$
新风量	$1468m^3/h$
制冷剂	R407C
制冷剂充注量	$2 \times 4.0kg$
外形尺寸	$3400mm(L) \times 1900mm(W) \times 325mm(H)$
重量（毛重/净重）	705kg
涂层	外壳材质为不锈钢

空调机组外形及内部结构图，如图 3.2-1 所示。

（1）压缩机

压缩机（图 3.2-2）是蒸气压缩机式制冷装置中的一个重要部分，它起到推动制冷剂在制冷系统中不断压缩和输送制冷剂蒸气的作用，通过电动机驱动进行工作。压缩机工作的好坏直接影

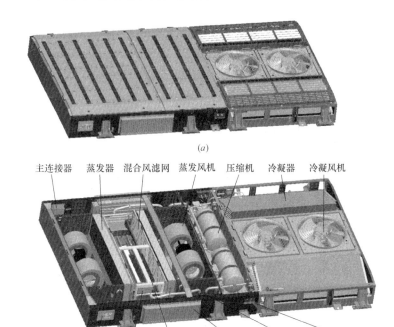

图 3.2-1 空调机组外形及内部结构图
（a）空调机组外形；（b）空调机组结构图

响到制冷循环的完成程度，因此制冷压缩机通常称为蒸气压缩式制冷系统的主机。

图 3.2-2 压缩机

KG35E空调系统压缩机为全封闭卧式涡旋压缩机,压缩机有热保护、相序保护模块、单向阀,单向阀可以在压缩机停机的时候,防止高压气体回流,造成压缩机反转。

在每一个压缩机进气口和排气口分别有一个低压压力开关和一个高压压力开关,分别用于高压保护和低压保护。如果出口压力超过或者入口压力低于相应的设定点的话,任何一个安全压力开关都会切断电源回路,从而让设备停止运转。这些压力切断开关既不可调节,也不允许在现场修理。一旦出了故障,需要更换。

空调机组采用两台全封闭卧式涡旋压缩机,该压缩机具有噪声低、振动小、效率高、所需安装空间小、寿命长等特点。压缩机的寿命大于50000h,寿命周期内免维护。

(2) 冷凝器(图3.2-3)

在制冷系统中除了压缩机外,还有必不可少的换热设备,包括蒸发器、冷凝器等。制冷装置中的换热器和管系担负了制冷过程中的全部热量传递和输送工作,它对制冷机组的工作性能有极大的影响。在常用的列车车载空调系统中使用的换热器有蒸发器和冷凝器两种。

KG35E空调系统冷凝器采用铜管铝翅片,换热性能好。冷凝器使用螺栓紧固,安装、拆卸无须特殊工具,进出口使用铜管焊接。其作用是将高温高压制冷剂气体通过液化放热的形式将热量传递到空气中。

图3.2-3 冷凝器

(3) 冷凝风机（图 3.2-4）

KG35E 空调系统冷凝风机采用轴流式风机，风量大、噪声小、重量轻、耐腐蚀性能好；风机设置了导流罩，使冷凝风流动平稳；风机盖板处设置了保护罩，防止风机转动时被杂物碰伤及维修时保护维修人员。

图 3.2-4　冷凝风机

冷凝风机和盖板设计成一体式，打开冷凝腔盖板后，整个风机及电动机电气盒可以完全看到，方便维修；并且盖板打开以后，因为风机和盖板为一体，冷凝腔内空间变大，方便对其他部件进行维护和更换。

主要参数如下：
1) 额定电压：380V，三相，50Hz；
2) 电压范围：±5%；
3) 额定功率：550W；
4) 绝缘等级：F；
5) 防护等级：IP56。

(4) 蒸发器（图 3.2-5）

KG35E 空调系统蒸发器采用铜管铝翅片，亲水翅片对冷凝水有很好吸附作用，不会使冷凝水随风机吹至客室内，翅片的形式为直翅片，风阻小、不易脏堵、清洗方便。蒸发器使用螺栓紧固，安装、拆卸无须特殊工具，进出口使用铜管焊接。

图 3.2-5　蒸发器

(5) 蒸发风机（图3.2-6）

蒸发风机采用双蜗壳离心风机，风压高，噪声小；外壳采用不锈钢材质，耐腐蚀性能好；风机由底板固定螺栓固定，无须使用特殊工具，维护方便。

主要参数如下：
1) 额定电压：380V，三相，50Hz；
2) 电压范围：±5%；
3) 额定功率：1.1kW；
4) 工作温度：-20~60℃；
5) 存储温度：-40~80℃；
6) 绝缘等级：F；
7) 防护等级：IP56。

图3.2-6 蒸发风机

(6) 干燥过滤器（图3.2-7）

干燥过滤器的功能是过滤制冷管路中的杂质和水分，干燥过滤器的进出口均为铜接口，方便维护更换；更换时应注意方向，其流向均有唯一性。

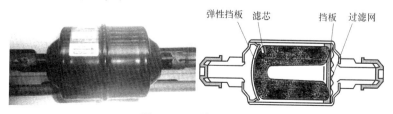

图3.2-7 干燥过滤器

(7) 视液镜（图 3.2-8）

视液镜安装在干燥过滤器出口液管段，通过视液镜指示器的颜色和外部法兰所贴标签上的参照色进行比较，可显示出系统中水分的含量。若显示黄色说明潮湿异常，绿色为正常。

图 3.2-8　视液镜

(8) 液路电磁阀（图 3.2-9）

液路电磁阀的作用是，在压缩机停机后，关闭冷凝器和蒸发器之间的管路，防止冷凝器中的液体迁移到蒸发器后到压缩机中，造成压缩机启动时液击和润滑不好的情况出现，液路电磁阀的进出口均为铜接口。

主要参数如下：

1) 额定电压：110 V DC；
2) 额定功率：20W。

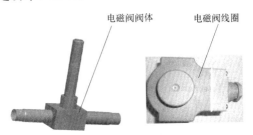

图 3.2-9　液路电磁阀

(9) 逆止阀（图 3.2-10）

逆止阀安装在压缩机和冷凝器之间，当压缩机关机时防止冷凝剂流回压缩机。

(10) 高压开关、低压开关（图 3.2-11）

图 3.2-10　逆止阀

高压开关、低压开关是系统压力发生异常时,切断压缩机以保护压缩机。高压压力开关位于排气气管路近压缩机排气口处,用于检测压缩机排气压力,防止压力过高,保护压缩机。动作值:电路断开 2.90+0.050MPa,电路接通 2.40±0.15MPa。低压压力开关位于回气管路近压缩机回气口处,用于检测回气压力,防止压力过低,保护压缩机。动作值:电路断开 0.1±0.03MPa,电路接通 0.2±0.03MPa。

(11) 电动式回风门(图 3.2-12)

图 3.2-11　高、低压压力开关

回风风门由铝合金制成,电动马达根据控制系统的信息打开

图 3.2-12　电动式回风门

或者关闭回风风门,电动马达外部设置了一个罩壳,可以防止在清洗蒸发腔时水溅在电动马达上。

主要参数:

1) 额定电压:24VAC/DC;

2) 力矩:5N·m。

(12) 混合风过滤网(图3.2-13)

在蒸发器的前部,设置了一个混合风过滤网,来过滤来自客室内部和外部新风中的杂志和灰尘颗粒,保持蒸发器翅片的清洁;参考不同项目地铁运行环境条件,建议混合风过滤网一个月清洗一次,清洗4~5次更换(视具体情况而定)。空调混合风滤网产品无毒、无味,完全可抛弃型,滤料密度逐级加高的合成纤维、初阻力小、效率高、容尘量大、耐水洗,阻燃性能好。

图3.2-13 混合风过滤网

(13) 电动新风风门(图3.2-14)

新风风门也是由铝合金制成的,位于机组两侧新风入口处,风门电动马达可以根据来自控制系统的信号来调节新风门的开度,从而控制新风量的多少。电动马达外设置了保护罩,防止雨水直接溅射到马达上。风门由两片门页组成,电动马达带动其中一个门页转动,另一个门页通过另一端的摇杆机构带动另一个门页同步转动。

主要参数:

1) 额定电压:24VAC/DC;

2) 力矩:5N·m。

图 3.2-14　电动新风风门

(14) 新风滤网 (图 3.2-15)

新风滤网用来阻止环境中的杂质和粗大的灰尘颗粒进入空调机组内部，新风滤网由不锈钢制成，具有良好的耐腐蚀性，并且新风滤网设置在机组外部，清洗和更换时不用打开机组即可完成。

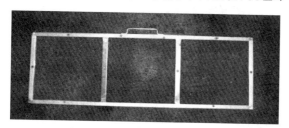

图 3.2-15　新风滤网

(15) 新风口 (图 3.2-16)

新风口主要作用是新风进入空调机组的入口，也是阻止雨水和细小的灰尘颗粒进入空调机组内部，新风口为铝合金材料，外部喷漆，具有良好的耐腐蚀性，并且设置在机组外部，方便清洗和维护。

图 3.2-16　新风口

3　空调系统

（16）温度传感器（图 3.2-17）

温度传感器是感应新风、回风或者送风的温度，然后将信息反馈到控制器，由控制器根据不同的温度值来调控空调的运行模式。新风温度传感器分别位于两个新风口，用于检测新风温度；回风温度传感器位于回风风门底部，用于采集从客室流回蒸发腔的温度；送风温度传感器位于两个通风机下方送风口，用于检测进入客室的温度。温度传感器检测回风温度和新风温度，分别取两机组回风温度平均值作为客室温度和新风温度平均值作为室外温度。将客室温度 KPC 内部设定的温度比较后，自动进行通风、制冷等工作状态。

图 3.2-17　温度传感器

（17）空气净化器（图 3.2-18）

空气净化器安装在空调机组的回风口上方，利用深频紫外光与空气中水分子和氧分子反应，释放大量的光等离子团。这些光等离子体可杀灭空气中及物体表的细菌病毒等微生物，同时降解空气中的有害化合物。

图 3.2-18　空气净化器

3.3　空调控制系统

空调控制系统通过采集温度传感器的数值来确定空调机组的

启动或关闭；另外控制系统还可根据温度传感器的当前值与机组的工作状态来判断空调系统的工作是否正常。

控制单元是一个微型计算机处理系统，它是将各种功能模块板组合在一个标准的机箱中，通过专门设计的软件形成一个集控制、监控、诊断、故障存储与显示为一体的空调控制单元，并能通过标准的接口与计算机连接，实现人机交互、人工调试和控制空调机组的运行功能。

1. 空调网络控制系统（图 3.3-1）

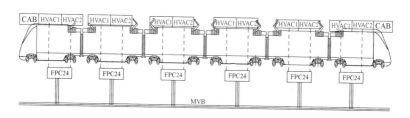

图 3.3-1 空调网络控制系统图

空调控制系统主要功能：通过 MVB 和列车进行通信、温度采集和控制、通过接触器控制各部件、控制风门、故障诊断和记录等。

每节车设有 1 台控制器，控制一台车的 2 台空调机组。空调机组的运行模式和故障诊断由微处理器控制，可实现客室通风、预冷、制冷、新风调节、紧急通风等功能，并根据运行条件自动调节制冷量大小。

控制系统集成有 MVB 网卡的通信控制器，每节车的控制器通过通信控制器与列车中央控制单元通信，上传空调机组的工作状态和故障信息，接收列车中央控制单元发送的工作指令。

同时，控制系统将对空调机组进行诊断，将空调系统各元件的状态信息以及故障信息发送给车辆控制器。每节车内的控制器通过总线结构与列车网络进行通信。

空调系统工作模式：

（1）预冷模式

在此模式下，新风调节门关闭，空调系统全回风运行，以使车厢内温度在 AWO 条件下迅速冷却，直至车厢内温度达到设定值后自动切换到正常制冷状态。

（2）正常制冷模式

在此模式下，空调系统根据车厢内制冷负荷的大小，自动运行在部分冷模式或全冷模式下，不需要人为干预。

（3）紧急通风模式

当三相 380V、50Hz 交流电源供电发生故障时，紧急通风系统将自动启动，向客室提供 3200m³/h 的新风，以保证乘客的安全。此时由蓄电池提供电源，经紧急逆变器逆变成三相交流电源为空调机组内的通风机供电。此时回风门全关，新风门全开。紧急通风至少能保持 45min。当 380V 交流电源恢复正常后，空调系统将自动恢复正常运行状态。

（4）通风模式

当车内制冷负荷极小，空调控制系统检测到车内无制冷需求时，空调系统自动运行在通风模式，此时空调压缩机停机，冷凝风机停止运行，仅通风机工作。

（5）温度控制模式

每节车空调电气柜中设有控制盘，控制盘上设有控制器（图3.3-2），能够对空调系统工作模式进行选择，或对空调系统温度进行设置。

自动：按 UIC553 标准，空调控制系统根据车外温度自动调节车内温度。UIC553 的设定温度计算公式如下：

$$T_i = 23℃ + 0.25 \times (T_e - 19℃) / (T_e > 19℃)$$
$$T_i = 23℃ (T_e \leqslant 19℃)$$

式中　T_e——车外温度，℃；

　　　T_i——室内温度，℃。

当选择"自动"位时，司机室能够在 HMI 上通过网络对空调温度进行设定。

测试 1/2：用于空调机组的维修及调试；

停机：空调机组停止工作；
通风：仅通风机工作。

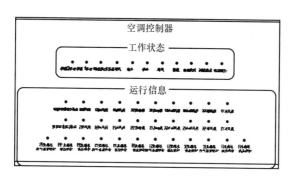

图 3.3-2　控制器示意图

由图可看出，空调控制盘上一般显示工作状态和运行信息。
司机室 HMI 控制（图 3.3-3）

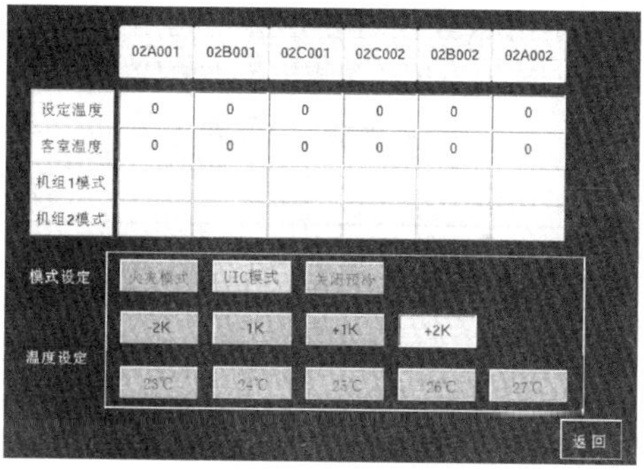

图 3.3-3　司机室 HMI 控制示意图

司机室设有控制开关，通过硬线信号可对整列车空调进行接通/切除操作。当本车控制选择"自动"位时，司机室能够在 HMI 上通过网络对空调温度进行－2K、－1K、＋1K、＋2K 调节，主回路原理见图 3.3-4，控制回路原理见图 3.3-5，主、控回路原理图中缩略语说明见表 3.3-1。

主、控回路原理图中缩略语说明　　　　表 3.3-1

代号	定义	代号	定义
KPC	微机控制器	HPS	高压压力保护开关
EFK	通风机接触器	ITH	排气温度保护开关
CFK	冷凝风机接触器	TCR	三相监控继电器
EMFK	紧急通风接触器	RY	中间继电器
CPK	压缩机接触器	SA1	模式选择开关
EFTHR	通风机热继电器	1Q,2Q	通风及制冷断路器
CFTHR	冷凝风机热继电器	3Q	紧急通风断路器
CPTHR	压缩机热继电器	4Q	控制回路断路器
EF	通风机	MVB	多功能车辆总线
CF	冷凝风机	PTU	便携式测试单元
CP	压缩机	VCU	车辆控制单元
LPS	低压压力保护开关		

2. 空调控制系统组成

空调控制盘见图 3.3-6，空调控制盘配置表见表 3.3-2。

空调控制盘配置表　　　　表 3.3-2

位置	零件名称	位置	零件名称
1	接线端子排 T1	10	控制回路断路器
2	微机控制器	11	压缩机速动热继电器
3	控制盘名牌	12	压缩机接触器
4	功能选择开关	13	离心风机热磁断路器
5	中间继电器	14	离心风机接触器
6	轴流风机热继电器	15	紧急通风接触器
7	测量与控制继电器	16	主回路断路器
8	轴流风机接触器	17	接线端子排 T_2
9	紧急通风逆变器断路器	18	漏电保护器

（1）空调控制盘技术说明

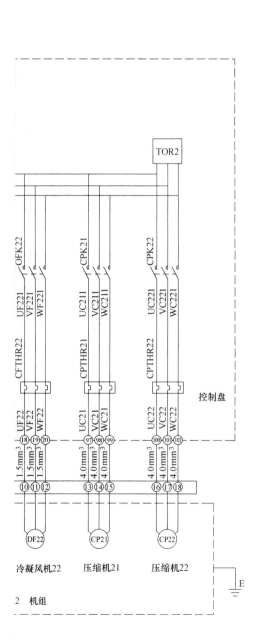

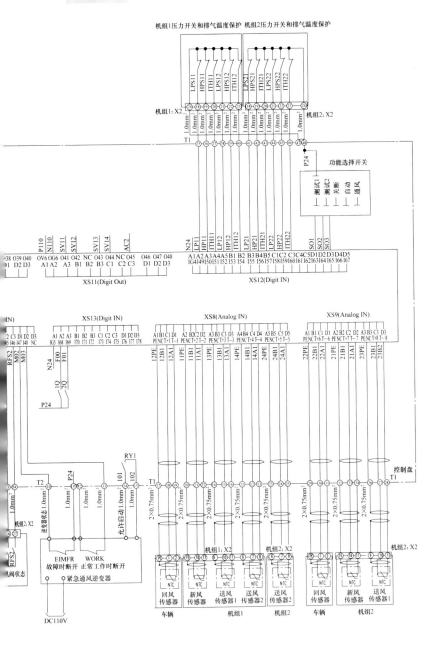

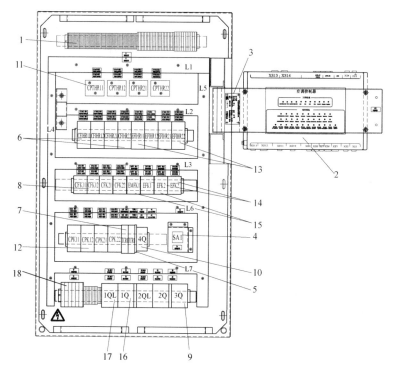

图 3.3-6 空调控制盘

控制盘是客室空调系统的控制中心,每个控制盘控制一节车厢内的两台空调机组。按照设定程序准确控制着空调系统的正常工作,完成通风、制冷、紧急通风、停机等各项功能。

本控制盘采用微机控制器 KPC 控制。每个空调机组在回风口和新风口处设置 NTC 型温度传感器检测回风温度和新风温度,分别取两机组回风温度平均值作为客室温度和新风温度平均值作为室外温度。将客室温度 KPC 内部设定的温度比较后,自动切换至通风、制冷等工作状态。

本控制盘以微机控制器 KPC 为控制核心,采用面板指示灯来显示运行情况。执行元件采用接触器,保护元件采用断路器、热继电器及漏电保护器。

（2）空调控制盘主要部件说明

1）微机控制器

空调控制器位于空调控制盘上，是空调控制系统的核心部件（图3.3-7）。根据规定的设定温度、室内温度、结合新风温度等，确定制冷需求，控制空调机组工作在通风、制冷等各工况。

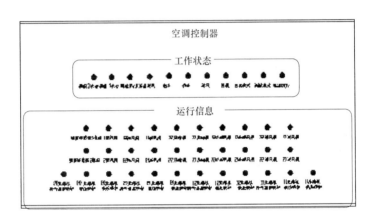

图3.3-7　空调控制器

2）接触器

接触器位于空调控制盘上，是空调控制系统的操作部件，通过接触器的吸合与断开，可控制其相应设备的工作或停机，西门子产品。

3）热继电器

热继电器位于空调控制盘上，是空调控制系统的保护部件，当冷凝风机过载时，可切断冷凝风机电源，实现过载保护。过载恢复后热继电器自动复位，西门子产品。

4）速动热继电器

热继电器位于空调控制盘上，是空调控制系统的保护部件，当压缩机过载时，可切断压缩机电源，实现过载保护。过载恢复后热继电器自动复位，三菱产品。

5）热磁断路器

热磁断路器位于空调控制盘上,是空调控制系统的保护部件,当通风过载时,可切断通风机电源,实现过载保护。过载恢复后通风机热磁断路器需手动复位,西门子产品。

6) 断路器

断路器位于空调控制盘上,是空调控制系统的手动操作部件,可实现短路保护、过载保护、控制及隔离功能。当断路器由于短路或过载保护跳闸后,需手动重新合闸,西门子产品。

7) 漏电保护器

漏电保护器位于空调控制盘右下角,是空调控制系统的保护元件,可实现漏电保护功能。当系统发生漏电,漏电保护器跳闸,将电路切断。跳闸后需手动重新将配套断路器合闸,西门子产品。

3. 空调系统制冷原理

在制冷循环中,压缩机从蒸发器吸入制冷剂 R407C 气体,将其压缩成高温高压的 R407C 蒸气,排入风冷冷凝器,经与外界空气进行热交换,放出热量冷凝成高压常温的 R407C 液体,然后经毛细管降压后变成低温低压液体,进入蒸发器,并吸收由室内流过蒸发器的空气的热量,蒸发成低压蒸气再被压缩机吸入,完成一个制冷循环。制冷剂不断地从室内吸收热量,在室外放出热量,从而达到使室内降温、除湿的效果。

空调机组的制冷系统原理图,见图 3.3-8。

4. 空调系统维护保养内容

为保证地铁空调系统的正常工作,空调系统除了发生故障应立即进行检修外,在连续运行的条件下,需定期对系统的零部件进行维护保养。本节主要针对 KG35E 空调系统为例作为介绍。

制冷系统除了故障应该立即进行维修外,在联系运转的条件下,需要定期对系统的零部件进行维护保养。

(1) 压缩机的检修

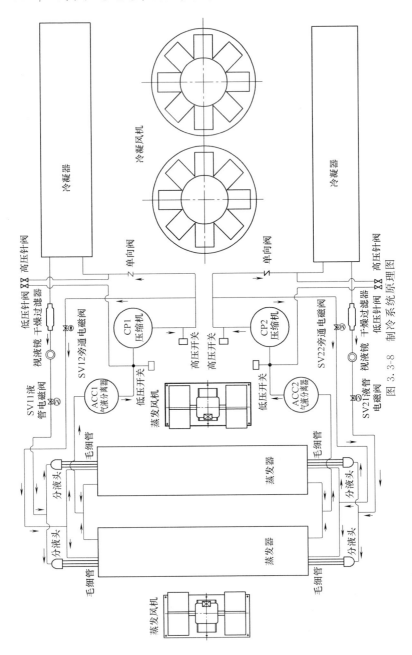

图 3.3-8 制冷系统原理图

压缩机是蒸汽压缩式制冷装置中的一个重要部分,它是推动制冷剂在制冷系统中不断循环的动力,起着压缩和输送制冷剂蒸汽的作用,它是由电动机驱动进行工作。压缩机工作的好坏直接影响到制冷循环的完成度。

压缩式制冷装置常用的压缩机有活塞式、螺杆式、旋转式涡旋式、离心式等。在近几年来活塞式压缩机和涡旋式压缩机在地铁列车中的应用最为广泛。

另外,按压缩机与电动机组合方式不同又可分为开启式、半封闭式和全封闭式压缩机3种。其中全封闭式压缩机一般用于中、小型的空调系统中,可维护性较差,一般情况下损坏后无法修复,需要更坏新的压缩机;而开启式、半封闭式压缩机多数用于大、中型空调系统中,可维护性强。具体维护保养要求见表3.3-3中的压缩机机腔及内部管线、部件紧固检查标准。

(2)换热器的检修

在制冷装置中除了压缩机外,还有必不可少的换热设备,包括蒸发器、冷凝器等。

制冷装置中的换热器的散热和管系担负了制冷过程的全部热量传递和运输工作,它对制冷机的工作性能有极大的影响。

为了保证换热设备的换热效率,必须定期对空调系统的换热器(蒸发器、冷凝器)进行吹污清洁或用中性清洁剂清洗,并逐段进行检漏。对锈蚀严重处应焊修或更换换热器。换热器的翅片应该完整,蒸发器的回气管的绝热包扎应良好,对裂损脱落处应该补修。具体保养要求见表3.3-3中的冷凝器、蒸发器检修标准。

(3)膨胀机构的检修

在蒸气压缩式制冷系统中,除了压缩机及各种换热设备外,还有专门的膨胀机构,使制冷剂节流后降低温度和压力。膨胀机构除了起节流作用外,还起到调节进入蒸发器的制冷剂流量的作用。膨胀机构的种类很多,一般可分为5类:手动膨胀阀、热力膨胀阀、电子膨胀阀、毛细管和浮球调节阀。KG35E空调系统中采用的是毛细管。具体保养要求见表 3.3-3 中的毛细管检修标准。

(4) 阀类检修

蒸气压缩机式制冷系统是由压缩机、蒸发器、冷凝器、膨胀阀等组成。在制冷系统中常用的阀门有截止阀、电磁阀、止回阀、填充阀等。在对上述阀门进行检修时，应根据具体条件，在可能的条件下，应对所有的阀门的填料进行检修。另外，部分阀门带有电气部分，还需要对其进行电气测试（如电磁阀线圈）。状态不良者应该予以修理或更换。具体保养要求见表 3.3-3 中的毛细管检修标准。

(5) 空气过滤器的检修

空气过滤器，该部件是用于过滤空气中的尘埃与有害物质，对空气实施净化处理。为保证列车客室空气的洁净，空调机组吸入的新风和回风都必须经过滤处理，才能被送入客室内，保证乘客的舒适。

为了保证空气过滤的效果，必须定期地对其进行更换清洗。如果过滤安装有方向要求时，在安装时注意空气过滤器安装面的方向。具体保养要求见表 3.3-3 中的混合风滤网及新风滤网检修标准。

(6) 风机的检修

在空调系统中常用的电动机有冷凝风机和送风风机两种。冷凝风机和送风风机一般采用三相异步电动机。KG35E 空调系统的风机具体维护保养要求见表 3.3-3 中的冷凝风机及送风风机检修标准。

(7) 其他维修

1) 定期的检查空调机组的外观，要求无损伤、无变形。
2) 定期清洗空调机组的外表面。
3) 定期按照规定的扭矩要求检查空调机组中的各紧固件。
4) 根据橡胶及海绵件的规定使用年限，对空调系统中的橡胶及海绵件进行更换。

5) 检查所有的电气连接、电缆、接地装置，要求连接紧固件紧固无松动，防松标识无错位，电缆无破损，接头处紧固无松动。

6) 检查盖板方孔锁及机组内部和外部的油漆是否损坏和腐蚀。

空调系统常规维护保养规程表　　　表 3.3-3

空调系统					
检修内容	检修标准	日检	双周检	三月检	年检
空调机组安装状态	(1) 空调机组安装座螺栓防松线无错位			√	√
	(2) 接地线紧固螺栓防松线无错位，接地线无破损			√	√
空调外观检查	(1) 检查空调机组管路外观应完好、无变形、无损坏		√（偶）	√	√
	(2) 检查机组完好无裂纹、安装脚、接地线、软管道连接处紧固无松动，盖板无变形、铰链安装紧固，锁闭正常		√（偶）	√	√
	(3) 检查防滑条无丢失，无破损无卷边 1/3 以上		√（偶）	√	√
	(4) 检查空调机组整体表面外观无明显刮伤、生锈、裂纹等异常现象		√	√	√
空调机组盖板内部状态	(1) 新风室和混合风室盖板合页无缺失、无损坏，螺栓紧固良好		√（偶）	√	√
	(2) 送风室盖板紧固件齐全，防松线无错位		√（偶）	√	√
	(3) 新风室和混合风室盖板二次防护锁部件无缺失、无损坏		√（偶）	√	√
	(4) 盖板内部无裂纹、无变形、无损坏		√（偶）	√	√

续表

检修内容	检修标准	日检	双周检	三月检	年检
空调机组盖板内部状态	(5)所有盖板状态锁闭良好		√(偶)	√	√
	(6)所有盖板支撑杆完好,螺丝及卡销无丢失				
温度传感器	(1)用酒精清洁新风温度传感器、回风温度传感器				√
	(2)检查新风温度传感器、回风温度传感器外及安装状态良好				
新风过滤网	清洁新风金属滤网,如有损坏则更换滤网		√	√	√
混合风过滤网	清洁混合空气滤网、框架,如有损坏则更换		√	√	√
液体管路窥视镜	清洁窥视镜,并观察制冷剂管路视液镜里的颜色显示(绿色为正常)		√	√	√
新风口	手动检查新风口格栅外观完好,功能正常无脱焊破损现象		√	√	√
检查送风机风扇	检查送风机扇叶片能正常转动,无异响、无变形、无裂纹,紧固螺丝无松动			√	√
紧急通风功能检查	列车未升弓,按司机台上的"客室空调"按钮,开启空调,各客室送风口有新风送出,HMI无空调故障		√	√	√
司机室的通风功能检查	检查司机室送风机可否正常运转,风量可调节	√	√	√	√
空气净化装置	检查空调空气净化装置功能状况。查看光等离子管状态,两端内管钨丝表面全黑时进行更换光等离子管;检查空气净化装置安装稳固,无松动				√

续表

检修内容	检修标准	日检	双周检	三月检	年检
空调机组制冷功能及送风情况	检查客室空调机组制冷功能及送风情况,运行无故障、无异响	√	√	√	√
冷凝风机腔内部线管部件检查	检查冷凝风机格栅无变形、风叶转动灵活、线管安装紧固件,外露电源线和控制线不与其他部件干涉、无破损、防松线紧固无松动		√(偶)	√	√
压缩机机腔及内部管线、部件紧固检查	(1)检查压缩机机腔内管线安装紧固件,外露电源线和控制线不与其他部件干涉、无摩擦破损,防松线紧固、无松动			√	√
	(2)压缩机表面无破损,防振海绵无丢失				
蒸发腔内部管线、部件紧固检查	(1)检查毛细管包扎牢固,管路架无松动脱焊现象				
	(2)检查新风阀及回风阀紧固件无松动,动作无异常,防松线清晰无错位;检查与盖板连接地线无断股散股现象			√	√
	(3)蒸发腔内海绵无丢失、破损				
	(4)检查蒸发器翅片无变形,管路无泄漏				
	(5)检查毛细管无断裂,包扎牢固,与其他部件无干涉,各管路及连接处无泄漏制冷剂现象		√	√	√
	(6)检查回风阀新风阀连杆卡簧无断裂丢失、连杆无脱落变形				

续表

检修内容	检修标准	日检	双周检	三月检	年检
清洁空调机组	(1)新风腔内部无异物		√	√	√
	(2)混合风腔内部无异物		√	√	√
	(3)送风腔内部无异物		√	√	√
	(4)排水孔无杂物、无堵塞		√	√	√
	(5)冷凝腔内部无异物		√(偶)	√	√
	(6)排水孔无杂物、无堵塞		√(偶)	√	√
	(7)压缩机腔冷凝腔内部无异物			√	√
	(8)用自来水清洗空调机组蒸发腔、冷凝腔			√(偶)	√
	(9)用铝材重垢清洗剂(1.2L/列)按1:10比例兑自来水后喷洒到蒸发器翅片后用自来水清洗空调机组压缩机腔、蒸发腔、冷凝腔				√
蒸发器、冷凝器、送风机通风口、客室回风口、车顶废排口检查	(1)检查蒸发器翅片表面无变形,无异物堵塞			√	
	(2)清洁司机室送风机通风口,清洁空调盖板内侧				√
	(3)检查车顶废排口及挡板外观无异常、安装紧固、无松动				√
司机室足部取暖器	检查足部取暖器外观完好,开关功能正常				√(偶)
紧急逆变器控制箱	(1)检查紧急逆变器外部紧固件紧固无丢失、锁闭良好	√	√	√	√
	(2)检查紧急逆变器外部紧固件无丢失,锁闭良好			√	√
	(3)检查紧急逆变器控制箱内部各接线正常,紧固件紧固,无灰尘,无异物			√(偶)	√

续表

检修内容	检修标准	日检	双周检	三月检	年检
司机室通风单元	(1)检查通风格栅无松脱,挡位旋钮无松脱	√	√	√	√
	(2)检查通风格栅无裂纹松脱,挡位旋钮紧固转动灵活			√偶	√
空调柜检查	(1)空调控制器、继电器、接触器接线状态良好,外观良好,无电流灼伤痕迹			√偶	√
	(2)所有方孔锁锁闭良好				

3.4 常见故障处理

1. 检修维护安全要求

因空调机组安装在列车顶部,而地铁列车的供电方式为接触网或第三轨给列车进行高压供电,因此,在处理故障的过程中需做好以下防护:

(1)空调作业前,要求接触网或第三轨无电并挂好接地线且列车处于未激活状态。

(2)空调作业前,必须穿劳保鞋,戴好安全帽,系好安全带。

(3)作业过程中,工器具需按规定位置摆放,谨防掉落伤人。

(4)空调作业结束后,必须确认空调盖板方孔锁和二次防护螺栓紧固。

2. 常见故障处理

空调机组常见的故障大致可以分为两类:一类是制冷系统的故障,一类是电气控制系统故障。

(1)制冷系统故障

1)制冷系统中制冷剂泄漏是最常见的故障,其泄漏部位主要发生在管路的焊接处、压缩机吸排气口的连接处、压力开关的引接处等,由于管路焊接不良或车辆运行中冲击、振动造成连接螺钉松动或连接部位多次振动后出现裂纹原因均可引起系统泄漏。

制冷剂的泄漏因原因不同,其泄漏程度也不尽相同。较轻微的泄漏可引起制冷量不足,低压压力过低而压力开关保护动作,蒸发器吸热不足等现象,严重的泄漏可造成机组制冷不良。在制冷剂已漏光,系统中混入空气,压缩机继续运转将最终导致压缩机因过热而被烧毁。

2) 制冷剂的检漏方法可采用外观检查:由于制冷剂泄漏会渗出冷冻油,一旦发现管路某处有油迹的话,可用白布擦拭或用手直接触摸检查,并做进一步确认。

3) 压缩机低压压力过低可能的原因有:制冷系统有泄漏;制冷剂不足;膨胀阀等低压处开启不足;外界温度过低;蒸发器入口有堵塞。

4) 制冷系统中真正导致压力过高的最大可能是系统中混入了空气。空气或者是在机组低压部分压力偏低时被压缩机吸入,或者是在维修中因操作不当而使空气混入到系统中。由于空气是不凝性气体,它在系统中的存在将直接产生如下不良后果:压缩机负荷增大,且温升异常,电动机过热或烧损;冷凝压力上升;制冷量下降;高压压力开关动作,系统无法正常运行。一旦发现有空气混入系统中,必须立即加以处理。

导致压缩机高压过高的原因还包括:外界温度过高;冷凝器入口或出口有堵塞;冷凝器脏;制冷剂过多;冷凝风机不工作或工作异常。

(2) 电气系统故障

列车空调故障除了机组内部机械部件和管路出现故障外,机组的电气部件及电路均有可能发生故障。由于电气部件出现故障时,控制板能收到相关故障信号并给出故障信息,相对而言电气系统故障的查找与处理更方便一些。通常,电气控制方面出现的故障,可根据读出的故障代号,结合电路控制图的控制逻辑进行查找。但有时某些故障现象可能不太明显，难以直观地判断出故障发生的原因，因此可以借助 PTU，通过控制板和 PTU 之间的通信连接，借助相关空调应用软件中记录工具，预先设置需跟踪记录的输入、输出信号，根据记录故障发生过程中的数据来分析信号之间的逻辑关系，从而判断故障真正的原因。

电气系统的故障类型包括有：短路故障、缺相故障、反相故障、过电流故障、压缩机高/低压压力开关动作、温度传感器故障、继电器故障等。

1) 短路故障：该故障是电气设备的绝缘层因老化、变质、机械损坏或过电压击穿等原因被破坏而导致出现的故障。

2) 缺相故障：城轨车辆空调的压缩机、送风机和冷凝风机一般都是采用的 380V 交流电源供电，由于松脱或其他人为原因导致 380V 交流电有一相断开时就会出现缺相故障。部分压缩机设有缺相保护单元可以自行检查该故障。

3) 反相故障：当压缩机、送风机和冷凝风机的三相连接的顺序错误时将导致反相故障，此时压缩机、送风机和冷凝风机会反相运转；压缩机反相运转的噪声较大，且很快就导致压缩机烧损，送风机、冷凝风机反相运转时进风和出风方向刚好颠倒。

4) 过电流故障：该故障主要出现在城轨车辆空调机组的压缩机部件上，由于个别特殊原因导致压缩机运转负荷过大时（如吸气压力过高、堵塞等原因），不断上升的供电电流将导致压缩机电动机部件的烧损。

5) 压缩机高/低压压力开关动作：由于个别原因导致压缩机排气口压力过高或压缩机吸气口压力过低时，压缩机高/低压压力开关动作，该信号给空调控制板，控制控制空调机组立即停止制冷运行。

6) 温度传感器故障：当温度传感器由于老化或接触不良时，其不能给出有效的信号给空调控制板时就出现温度传感器故障。

7) 继电器故障：控制空调机组各部件启停的继电器由于老化或其他原因会出现继电器卡滞或不能动作等故障常见故障处理。

4 车门系统

车门是城市轨道列车的一个重要组成部件,对车体强度及车辆整体外观有一定影响,且与运营安全有直接的关系。由于车门数量多且动作频繁,因此也经常出现故障。在城市轨道车辆中各部件中,车门故障处于较高的的水平,车门系统作为乘客上下地铁列车的通道,其工作可靠性关系到乘客的人身安全能否得到保障和地铁列车能否正常安全运营,因此对地铁车门系统进行定期检修显得尤为重要。因此,作为车辆检修工必须掌握和了解车门系统的结构、组成及相关的维修知识,本章重点介绍客室车门的类型、结构特点、技术参数及不同类型车门的工作原理。本章将以某轨道公司B型电客车客室车门的电动双开塞拉门及司机室内藏式滑动移门对列车车门进行介绍。

4.1 客室车门

1. 列车车门的基本类型及特点

由于城市轨道车辆具有运载客流量大,乘客上下车频繁等特点,为了方便乘客上下,列车客室车门的布置一般满足以下要求:

(1) 要有足够的有效宽度,一般为1300mm左右;

(2) 要均匀布置,一般每侧设置3~5扇车门,以便站台乘客能上下车方便迅速;

(3) 车门附近要有足够面积,以缓和上下车时的拥挤,缩短上下车时间;

(4) 确保乘客上下车安全,并设置紧急解锁装置,以防有突发事件紧急逃生。

车门一般采用电动机驱动的方式,少部分采用气动方式驱动。与气动门相比,电动门具有结构简单、易于控制、故障率低、维修少等优点。

按照其开启及结构形式主要可以分为移动门和塞拉门,移动门又可分为内藏式滑动移门、外挂式滑动移门。

2. 客室车门的分布

城市轨道列车一般为六节编组,每节客室车厢各 8 个客室车门,客室车门分布如图 4.1-1 所示。

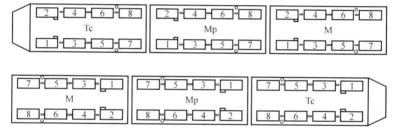

图 4.1-1　列车客室车门分布

一般情况下,列车每节车厢外的左侧、右侧各有 1 个门外紧急解锁装置,各个门车门右侧各有 1 个门内紧急解锁装置。

部件缩写解释:

EDCU:门控器;MDCU:主门控器;LDCU:从门控器。S1:锁到位开关;S2:隔离开关;S3:紧急解锁开关;S4:关到位开关。

3. 技术参数

(1) 水平通过尺寸(宽度):1300±4mm;

(2) 垂直通过尺寸(高度):1880±10mm;

(3) 供电电压:DC110V(DC77~DC137.5V);

(4) 开关门时间:3.0±0.5s;

(5) 车门关紧力(有效力):150N 有效力,最大 300N 峰值力;

(6) 探测最小障碍物：25mm×60mm（宽×高）；

(7) 门页摆出（门页与车体外墙距离）：56^{+3}_{-4}mm；

(8) 门页 V 形要求：两页门扇上部比下部大 2～5mm；

(9) 开关门噪声级别：≤75 dB（A）。

4. 客室车门组成

客室车门主要由接口部件、承载驱动机构、摆臂组件、内部和外部解锁装置、隔离开关、平衡轮组件、门扇、门槛、运动导向装置和电子门控器等组成，如图 4.1-2。

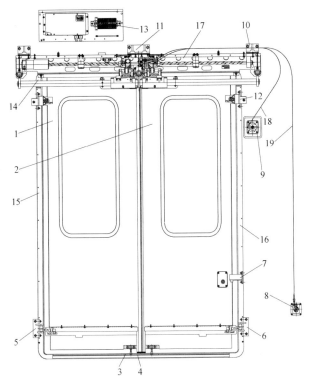

图 4.1-2　客室车门组成

1—左门扇；2—右门扇；3—嵌块；4—门槛；5—摆臂组件（左）；6—摆臂组件（右）；7—门隔离开关；8—外操作装置；9—内操作装置；10—安装架（两侧）；11—安装架（中）；12—平衡轮组件；13—电子门控器；14—上压条；15—左侧压条；16—右侧压条；17—承载驱动机构；18—内操作钢丝绳组件；19—外操作钢丝绳组件

（1）接口部件

接口部件是车门系统与车体联结的机械过渡部件，包括安装架（3件）、上压条、左右侧压条和嵌块、门槛。

1）安装架（图4.1-3）

安装架用于驱动承载机构与车体之间的连接，安装架分为安装架（两侧）和安装架（中）。通过安装架的联结，驱动承载机构安装在其中。

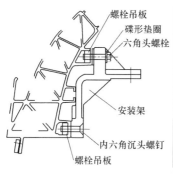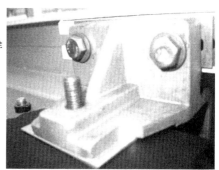

图4.1-3　安装架结构图

2）压条（图4.1-4）

在客室车门的门框上装有上压条和左、右侧压条。在车门关闭的情况下，压条与门扇的周边胶条配合，以保证门扇的防水密封性。

（2）承载驱动机构（图4.1-5）

承载驱动机构是车门系统的核心部件，是车门的驱动机构和执行机构，它由基架、驱动部件、丝杆、长导柱、短导柱、携门架、锁闭装置、解锁装置和各行程开关组成。

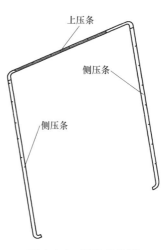

图4.1-4　压条实物图

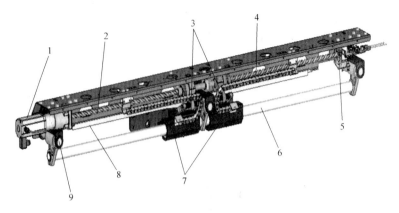

图 4.1-5 承载驱动机构

1—电机;2—丝杆;3—左右螺母;4—拖链;5—端部解锁;
6—长导柱;7—左右携门架;8—上滑道;9—短导柱

1) 基架

基架直接与安装架联结,被固定安装在车体上,其作用是为承载驱动机构其他部件的安装提供基础。

2) 驱动部件(图 4.1-6)

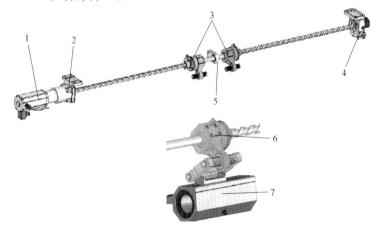

图 4.1-6 驱动部件

1—电机;2—电机安装座;3—左右螺母;4—丝杆支撑(端部解锁);
5—中间支撑座;6—螺母;7—携门架

驱动部件作为车门实现开关动作的动力来源，安装在承载驱动机构上。驱动装置包括一个直流电动机和一个减速装置。电动机受电子门控器的控制，通过一个减速装置，电动机的旋转运动传递到丝杆并最终带动门扇运动。

3）丝杆

丝杆是车门系统能实现开关门动作的动力传递部件。通过三个支承（前支承、后支承和中间支承），丝杆被安装在基架上。丝杆润滑前先清洁，必须使用克鲁勃润滑脂对整个丝杆进行润滑，当润滑工作完成后，必须手动开、关门2～3次。

4）长导柱和短导柱（图4.1-7）

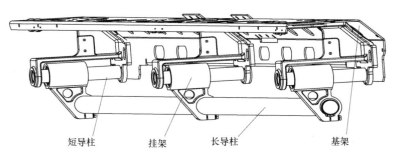

图4.1-7 长导柱和短导柱

长导柱安装在3个挂架上，3个挂架分别在3根短导柱上移动，3根短导柱通过整个机构的一个基架安装在车体结构上。必须使用克鲁勃润滑脂对三个短导柱进行润滑。

长导柱为门的纵向移动提供自由度并保证在开/关门过程中门板与车体平行；短导柱承受门板的重量并为门提供横向移动自由度。

5）携门架（图4.1-8）

携门架通过滚珠直线轴承在长导柱上滑动。它将力从机构传送到门扇并且也把力从门扇传送到机构。携门架通过螺钉牢牢地安装在门扇上。所以携门架将门扇的所有重量和动力传送给长导柱。2个携门架中的直线轴承每年应通过润滑嘴，使用克鲁勃润

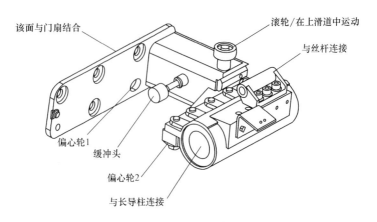

图 4.1-8 携门架

滑脂进行润滑,每个直线轴承导轨用 4~6g 润滑脂。直线轴承注润滑脂时不要使用液压润滑枪,应使用手动润滑枪润滑。在导柱非运动区域将克鲁勃润滑脂均匀地涂抹在导柱表面。

在携门架与门板连接处,提供了一个偏心调节装置(图 4.1-8 中偏心轮 1),该装置用来调节门扇的"V"形。在携门架内部,还提供了一个偏心调节装置(图 4.1-8 中偏心轮 2),该装置用来调节门扇与车体之间的平行度。

6) 锁闭装置

此车门使用的是目前广泛应用在城市轨道车门系统上的锁闭装置:LS 锁闭装置,该锁闭装置是依据变升角螺旋传动原理工作的锁闭装置,具有结构简单、安全可靠的特点。如图 4.1-9 所示,丝杆的螺旋槽分为三段,一段是螺旋升角大于摩擦角的工作段,一段是螺旋升角小于摩擦角的锁闭段,以及介于这两者之间的过渡段。门锁与丝杆机构集成在一起,在丝杆的关门位置,螺旋槽的导程逐渐变化为零:槽与丝杆轴线垂直。传动螺母上的滚动销在丝杆的螺旋槽中滚动,当滚动销到达与丝杆轴线垂直的槽部分时,螺母就被自锁。因此门被阻止打开。在承载驱动机构的一端设计了端部解锁装置,通过钢丝绳转动解锁轮,解锁轮转动

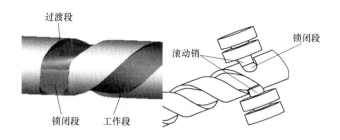

图 4.1-9 锁闭装置工作原理图

丝杆,螺母内的滚动销脱离丝杆的直线段螺旋槽,逐步回到正常螺距螺旋槽,起到解锁作用,实现对门锁的释放。

7) 端部解锁装置

车门端部解锁装置是通过钢丝绳与紧急出口装置和紧急入口装置连接一同使用,解锁力矩小。紧急解锁行程开关安装在解锁装置上,操作内外紧急解锁装置后,将会触发行程开关,此时车门解锁信号将发给车辆控制系统。

8) 行程开关(图 4.1-10、图 4.1-11)

每个车门系统有四个行程开关,分别是锁到位开关 S1(位于车门上部)、门隔离开关 S2、紧急解锁开关 S3(位于解锁装置处)和关到位开关 S4(位于车门上部)。其中,门隔离开关 S2 安装在右侧门框立柱隔离开关组件盒中,其余三个行程开关均安

图 4.1-10 S1、S4 实物图

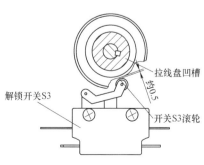

图 4.1-11 S3 开关

装在驱动承载机构上。

四个行程开关的状态信息和来自列车控制系统的指令一起控制车门的开与关。

（3）电子门控器（图4.1-12）

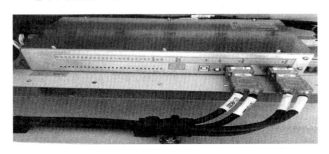

图4.1-12 电子门控器实物图

每个客室车门配置有一个电子门控器，电子门控器安装在客室车门旁边的侧顶板内。其中，每辆车的1号门和2号门的门控器为主电子门控器（MDCU），其余门的门控器为从电子门控器（LDCU）。

主电子门控器与MVB列车总线相连，从电子门控器与CAN（或RS485）车辆总线相连。车门的开关指令由列车控制系统TCMS通过MVB总线传输到主电子门控器MDCU，MDCU再通过CAN（或RS485）总线把指令传输到各个LDCU。通过MVB总线和CAN（或RS485）总线，电子门控器与列车控制系统进行信息交换。

电子门控器根据接收到列车各种控制信号（"开门信号"、"关门信号"、"门允许信号"，"零速信号"）和门驱动机构上的元件（关到位开关、锁到位开关、隔离开关、紧急解锁开关）发出的信号，电子门控器控制车门的开启和关闭。

（4）解锁装置

1）紧急出口装置：内紧急解锁装置（图4.1-13）

为了能够在紧急情况下解锁并打开车门，一般情况下，在内侧墙位于每辆车的各个门右侧，设置有紧急出口装置，其上装有一把手柄。操作该手柄，将会：

① 触发紧急解锁开关，并发出"紧急操作"信号；

② 通过牵拉钢丝绳，端部解锁装置被释放；

③ 如果车辆处于静止状态时，且车门允许信号有效时，可以手动将门打开；

④ 如果车辆处于运动状态时或车门允许信号无效时，电动机将作于关门方向峰值为300N的力以阻止门被打开。

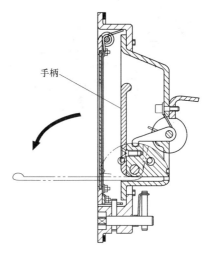

图 4.1-13　内紧急解锁装置

紧急手柄可复位；在紧急手柄复位后，门的开关回到正常操作状态。

2) 紧急入口装置：外紧急解锁装置（图 4.1-14）

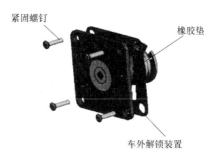

图 4.1-14　外紧急解锁装置

在每辆车的左、右外侧，各设置有1个紧急入口装置，采用四方钥匙操作。该装置被激活，其作用与内紧急解锁装置的功能相同。

图 4.1-15　隔离开关实物图

（5）隔离开关

隔离开关实物见图 4.1-15。

在每套门系统的右门扇（从内往外看）上装有一个隔离开关，以实现门的机械和电气隔离。隔离开关 S2 位于右侧门框立柱隔离开关组件盒中（图 4.1-16）。

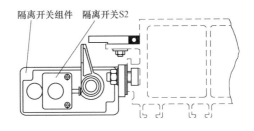

图 4.1-16　门隔离开关

（6）平衡轮组件

在每扇门板上部的后沿，与一个安装在机构上的平衡轮组件在关门位置上啮合，以防止由于任何可能的垂直向上力使门板偏移。平衡轮组件安装在车体上（图 4.1-17）。

（7）门扇

门板为铝蜂窝复合结构，具有铝框架、铝蒙板和铝蜂窝芯，采用热固化。为加强机械强度，蒙板的周边都包在铝框架上。除了一些用于支撑门板和实现门板导向运动的部件外，门板内表面是平的。窗玻璃粘接到门

图 4.1-17　平衡轮组件实物图

板上并与门板的外表面平齐。门板周边装有胶条，与门框上的压条配合，以实现门的周边密封。门板前沿装有一个特殊的中空胶条，以防夹住障碍物。

（8）运动导向装置

运动导向装置包括上滑道、上滑道及滚轮（图 4.1-18）、下滑道和摆臂组件（图 4.1-19、图 4.1-20）。通过滑道（呈一定的形状，实现相关的横向和纵向运动），门扇可以实现沿设定的轨迹运动。

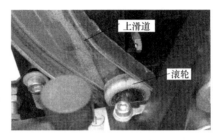

图 4.1-18　上滑道及滚轮实物图

车门上滑道安装在车门顶部的承载驱动机构上，车门运动时，左右携门架上各有一滚轮在上滑道里运动。下滑道安装在门扇上，一个安装在车体结构上的滚轮摆臂装置与下滑道啮合，以提供所要求的导向运动。该导向部件仅承受横向力，不承受纵向或垂向力。

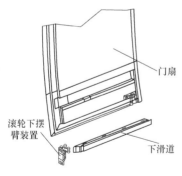

图 4.1-19　下滑道及摆臂组件

图 4.1-20　摆臂组件实物图

5. 客室车门系统工作原理

当门完全关闭时，门扇与车辆的外表面平齐。开门时，门扇一开始就进行横向＋纵向的复合运动，然后沿着车体侧面滑动直

4　车门系统　73

到完全打开的位置。客室车门工作原理图如图4.1-21。

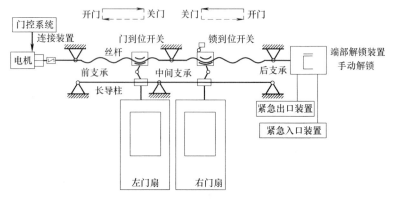

图4.1-21 客室车门工作原理示意图

(1) 开门工作原理

列车控制系统发出开门指令（按压开门按钮或者ATO运行模式下的自动开门指令）→列车控制系统检测列车状态→EDCU接收到开门指令→EDCU控制电路接通电动机电源→电动机通电并工作→锁闭装置解锁→携门架上的滚轮、上滑道、摆臂、下滑道及短导柱配合，实现塞拉→携门架、长导柱、上下滑道配合，实现平移→车门开启直到完全打开。

(2) 关门工作原理

列车控制系统发出关门指令（按压关门按钮或者ATO运行模式下的自动关门指令）→ EDCU接收到关门指令→EDCU控制电路接通电动机电源→电动机通电并工作→车门开始关闭→检测列车状态（由关到位开关S4和锁到位开关S1检测、障碍检测等）→进行下一步动作直到门完全关闭。

(3) 门隔离工作原理

在车门关闭状态下，操作门隔离开关，可以使车门机械锁住，电气从安全环路上隔离。该门即从列车控制系统中隔离开来，不受列车控制系统的控制。

(4) 紧急操作工作原理

操作内紧急解锁装置手柄或外紧急解锁装置钥匙→钢丝绳带动端部解锁装置解锁,并启动紧急解锁行程开关 S3→门控器 EDCU 收到相应信号→门控器根据列车状态进行下一步动作→若零速信号且车门允许信号有效,则车门解锁,可手动打开车门;若零速信号或车门允许信号无效,则电动机朝关门方向施加一个峰值 300N 的力以阻止车门被打开。

(5) 车门系统功能

1) 电子门控器的启动功能

接通电源可启动电子门控器,门关上和锁紧时,门被启动并保持关闭,并按后续命令实现更多的功能;门未关上和锁紧时,电子门控器此时无法监控门的位置。因此,对于没有关锁到位的门,若没有操作"机械隔离装置",且没有操作"紧急解锁装置",将会运行初始化例行程序,该程序将以恒速关闭门直到门达到关锁到位位置一次;在第一次上电初始化关门的过程中障碍检测系统正常工作。

2) 零速保护功能

列车有一根"门允许列车线"和一根"零速列车线"。当"门允许列车线"信号且"零速列车线"信号有效时,允许执行开门操作。"零速列车线"有效时,允许执行关门操作。如果撤销"零速列车线"信号,开着的门将立即开始关闭,这个时候,障碍检测功能仍有效。

3) 开关门功能

门的开启和关闭是由零速列车线、门允许列车线、开门列车线和关门列车线的电平决定的。

① 开门

a. 通过激活开门列车线开门

激活开门列车线,延时设定的时间后,车门开始开启。可以使用车门维护软件将延迟时间(一般出厂时为0s)在0~4s之间进行调节。门开启到开门终点位置后保持在这一位置,直到再接收到关门指令。如果在开门过程中开门列车线无效,同时关门列车线也无效，门仍然会开启到开门终点位置。如果在开门过程中开门列车线无效，同时关门列车线有效，门将执行关门动作。

b. 通过维护按钮开门

在关门列车线无效时，维修人员可通过操作维护按钮打开相应的门，再次操作维护按钮时，开门顺序会转变为关门顺序。

c. 顺次开门

当列车出现紧急情况时，为了避免尖峰电流，车辆控制单元通过 MVB 网络发送一个紧急操作信号给主门控器，门控器结合硬连线开门信号、零速信号及门允许信号，对整列车门进行顺次开门，每节车每 3s 开一个门。

② 关门

a. 通过激活关门列车线关门

激活关门列车线，通知车门关闭：在提醒声响后，车门开始关闭。可以使用车门维护软件将延迟时间（出厂时为 3s）在 0~4s 之间进行调节。如果在关门过程中关门列车线无效，同时开门列车线也无效，门仍然会关闭到关门终点位置。如果在关门过程中关门列车线无效，同时开门列车线、零速列车线及门允许列车线有效，门将执行开门动作。

b. 通过维护按钮关门

在开门列车线无效时，可通过操作维护按钮将门关闭，门立即开始关闭。再次操作维护按钮时，关门顺序会转变为开门顺序。

c. 通过零速列车线无效的方式关门

如果零速列车线变为无效，门立即开始关闭。

③ 再关门列车线

在发出关门指令后，发现安全互锁回路信号没有给出，可通过激活关门列车线重关门功能，使没有关到位的车门重新打开后再关闭，关到位的车门不动作。

4）车门状态指示功能（图 4.1-22）

① 指示灯

a. 开关门状态指示灯

在每个客室侧门的上方均设有一个橙黄色的指示灯。当指示灯亮时表示该门开启；当指示灯闪烁时（1Hz），表示已发出关门指令，关闭的车门尚未关上或尚未锁住；车门全部关好后橙黄色指示灯灭；在连续 3 次关门过程中均检测到障碍物，指示灯常亮，直到开门或关门指令重新将门启动。

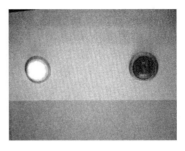

图 4.1-22　车门状态指示灯

b. 车门切除指示灯

在每个客室车门内侧上方均设有红色指示灯，该灯亮表示车门已切除，不能操作。

② 蜂鸣器

在每个客室侧门的上方均设有一个蜂鸣器，当蜂鸣器鸣响时（1Hz），表示已发出关门指令，关闭的车门尚未关上或尚未锁住。

5）紧急解锁功能

为了在紧急状态下手动开门，设有紧急解锁装置。操作紧急装置使锁闭装置解锁，并使紧急解锁限位开关动作。

如果操作了紧急解锁装置，必须在列车重新启动之前将该装置复位。

① 当零速列车线（速度＜1km/h）且门允许信号有效时，操作紧急解锁装置将会引起：

a. 通过钢丝绳手动操作端部解锁装置，从而对门进行解锁；

b. 端部解锁装置处的紧急解锁开关将发生动作；

c. 向电子门控器发出信号；

d. 门可通过手动在开门和关门方向上移动。

② 当零速列车线（速度＞1km/h）或门允许信号无效时，操作紧急解锁装置将会引起：紧急解锁开关被触动，门机械解

锁。这将会引起：

a. 在关门方向上将有峰值为 300N 的力使车门无法打开；

b. "安全互锁回路"由于紧急解锁开关的触发而断开。

6) 障碍检测功能

① 关门过程的障碍检测。

关门过程中障碍由下列系统监测：

a. 电动机电流监控：每次关门过程中电动机正常关门电流曲线已被存储并自动调整。如果电动机的实际电流超过额定值，障碍检测被激活。

b. 路程/时间监测：通过门位置传感器的检测，将门的运动分成距离段，如果在给定的时间内门未通过这些距离段，障碍检测被激活。

如果障碍检测被激活，将会施加一个持续 0.5s 的最大关门力（≤150N）。之后车门将自动打开 200mm（打开距离可调）左右，停止 2s 后，再次关闭，以便清除障碍物。这个循环将重复 3 次（第二次≤180N、第三次≤200N），且在 3 次连续关门顺序中如果障碍检测都被激活，门将运动到开门终点位置并停留在这一位置。

② 开门过程的障碍检测

在开门过程中有障碍检测功能。障碍检测可被激活 3 次。开门时若有障碍会使开门循环停止 1s，在 3 次开门动作之后门将会停在此位置并且电子门控器会认为此位置是最大可达开门位置，此时任何关门指令都可将门关闭。

7) 门隔离功能

对关闭的门使用四角钥匙可操作门隔离装置，该操作将触动门隔离开关。隔离开关的 NC 触点向电子门控器发出一个信号，电子门控器会关闭门所有运动功能，保留故障诊断及通信功能，并使车门切除指示灯常亮。门隔离开关的 NC 触点优先于安全互锁回路，门已被机械锁住。

8) 单个车门电源切断功能

为了进行维修工作,可通过关闭位于门控器旁的接线端子排上的电源开关来切断一扇门区域的电源。

9) 安全互锁回路

安全互锁回路是由关到位开关、锁到位开关上的NC触点和紧急解锁开关上的NC触点串联连接而成。只有当安全互锁回路闭合时列车才能牵引,如果车门被隔离,则安全互锁回路将被忽略。

10) 车门网络/硬线控制

列车开关门指令同时通过网络和硬线传递给电子门控器(EDCU),115柜内设有"硬线/网络"转换开关,司机可通过转换开关控制门控器执行硬线或网络指令,避免门因传输导致的故障出现。

4.2 司机室侧门

1. 概述

本节介绍的司机室侧门为手动单页内藏式滑动平移门。其可从车内和车外锁闭车门,在车内可用旋钮锁,在车外可用钥匙将关闭的门锁住,司机室侧门可以将物理、热和噪声与外部隔开。

司机室门位于列车司机室的两端,每列车4个(每侧2个)。

2. 司机室侧门主要技术参数(表4.2-1)

司机室侧门技术参数　　　　表 4.2-1

通过宽度(mm)	560+5
通过高度(mm)	1860+5

3. 司机室侧门结构(图4.2-1)

司机室侧门门页1是一个移门设计,并且可以从外部或者内部通过门锁9手柄将门打开,门页1可以从驾驶司的内部通过旋转门锁9把手锁上,并且在外部只能通过钥匙解锁。当门锁9处在工作位置时,手柄是不能够旋转的。

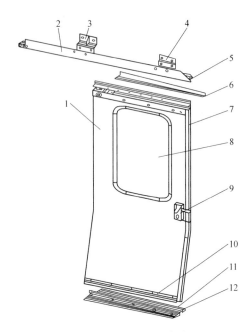

图 4.2-1 司机室左侧门

1—门页；2—承载梁；3—支撑架Ⅰ；4—支撑架Ⅱ；5—直线导轨；6—上毛刷组件；7—前挡胶条；8—钢化玻璃；9—门锁；10—下毛刷组件；11—外门槛；12—内门槛

司机室侧门的窗框上为固定的双层钢化玻璃 8。

门页 1 的前挡胶条 7 可以保护操作者的手指不至于被门页 1 夹伤，前挡胶条 7 的第二个作用是可以保证门的关到位，以保证门的密闭性。同时提供密封功能的还有门页上方外侧的上毛刷组件 6，和门页 1 下方内部的下毛刷组件 10。

司机室平移门通过一副支架 4、一个直线导轨 5 和一个承载梁 2 来使整个门的运动平稳可靠。在承载梁 2 的末端，有一个缓冲头，它可以控制门的行程。在移门的下面有一个外门槛 11 和一个内门槛 12。

4. 部件及功能

（1）门扇

门板为铝蜂窝复合结构，具有铝框架，铝蒙板和铝蜂窝芯采用热固化为加强机械强度，蒙板的周边都包在铝框架上。除了一些必要的、用于支撑门板和实现门板导向运动的部件外，门板内表面是平的。门板前挡装有胶条，以实现门的周边密封。门页的前部装有前门框胶条，用于保证门页与前门框之间的密封；门页后部装有后挡胶条，关门时与安装在车体上的后压条贴合，保证门页后部的密封。门页的上部密封由安装在车体上的毛刷实现，下部密封由安装在门页上的毛刷实现，胶条的烟火特性符合DIN 5510—2009标准（DIN 5510，Preventive fire protection in railway vehicles，即铁路车辆防火保护措施）。

（2）车窗

采用符合《中空玻璃标准》GB/T 11944—2002。外层为欧洲灰钢化玻璃，内层为无色钢化玻璃，结构尺寸：5mm～11mm～4mm（外部～间隙～内部）。

（3）门锁

门锁安装在门板内侧前沿中部，在开、关门位置均可锁定。门锁内外部均为把手。门页的把手下方有一锁芯，在司机室内、外侧开门时，如果锁芯已锁住把手，均必须用钥匙先旋动锁芯，使保险锁解锁，才可以转动把手解锁开门，可以防止司机在室内意外碰到把手而开门。当门关到位时，门锁锁钩钩进锁扣里，门安全关闭，当锁钩没有进入锁扣时，门是没有完全关闭的。

（4）顶部机构

此司机室门系统采用的移动承载机构为较成熟的移门机构形式，具有结构紧凑，运动阻力小，安装方便，可靠性高等特点。

承载机构由承载导轨、锁挡组件、定位轮组件、拖链支架等组成，承载导轨通过螺钉安装在车体上，起到导向与承载的作用，拖链支架用于安装接地线用拖链，一头连在导轨上；另一头连接在门扇上（图4.2-2）。

承载机构通过安装在门扇上挡上的承载轮组件和防跳轮组件承受门板的重量，并起开门和关门过程中导向的作用；上导轨采

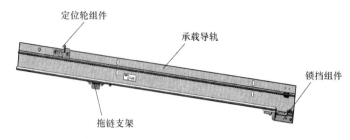

图 4.2-2　承载机构

用圆弧面设计,能自动适应安装过程中出现的倾斜,承载轮组件和防跳轮组件的滚轮轴采用偏心结构,方便调节门板的高度位置和消除携门架在上部导轨中运动的间隙。

(5) 开门止挡

开门止挡作用是防止门页开度超出安全范围,发生从支撑机构脱落或者与车体产生直接碰撞。开门止挡安装在门页上部打开方向一侧,是一个可以调节伸出长度的螺栓,以达到调节门页开度的目的。

4.3　车门常见故障处理

车门常见故障主要包括机械故障和电气故障两类。

1. 机械故障及处理

(1) 机械尺寸变化引起的故障

在客流量大且集中时,由于车体挠度等因素影响,可能造成车门相关部件与车体等部件干涉,从而引起车门故障。出现此类故障时,应首先检查车门的各项尺寸是否在规定的范围内,如车门下挡销间隙、车门开度、V 型、对中尺寸等,其次检查车门各部件之间是否存在相互干涉的情况。

(2) 零部件损坏

车门零部件损坏通常是门上的卡簧、橡胶缓冲头等部件损坏,一般直接更换故障部件即可解决,如果是一些重要部件损坏较多，则应当检查是否为设计上的缺陷或车门调整不当导致的批量问题。

2. 电气故障及处理

（1）电子门控器及接线故障

故障现象为车门进行开关动作时，单个车门无法动作或者动作有延时，一般情况下是电子门控器硬件故障或死机故障。通常处理方法为检查电子门控器的各接线端子等是否正常，若不正常，则重新安装接线端子，其次刷新门控器软件后进行开关门试验，检查车门是否正常；若不正常，则更换新的门控器再刷新车门软件。

（2）行程开关及接线故障

故障现象为列车报门锁到位开关故障、门关到位开关故障、门未经许可离开关锁到位位置等故障，这些故障主要是车门在关闭过程中出现行程开关故障或接线端子排接线故障导致车门在关闭过程中，车门无法关闭到位，诊断系统报相关车门故障。通常处理方法为检查接线端子排接线是否有松动，若正常，检查相关行程开关是否正常。

5 转向架系统

早期把两个或几个轮对用专门的构架组成的一个小车,称为转向架。随着科技发展的进步,定义逐渐改变,转向架是承受车体载荷并引导列车沿着轨道平稳和安全走行的走行装置,主要包括:构架、一系悬挂装置、二系悬挂装置、减振器、横向缓冲装置、牵引装置、抗侧滚装置、轮对及齿轮箱、轴箱、联轴节、齿轮箱吊杆和转向架管路等部件。自新中国成立以来,经过六十多年的发展,铁路车辆转向架不论从结构、技术参数、材质,还是从性能、安全可靠性、运用检修都取得了巨大的技术进步。下文以某公司 B2 型车 ZMC08C-1 型转向架为例,简要介绍主要特征、结构、部件原理、技术参数、检修维护相关要求。

5.1 概述

1. 转向架基本功能

转向架是轨道车辆结构中最为重要的部件之一,其基本特点、功能如下:

(1) 车辆采用转向架是为增加车辆的载重、长度与容积、提高列车运行速度,以满足铁路运输发展的需要;

(2) 保证在正常运行条件下,车体都能可靠地坐落在转向架上,通过轴承装置使车轮沿钢轨的滚动转化为车体沿线路运行的平动;

(3) 支撑车体,承受并传递从车体至车轮之间或从轮轨至车体之间的各种载荷及作用力,并使轴重均匀分配。

(4) 保证车辆安全运行,能灵活地沿直线线路运行及顺利地通过曲线。

（5）转向架的结构要便于弹簧减振装置的安装，使之具有良好的减振特性，以缓和车辆和线路之间的相互作用，减小振动和冲击，减小动应力，提高车辆运行平稳性和安全性。

（6）充分利用轮轨之间的粘着，传递牵引力和制动力，放大制动缸所产生的制动力，使车辆具有良好的制动效果，以保证在规定的距离之内停车。

（7）转向架是车辆的一个独立部件，在转向架于车体之间尽可能减少联接件。

2. 转向架的分类及特征

转向架依据转向架的轴数和类型、轴箱定位方式、弹性悬挂装置的形式等进行分类，主要如下：

（1）依据轴数可以分为二轴、三轴和多轴转向架，轴数的多少是由车辆总重、轴重确定，最大允许轴重受到线路和桥梁标准的限制。

（2）依据轴箱定位方式可分为固定定位、导框式定位、干摩擦导柱式定位、拉杆式定位、转臂式定位、层叠式橡胶弹簧定位转向架，具体如下：

1）固定定位转向架轴箱和转向架侧架连接成一体，轴箱和构架之间不能产生任何相对运动（图 5.1-1）。

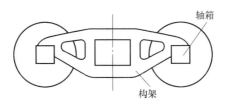

图 5.1-1　固定定位转向架

2）导框式定位转向架构架（侧架）的导框插入轴箱的导槽内，轴箱与构架在垂向有较大的相对位移，在纵向、横向有相对小的位移（间隙），如 8A 转向架（图 5.1-2）。

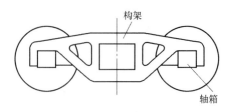

图 5.1-2　导框式定位转向架

3）干摩擦导柱式定位转向架装有磨耗套的导柱（构架上）插入支持环（轴箱弹簧托盘上），构架与轴箱之间发生上下运动时，两磨耗套产生干摩擦，通过导柱与支持环传递纵向力和横向力，再通过轴箱橡胶垫产生不同方向的剪切变形，实现弹性定位作用，如 209T 转向架（图 5.1-3）。

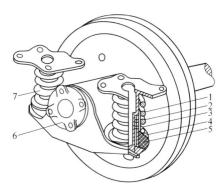

图 5.1-3　摩擦导柱式定位转向架
1—弹簧支柱；2—内定位套；3—外定位套；4—支持环；
5—橡胶缓冲垫；6—轴箱；7—轴箱弹簧

4）拉板式定位转向架定位拉板的一端与轴箱连接；另一端通过橡胶节点与构架相连，利用拉板在纵、横向的不同刚度来约束构架与轴箱的相对运动，以实现弹性定位，拉板上下弯曲刚度小，对轴箱与构架上下方向的相对位移约束很小，如日本东海道新干线 DT200 转向架（图 5.1-4）。

5）拉杆式定位转向架拉杆的两端分别与构架和轴箱销接。

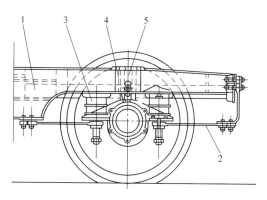

图 5.1-4 拉板式定位转向架
1—构架；2—拉板；3—轴箱弹簧；4—轴箱体；5—应急支撑

拉杆两端的橡胶垫、套分别限制轴箱与构架之间的横向与纵向的相对位移，实现弹性定位，拉杆允许轴箱与构架在上下方向有较大的相对位移，如机车转向架（图 5.1-5）。

6）转臂式定位转向架

定位转臂的一端与圆筒形轴箱体固接；另一端以橡胶弹性节点与构架上的安装座相连接，弹性节点允许轴箱与构架在上下方向有较大的位移，弹性节点内的橡胶件设计成使轴箱在纵向和横向具有适宜的不同的定位刚度的要求（图 5.1-6）。

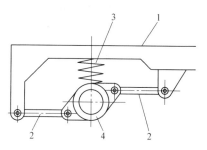

图 5.1-5 拉杆式定位转向架
1—构架；2—拉杆；3—轴箱弹簧；4—轴箱

7）层叠式橡胶弹簧定位转向架弹簧的垂向刚度较小，使轴箱相对构架有较大的上下方向位移，而它的纵、横向有适宜的刚度，以实现良好的弹性定位，如上海 1 号线地铁转向架（图 5.1-7）。

（3）按弹簧悬挂装置分类，可分为一系弹簧悬挂转向架、二

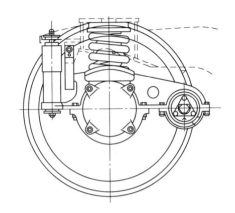

图 5.1-6 转臂式定位转向架

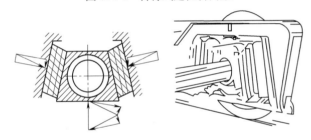

图 5.1-7 层叠式橡胶弹簧定位转向架

系弹簧悬挂转向架。一系弹簧悬挂转向架在车体与轮对之间,只设有一系弹簧减振装置,可以设置在车体与构架之间(转 8A 货车转向架),也可以设置在构架与轮对之间(Y25 货车转向架);在车体与构架之间设置摇枕(中央)悬挂装置,在构架与轮对之间设置轴箱弹簧减振装置,两者相互串联,使车体的振动经历两次弹簧减振的衰减,如客车转向架(图 5.1-8)。

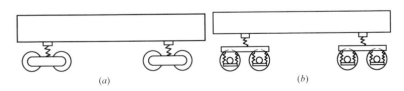

图 5.1-8 弹簧悬挂装置
(a) 一系弹簧悬挂;(b) 二系弹簧悬挂

（4）按中央悬挂横向跨距分类，内侧悬挂：中央弹簧横向跨距小于构架两侧梁纵向中心线距离，外侧悬挂：中央弹簧横向跨距大于构架两侧梁纵向中心线距离，中心悬挂：中央弹簧横向跨距等于构架两侧梁纵向中心线距离（图 5.1-9）；

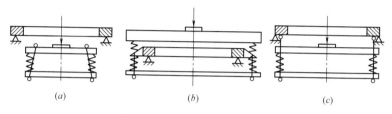

图 5.1-9 弹簧装置的横向跨距
(a) 内侧悬挂；(b) 外侧悬挂；(c) 中心悬挂

（5）按垂向载荷的传递方式分类

1）车体与转向架之间的载荷传递（图 5.1-10）

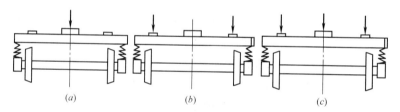

图 5.1-10 车体与转向架之间的载荷传递方式
(a) 心盘集中承载；(b) 非心盘承载；(c) 心盘部分承载

心盘集中承载：在车体上的全部重量通过前后两个心盘分别传递给前后转向架的两个下心盘，我国大多数客、货车转向架都是这种承载方式。

非心盘承载：该种形式的转向架没有心盘装置，虽然有的转向架上还有类似心盘的装置存在，但它似作为牵引及转动中心之用，而车体上的全部重量通过中央弹簧悬挂装置直接传递给转向架构架。其中有的转向架在中央弹簧悬挂装置与构架之间安装有旁承装置时，对这种转向架又称为旁承承载。

心盘部分承载：这种承载方式的结构是上述两种承载方式结

构的组成,即车体上的重量按一定比例分配,分别传递给心盘与旁承,使之共同承载。这种承载方式在旁承结构比较复杂,我国也有车辆采用这种承载形式。

2) 按转向架中央(摇枕)悬挂装置的载荷传递分类

摇动台装置:车体通过心盘(或旁承)支承在摇枕上,摇枕两端支承在摇枕弹簧的上支承面,摇枕弹簧下支承面坐落在弹簧托板(或托梁)上,弹簧托板通过吊轴、吊杆与吊销悬挂在构架上。这样,摇枕、摇枕掸簧、掸簧托板吊轴与吊杆连同车体,在侧向力作用下,可做类似钟摆的摆动,使之相对构架产生左右摇动,转向架中可以横向摆动的这个部分称为摇动台装置,它具有横向弹性特性(图5.1-11)。

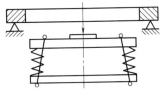

图 5.1-11 摇动台装置示意图

具有摇动台装置的转向架:这种结构的载荷传递特点是心盘(或旁承)承载后通过摇动台将载荷传递给构架。无摇动台装置的转向架:按结构特点又可分为非心盘承载和心盘集中承载两种:非心盘承载的无摇动台转向架,心盘集中或部分承载的无摇动台转向架(图5.1-12、图5.1-13)。

以 ZMC08C-1 型转向架为例,说明转向架主要结构特征及技术参数。

① 构架采用"H"形全焊接箱型梁结构,由两个箱型焊接侧梁和一个管型横梁组成;

② 采用两系悬挂系统:一系悬挂采用双圈螺旋钢弹簧、转臂式轴箱定位和一系垂向液压减振器,二系悬挂采用空气弹簧、垂向液压减振器、横向液压减振器;

③ 动车转向架架悬方式,牵引电动机架悬在构架横梁上,每个构架中心对称地布置两台牵引电动机;

④ 驱动装置由电动机、联轴节、齿轮箱等组成,牵引电动机与齿轮箱之间设置挠性齿式联轴节,用于隔离构架与轮对间的振动;

⑤ 牵引装置采用单拉杆牵引方式;

⑥ 基础制动装置采用踏面制动形式，结构简单紧凑；

⑦ 车轮采用整体辗钢车轮，S形辐板，LM踏面，并安装有降噪阻尼环。

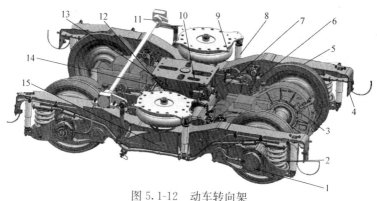

图 5.1-12　动车转向架

1—动车轮对轴箱组装；2——系悬挂装置（动车1）；3—驱动单元；4—动车转向架布线；5—构架；6—基础制动单元安装；7—高度调节装置（二阀）；8—二系垂向减振器安装；9—二系悬挂装置；10—牵引装置；11—抗侧滚装置；12—动车转向架空气管路；13—整体起吊装置；14—横向悬挂装置；15—动车转向架设备标识

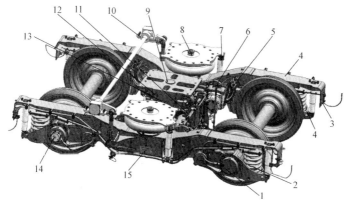

图 5.1-13　拖车转向架

1—拖车轮对轴箱组装（EK-GL）；2——系悬挂装置（拖车1）；3—拖车转向架2布线；4—构架；5—基础制动单元安装；6—高度调节装置（一阀）；7—二系垂向减振器安装；8—二系悬挂装置；9—牵引装置；10—抗侧滚装置；11—拖车转向架空气管路；12—整体起吊装置；13—横向悬挂装置；14—拖车轮对轴箱组装（GL-ATC）；15—拖车转向架设备标识

3. 转向架、车轴及车轮编码（图 5.1-14）

转向架按其安装位置可分为Ⅰ位端转向架和Ⅱ位端转向架，Ⅰ位端转向架位于车辆Ⅰ位端，Ⅱ位端转向架位于车辆Ⅱ位端。

每辆车四个车轴编码：从Ⅰ位端至Ⅱ位端，依次为一轴、二轴、三轴、四轴。

车轮编码：以辆车为单位，一轴右边车轮为一轴右轮，一轴左边车轮为一轴左轮，以此类推，二轴右边车轮为二轴右轮，二轴左边车轮为二轴左轮，三轴右边车轮为三轴右轮，三轴左边车轮为三轴左轮，四轴右边车轮为四轴右轮，四轴左边车轮为四轴左轮。

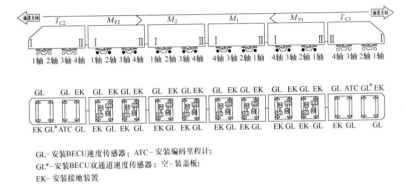

GL-安装BECU速度传感器；ATC-安装编码里程计；
GL*-安装BECU双通道速度传感器；空-装盖板；
EK-安装接地装置

图 5.1-14 转向架和车轴编号

4. 转向架三向作用力的传递

首先建立转向架的三维笛卡尔坐标系，坐标系的 X、Y、Z 如图 5.1-15 所示，X 轴的正方向为车辆Ⅰ位端的方向，Y 轴正方向为车辆的左侧，Z 轴正方向为轨面的法向。

转向架 X 方向的力主要是车辆牵引力和制动力，主要通过牵引电动机和轮轨间的黏着作用产生；Y 方向的力主要是列车过弯道时产生的离心力；Y 方向的力主要车体和乘客的重力。转向架传递三向力具体如下：

（1）横向力（沿车轴方向）

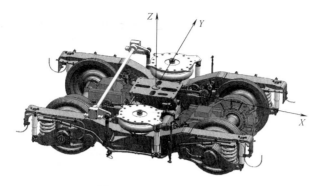

图 5.1-15 转向架坐标系

车轮→车轴→车箱→轴箱弹簧＋转臂定位→构架→
{空气弹簧（力较小时）
构架横梁→横向橡胶止挡→牵引装置（力较大时）}→车体。

（2）纵向力（包括牵引力和制动力）

车轮→车轴→轴箱→轴箱转臂定位（座）→构架→牵引装置→车体→车钩。

（3）垂向力（竖直方向）

车体→空气弹簧→构架→轴箱弹簧→轴箱→车轴→车轮→钢轨。

5.2 转向架主要零部件及其功能

转向架主要包括构架、一系悬挂装置、二系悬挂装置、减振器、横向缓冲装置、牵引装置、抗侧滚装置、轮对及齿轮箱、轴箱、联轴器、齿轮箱吊杆和转向架管路等部件，各种类型转向架部件结构有所差异，但其工作原理和功能都是一致的。

1. 构架

构架一般由右侧梁、左侧梁和横梁焊接而成，两端的横梁又称为端梁，如图 5.2-1。具有端梁的呈矩形的构架，称为封闭式构架或"日"字形构架。只有一个或两个相邻中部横梁而没有端

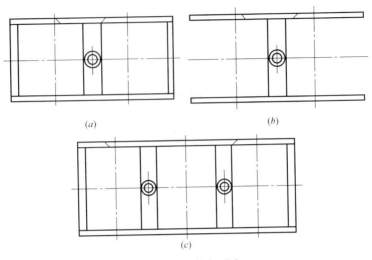

图 5.2-1 构架形式
(a) "日"字形构架；(b) "H"形构架；(c) "目"字形构架

梁的构，称为开口式或"H"形构架。右侧梁和左侧梁为封闭箱形结构，其内部由筋板支撑，从而达到最佳强度—重量比。

按结构形式有无端梁构架可划分为封闭式和开口式构架；按俯视图形状分为"日"字形、"H"形和"目"字形构架。

按制造工艺划分铸钢构架和焊接构架，铸钢构架具有成本低、易批量生产等优点，但其重量大，工艺复杂，目前电力机车已很少应用；焊接构架具有重量小、节省材料，强度和刚度好等优点，但其对设备要求高，成本高，不易批量生产，在电力机车中得到广泛应用。

构架是转向架的骨架，提供各部件的安装接口及传递载荷，具有安装转向架部件及相关系统的安装座，悬挂齿轮箱，悬挂电动机，安装基础制动单元，传递牵引力、制动力和承担车体重量等功能。以 ZMC08C-1 型转向架构架为例说明构架各个安装座的布置，空气弹簧座安装在右侧梁和左侧梁中心位置。其他支座和安装座，主要用于安装踏面制动器、牵引电动机、减振器、抗侧滚扭力杆、空气弹簧高度阀控制杆以及其他部件。动车构架和拖车构架主要差异在于构架上的安装座不一致，如图 5.2-2。

图 5.2-2 动车和拖车构架
(a) 动车转向架构架；(b) 拖车转向架构架

2. 轮对

轮对沿着钢轨滚动，把旋转运动转换为列车的平移运动，除传递车辆重量外，还传递轮轨之间的各种作用力，其中包括牵引力和制动力。轮对由车轮和车轴压装而成，车轮车轴之间为过盈配合，分为动车轮对和拖车轮对。轮对要求有足够的强度；重量小，具有一定弹性；阻力小，耐磨性好；能适应车辆直线运行，同时又能顺利通过曲线，具备必要的抵抗脱轨的安全性。

（1）车轴

车轴由轴颈、防尘板座、轮座、轴身组成，轴颈为车轴上与轴承相作用的部分；轮座为车轮压装处，也是车轴上直径最大的部分；防尘板座为客、货车车轴上轴颈与轮座之间的过渡处，其上装有滑动轴箱的防尘板或滚动轴箱的后挡板。

（2）车轮

车轮上与钢轨相接触的部分称为踏面，车轮上踏面下最外的一圈，在整体轮上称为轮辋，在轮箍轮上称轮箍。踏面一侧凸起的部分称为轮缘。轮缘位于钢轨的内侧，可防止轮对滚动脱轨，并起导向作用。车轮上与车轴相结合的部分称为轮毂。轮毂与轮辋用轮辐连接。轮辐可以是连续的圆盘，称为辐板；也可以是若干沿半径方向布置的柱体,称为辐条。

如图5.2-3,车轮按结构可分为轮箍轮和整体轮两大类。轮箍轮是将轮箍用热套装法装在轮心上,镶入扣环而成。扣环可在轮箍和轮心配合松弛时防止轮箍脱出,起安全止挡作用。整体轮是将轮箍与轮心上的轮辐合成一个整体。此外,有些国家还采用在轮辋与辐板之间加入弹性元件的车轮。这种车轮称为弹性车轮,通常只在地铁车辆上使用。中国铁路目前在机车上仍用轮箍轮,在客、货车辆上已全部使用整体辗钢轮。S型辐板整体辗钢轮:应用于高速、重载。特点:辐板为不同圆弧连接成的S形状;LM型踏面;取消了辐板孔;适当减薄轮毂孔壁厚度。可提高强度;有较好的径向弹性,可显著改善轮轨动作用力。

图5.2-3 车轮结构

1—轮辋;2—辐板;3—踏面;4—轮缘;5—轮毂;
6—注油孔;7—轮饼磨耗到限标志

以ZMC08C-1型转向架轮对为例说明轮对的结构,车轮采用双S型幅板整体辗钢车轮,符合EN13262标准,车轮材料为ER9,车轮的踏面形状采用LM型磨耗形踏面。车轴材料为EA1N,车轴符合EN13261标准,加工后的车轴进行探伤检查,确保没有任何裂纹。轮对组装包括两个车轮、一根车轴和两个螺堵。车轮提供滚动踏面,引导列车安全地沿轨道运行。轮对组装保证了固定的轮距。轮对将静态和动态力从车体传递到轨道,特别是制动装置的制动力以及驱动单元的牵引力,轮对结构如图 5.2-4。

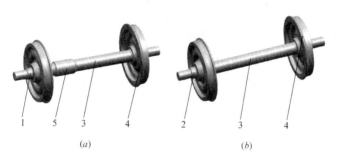

图 5.2-4 轮对结构
(a) 动车转向架轮对;(b) 拖车转向架轮对
1—动车轮对;2—拖车轮对;3—车轴;4—车轮;5—齿轮座

动车轮对和拖车轮对的主要部件由一根车轴(动车车轴或拖车车轴)和两个车轮组成。两种轮对的车轮完全一样。车轮压装到车轴上,可以通过注油退轮。在动车轮对的车轴齿轮座上安装齿轮箱用于传送牵引力。

3. 轴箱

轴箱装置将轮对和侧架或构架联系在一起,使轮对沿钢轨的滚动转化为车体沿线路的平动;承受车辆的重量,传递各方向的作用力;保证良好的润滑性能,减少磨耗,降低运行阻力;良好的密封性,防止尘土、雨水等物侵入及甩油,从而破坏油脂的润滑,甚至发生燃油等事故。轴箱装置采用滚动轴承,降低了车辆启动阻力和运行阻力,在牵引力相同条件下,可以提高牵引列车的重量和运行速度;改善了车辆走行部的工作条件,减少了燃轴等惯性事故;减轻了日常养护工作,延长了检修周期,缩短了检修时间,加速车辆的周转,节省油脂,降低运营成本低。

按滚子的形状可分为圆柱滚动轴承、圆锥滚动轴承和球面滚动轴承。滚动轴承由外圈、内圈、滚子和保持架(隔离环)组成,内外圈和滚子是用高碳铬钢制成,保持架用青铜或锻钢制成。滚子与内、外圈之间有一定的径向和轴向油隙,以保证滚子自由滚动,载而分布合理与传递轴向与径向力。保持架使滚子和滚子之间保持一定距离,防止相互挤压而被卡住。圆柱滚子轴承承受径向载荷的能力较大,承受轴向载荷稍差;结构简单、制造容易、成本低、检修方便、运用比较安全可靠。圆锥滚子轴承既能承受径向力,又能承受轴向力;结构简单,制造容易,检修方便。

轴承主要根据100万转时承受的载荷额定寿命来选取,首先确定工作条件[负荷大小和方向,负荷性质(稳定,交变或冲击),转速工作环境,机器部件结构上的特殊要求,轴承寿命],根据工作条件选取轴承类型,确定精度等级。然后根据轴承的负荷,转速和寿命,计算额定动载荷,再在产品样本中选取轴承。铁路轴承载荷工况复杂,要求耐振,耐冲击,寿命高,且要求有较小的尺寸与重量,一般为非标准产品。

以ZMC08C-1型转向架轴箱为例说明轴箱的结构,动车和拖车转向架轮对的每个轴端均配有一套轴箱装置,轴承与轴颈过盈配合,轴箱体安装在轴承上。轴箱组装是转向架最重要的部分之一,是一系垂向减振器和一系螺旋弹簧的下部支撑,用来将全部簧上载荷包括垂向的动载荷传给轮对,并将来自轮对的牵引力、制动力和冲击作用传到构架上去。此外,它还传递轮对与构架间的横向和纵向作用力。同时,通过轴承能将车轮的滚动转化为车体的平动,轮对油箱如图5.2-5。

图5.2-5 轮对轴箱

轴箱体内的轴承内圈与车轴轴颈过盈配合，轴箱体轴承安装孔与轴承外圈为间隙配合；轴承由前端盖、外端盖、轴压盖实现轴向定位；轴承为整体式双列圆锥滚子轴承单元，轴承压装后轴向游隙为轴箱体转臂定位橡胶关节安装孔与转臂定位橡胶关节过盈配合。

通过轮对中车轴轴颈、轴压盖、轴承、前端盖、外端盖、轴箱体、转臂定位橡胶关节实现轮对与构架之间的横向和纵向定位，通过车轴轴颈、轴承、轴箱体、一系螺旋弹簧实现轮对和构架之间垂向定位，轴箱结构如图 5.2-6。

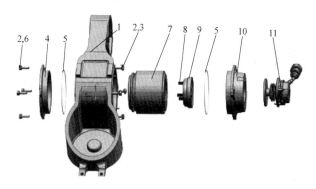

图 5.2-6 轴箱结构图

1—轴箱体；2—六角螺栓 M16×45；3—双耳止动垫；4—前端盖；5—O 型密封圈；6—弹簧垫圈 φ16；7—轴箱轴承；8—防松螺栓 M16×60×3；9—轴端盖；10—外端盖（编码里程计）；11—编码里程计

4. 弹性悬挂件

弹性悬挂装置主要具有缓和冲动、衰减振动等作用，按作用划分，可以划分为主要起缓和冲动的弹簧装置，主要起衰减振动的减振装置，主要起定位作用的定位装置。

（1）弹簧装置

均衡车辆系统中的载荷，缓和线路不平顺和各种因素引起的车辆的振动，提高车辆运行的舒适性和平稳性，延长车辆和轨道使用寿命。对于车辆悬挂系统的设计：应采用尽可能大的弹簧静挠度，即小的弹簧刚度；可降低车体的自振频率；提高运行平稳性。

在铁路车辆中通常采用簧条截面为圆形的圆柱压缩螺旋弹簧，故又称圆簧。弹簧材质主要采用硅锰钢，也有车辆采用碳钢或铬锰钢。转向架的弹簧装置中，为提高载重，减小弹簧占用空间，时常采用双卷弹簧。双卷弹簧内外卷弹簧的螺旋方向要一个左旋，一个右旋，防止卡簧或簧组转动；弹簧指数相等；应力相等，充分利用材料强度；各卷弹簧挠度相等，以保证性能一致，轴箱弹簧如图 5.2-7。

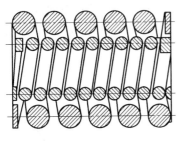

图 5.2-7　轴箱弹簧

（2）车辆的抗侧滚装置

为能改善车辆垂向振动性能，需要相当柔软的垂向悬挂装置（如采用空气弹簧或柔软的钢弹簧），当然同时也就出现了车体侧滚振动的角刚度也随之变得相对柔软，车辆运行时车体侧滚角角位移增大，故需要设计出既能保证车辆具有良好垂向振动性能，又能提高抗侧滚性能的转向架。

抗侧滚措施之一是在车体和转向架间布置抗侧滚装置，提高抗侧滚性能，在纵、横、垂向对中央悬挂影响很小，扭杆和转臂应有足够刚度，防止高频振动的传递。抗侧滚措施之二是尽量增大中央悬挂装置中空气弹簧或钢弹簧的横向间距，以增大其角刚度，从而增强抗侧滚性能，抗侧滚装置示意图如图 5.2-8。

（3）橡胶元件

铁道车辆上的橡胶元件，主要应用于弹簧装置与定位装置。此外，车体与摇枕、摇枕与构架、轴箱与构架、弹簧支撑面等金属直接接触的部位，经常采用橡胶衬垫、衬套、止挡等橡胶元件。利用橡胶的三维特性，避免磨耗，方便维修，成本低，可减轻自重，有较高内阻，高频吸振及隔噪好，较大的弹性，良好的非线性特性。但其耐高温、耐低温、耐油性能差，性能离散度

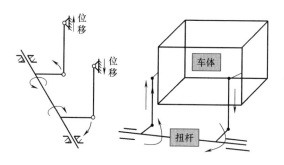

图 5.2-8 抗侧滚装置示意图

差,易老化,刚度特性发生变化。

(4) 空气弹簧装置

空气弹簧刚度比较低,可降低车辆的自振频率;具有非线性特性,可设计成比较理想的刚度特性曲线;刚度随载荷变化,可保持空重车车体自振频率几乎相等;与高度控制阀并用,保持地板面高度不变;具有三向刚度,可代替传统的摇动台,结构简单,减轻自重;本体和附加空气室间设节流孔,提供垂向阻尼;良好的高频吸振和隔音性能。

1) 囊式空气弹簧,可分为单曲、双曲和多曲等,使用寿命长,制造工艺比较简单。但刚度大,振动频率高,已不采用。

2) 膜式空气弹簧,可分为约束模式和自由模式等。约束模式空气弹簧:内外筒和橡胶囊。优点:刚度小,振动频率低,弹性易控制。缺点:工作状况复杂,耐久性较差,如图 5.2-9。

自由模式空气弹簧:无内外筒,减轻橡胶囊磨耗,提高寿命,安装高度低,重量轻,弹性可控制,如图 5.2-10。

(5) 车辆减振元件

车辆上采用的减振器与弹簧一起构成弹簧减振装置。弹簧主要起缓冲作用、缓和来自轨道的冲击和振动的激扰力,而减振器的作用是减小振动,它的作用力总是与运动的方向相反,起着阻止振动的作用。车辆减振元件的类别:按阻力特性可分为常阻力和变阻力两种减振器;按安装部位可分为轴箱减振器和中央(摇

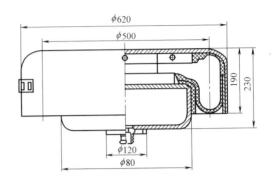

图 5.2-9 约束模式空气弹簧

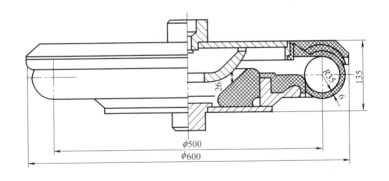

图 5.2-10 自由模式空气弹簧

枕）减振器；按减振方向可分为垂向和横向减振器；按结构特点又可分为摩擦减振器和油压减振器。

油压减振主要是利用液体黏滞阻力所做的负功来吸收振动能量，它的优点在于它的阻力是振动速度的函数，振幅的衰减量与幅值大小有关，振幅大时衰减量也大，反之亦然；缺点在于结构复杂，成本高，维护困难，受外界温度影响。为了改善振动性能，客车广泛采用性能良好的油压减振器。

（6）ZMC08C-1 型转向架悬挂系统简介

以 ZMC08C-1 型转向架悬挂系统为例,说明转向架弹性悬挂件的结构。每台转向架均配有四组一系悬挂装置,它们位于转向架构架侧梁端部下方。一系弹簧通过轴箱和轮对将车体和转向架的重量(垂向载荷)传递到轨道上。配合一系垂向减振器,一系悬挂用于衰减轮对的垂向运动,并确保轮对的平行。转臂定位橡胶关节连接轴箱体和构架,传递纵向力和横向力。如果垂向载荷超过一系弹簧的弹簧力,则转向架构架和轴箱将压在一起。四个一系垂向止挡(图 5.2-11)用于缓冲这种接触力,此外它们还可以防止损坏轴箱和转向架构架的金属表面。

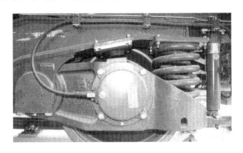

图 5.2-11 垂向止挡

每台转向架均配有一组二系悬挂装置,如图 5.2-12,包括右侧空气弹簧、左侧空气弹簧和两个二系垂向减振器,它们位于转向架构架与车体之间。右侧空气弹簧和左侧空气弹簧被用作车

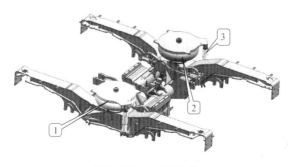

图 5.2-12 二系悬挂
1—右侧空气弹簧;2—左侧空气弹簧;3—二系垂向减振器

体与转向架之间的悬挂组件。这两个系统均支撑并传递垂向载荷以及较小的横向载它们也可以承受由不同载荷状况引起的车体与转向架之间的相对运动。

抗侧滚装置主要由一个两端分别安装在轴承座内的橡胶撑套上的扭杆组成。轴承座安装在车体上的焊接安装座上。两个拉压杆安装在转向架构架侧梁的支座上并与扭杆的扭臂装在一起,限制车体相对于转向架的侧滚运动(图 5.2-13)。

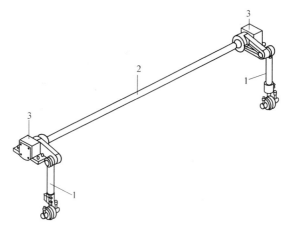

图 5.2-13 抗侧滚装置
1—拉压杆;2—扭杆;3—轴承座

5. 牵引装置

牵引装置主要用于传递牵引力和制动力,使转向架以牵引装置为中心相对于车体旋转,车体和转向架之间纵向(驱动方向)作用力的传递是通过牵引装置来实现的。牵引装置由连杆组装、牵引座、中心销等组成(图 5.2-14)。牵引拉杆是传递车体与转向架之间纵向载荷的主要承载构件,无摇枕转向架的牵引拉杆方式主要有 Z 形双拉杆和单拉杆两大类型(表 5.2-1)。

以 ZMC08C-1 型转向架牵引装置为例,说明转向架牵引装置的结构。牵引装置由牵引杆组装、牵引座等组成。牵引杆组装是一个推拉杆,一端安装在构架横梁上的牵引杆安装座上,另一

两大类型牵引装置　　　　　表 5.2-1

牵引拉杆方式	优　点	缺　点
Z形双拉杆	落车作业简单	结构复杂,占用空间大重量大
单拉杆	结构简单,占用空间小重量轻	落车作业复杂

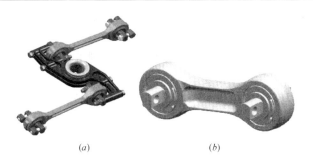

图 5.2-14　牵引装置结构
(a) Z形双拉杆；(b) 单拉杆

端安装在牵引座上,牵引座则安装在车体上。由牵引杆组装和牵引座组成的转向架牵引装置将转向架连接到车体底架安装座上,用于传送牵引力和制动力。车辆过曲线时,牵引装置能适应车体和转向架之间的相对运动,

图 5.2-15　牵引装置

同时还得承受车体和转向架之间的纵向冲击（图 5.2-15）。

6. 驱动单元

驱动单元主要功能是产生驱动力矩,传递力矩,并通过轮齿啮合再传递给从动齿轮,从而驱动轮对使列车前进,包括电动机、联轴器、齿轮箱和齿轮箱吊杆等,一般采用简单而实用的挠性浮动齿式联轴节式牵引电动机架悬结构,即通过挠性浮动齿式联轴节将牵引电动机输出轴与齿轮箱的输入轴（小齿轮轴）联结起来,在传递扭矩的同时,允许两者间的相对运动。

根据簧上质量的不同,牵引电动机可分为轴悬挂式(牵引电动机一半质量由车轴支撑,另一半质量由构架支撑)(图5.2-16)、架悬式(牵引电动机质量由构架支撑)(图5.2-17)和体悬式(牵引电动机安装在车体)(图5.2-18)。

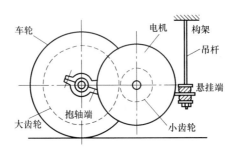

图 5.2-16　轴悬挂式

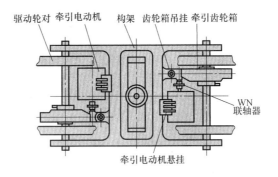

图 5.2-17　架悬挂式

每个动车车轴上装有一套牵引电动机横向布置并以全悬挂的方式直接安装在转向架构架上。轴悬挂式驱动单元存在簧下质量大,对线路上部建筑有较高动力作用,轮对传递扭矩不均匀,检修工作量大等问题,一般适应于时速120km/h以下机车。架悬式驱动单元广泛应用于世界各国列车,电动机安装在构架上,属于簧上质量,牵引电动机与齿轮箱间用弹性联轴节传递扭矩。体悬可以大大减少簧上质量,减小轮轨间的作用力。

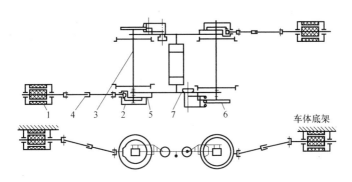

图 5.2-18 体悬挂式
1—牵引电动机；2—齿轮传动装置；3—轮对；4—万向轴；
5—传动支撑；6—制动盘；7—制动装置

以 ZMC08C-1 型转向架驱动装置为例，说明转向架驱动装置的结构。驱动装置主要包括齿轮箱、吊杆和联轴器 3 部分，采用单级圆柱齿轮传动＋鼓型齿联轴器，中心距为 355mm，传动比为 6.6875，齿轮箱的一端是由滚动轴承支撑在车轴上，另一端由齿轮箱吊杆连到转向架构架上。牵引电动机和齿轮箱之间的力的传递由鼓形齿联轴器实现，驱动单元见图 5.2-19。

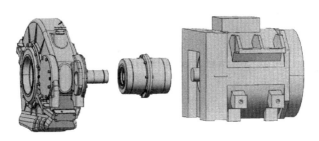

图 5.2-19 驱动单元

7. 轮缘润滑装置

轮缘润滑系统的目的主要是减少轮缘和轨道的磨损，降低轨道的磨耗及噪声，通常根据具体情况选取项目列车中的一定数量列车的两端第一个转向架各安装一套轮缘润滑装置。轮缘润滑装置主要包括喷嘴、分配器、电控箱、油箱、二位二通电磁阀等部件。其中，电控箱、油箱、电磁阀安装于车体底架上，弯道传感器安装于电控箱内，喷嘴、分配器安装于转向架上。

以 ZMC08C-1 型转向架轮缘润滑装置为例，如图 5.2-20，说明转向架轮缘润滑装置工作原理。车辆运行过程中，两套轮缘润滑系统中只有与车辆前进方向一致的一套系统在工作，由车辆为轮缘润滑系统提供压缩空气和电源，采用时间＋弯道控制方式。

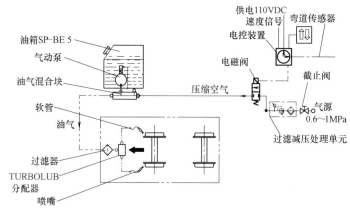

图 5.2-20　轮缘润滑装置原理图

在直线线路，当车辆速度＞5km/h（此参数可调）时，计算机中心给电控器启动信号，列车为电控器提供一个 110V 电压，二位三通电磁阀由电控器控制，润滑系统开始工作，轮缘和轨道得到润滑。当速度＜5 km/h 时，润滑系统关闭。

在弯道线路，当车辆进入弯道时，弯道传感器给电控器一个轮缘润滑系统启动信号，接通二位三通电磁阀，同时开始润滑系统在弯道的工作。

压缩空气通过换向后的电磁阀到达气动泵。在压缩空气的作用下，气动泵将油箱中的润滑剂按照预先的设定，定量的将润滑剂输送到管路中。其后在压缩空气的作用下，润滑剂被输送到混合分配器进行混合，混合分配后润滑剂在气流的作用下均匀分配到达分配器的两个出口。在分配器的出口，润滑剂经由高压管到达喷嘴，在预先设定的工作时间内，喷嘴将定量的润滑剂均匀地喷在轮缘上。

5.3 转向架组装流程简介

转向架组装分为动车转向架组装和拖车转向架组装。
1. 拖车转向架组装流程
（1）在构架上安装部件
1）安装抗侧滚扭力杆；
2）安装起吊保护螺钉（牵引座上方）；
3）安装牵引座及牵引杆；
4）安装横向减振器；
5）安装横向止挡；
6）安装空气弹簧及垂向减振器；
7）安装一系限位的垂向止挡；
8）安装单元制动器及闸瓦；
9）安装转向架空气管路。
（2）在轮对上安装部件
1）在压装好的拖车轮对两端安装轴箱装置；
2）将一系弹簧安装在轴箱体上；
3）将轮对放置在落小车位置，并保证轴距在要求范围内。
（3）落小车
用吊车将安装了部件的构架吊起，然后对准轮对落下（构架上一系簧座与轴箱上安装的一系簧对准）。
（4）安装整体起吊装置
将整体起吊装置通过安装销安装在牵引座的两侧，并用紧固螺栓安装在构架上，确保列车在架车过程中，转向架不被损坏。
（5）安装电器装置（包括接地装置、速度传感器）的线夹及

电缆

将速度传感器、接地装置、里程表安装轴箱的布置图，安装到轴箱端盖上。

(6) 安装轮缘润滑装置（仅拖车转向架1）

1）安装油箱组件；

2）安装管路；

3）安装喷嘴。

(7) 安装ATC天线（仅拖车转向架1）

1）安装天线支座；

2）安装天线。

2. 动车转向架组装流程

(1) 在构架上安装部件

1）安装抗侧滚扭杆；

2）安装起吊保护螺钉（牵引座上方）；

3）安装牵引座及牵引杆；

4）安装横向减振器；

5）安装横向止挡；

6）安装空气弹簧及垂向减振器；

7）安装一系限位的垂向止挡；

8）安装单元制动器及闸瓦；

9）安装转向架空气管路。

(2) 在轮对上安装部件

1）在压装好的动车轮对（包括齿轮箱）两端安装轴箱装置；

2）将一系弹簧安装在轴箱体上；

3）将轮对放置在落小车位置，并保证轴距在要求范围内。

(3) 落小车

用吊车将安装了部件的构架吊起，然后对准轮对落下（构架上一系簧座与轴箱上安装的一系簧对准）。

(4) 安装整体起吊装置

将整体起吊装置通过安装销安装在牵引座的两侧，并用紧固螺栓安装在构架上，确保列车在架车过程中，转向架不被损坏。

(5) 安装牵引电动机、齿轮箱吊杆及联轴节安装螺栓

将联轴节分别压装到电动机和齿轮箱输入轴上，将齿轮箱吊杆安装到构架和齿轮箱上，最后用螺栓连接电动机和齿轮箱输入轴上的联轴节。

(6) 安装电器装置（包括接地装置、速度传感器）的线夹及电缆

将速度传感器、接地装置、里程表安装轴箱的布置图，安装到轴箱端盖上。

5.4 转向架常见故障处理

转向架在运行过程中发出异响是转向架常见故障，其主要原因有踏面擦伤、紧固件松动、基础制动装置推杆齿轮啮合、抗侧滚装置损坏、轮轨间摩擦等，因其涉及行车安全，需要谨慎排查故障原因。

转向架常见异响主要有抗侧滚扭杆异响类似泡沫挤压的声音，一般在列车转弯、加速或减速时发生；闸瓦施加在踏面上的撞击异响，一般在进站或出站时发生；车底波纹管振动时产生类似沙子装塑料管子里晃动的异响，一般只有在司机室侧面或车钩跨接电缆处发生；轮缘润滑喷油时产生的喷气声异响，在两司机室发生；列车轮对与钢轨摩擦产生的异响，列车过道岔或转弯时发生；客室内重物坠落类似高跟鞋大力敲击地板面的声音异响，比较随机，一般只有一次异响。

列车出现异响时，首先需要确认异响发生的时机，如果列车出现持续异响，则一般判断为转向架踏面擦伤、紧固件松动或部件损坏等导致异响，列车运行到终点站后退出服务并回库检查；如果列车是在过弯道或道岔过程发生异响，需要安排人员正线添乘确认，运营结束后，需要详细检查转向架踏面、悬挂系统等部件，并测量司机室运行端的轮径、轮缘厚度、轮缘高度，排查是

否由于车轮失圆导致异响,异响处理流程如图5.4-1所示。

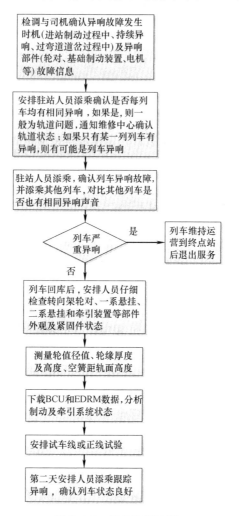

图 5.4-1 异响处理流程

6 车钩系统

车钩缓冲装置是车辆最基本的也是最重要的部件之一，是用于列车之间的连挂，传递和缓和列车在运行中所产生的纵向力和冲击力，此外，还可以实现车辆间的电路和气路连接。车钩缓冲装置分别通过车钩和缓冲装置两部分实现纵向力和冲击力的传递，其中车钩用来保证车辆之间的彼此连接，并且传递和缓和拉伸力的作用，缓冲装置用来传递和缓和压缩的作用，使车辆彼此保持一定的距离。

6.1 概述

按照连挂装置的连接方法，车钩可分为非自动车钩和自动车钩。非自动车钩和自动车钩需要人工来完成车辆的连接，而自动车钩则不需要人参与就能实现连接。我国铁路和城市轨道车辆均采用自动车钩。自动车钩可分为两种基本类型：非刚性车钩和刚性车钩。非刚性车钩允许两个相连接的车钩钩体在垂直方向上有相对位移，简化了两车钩纵向中心线高复偏差较大的车辆像话连接的条件（例如，不同类型的车辆，车轮及其他部件磨耗程度不同的车辆，以及空车和重车），车钩钩体结构和铸造工艺较为简单。刚性车钩虽不允许两连挂车钩存在相对位移，但与非刚性车钩相比有以下优点：(1) 大大简化了制动空气管路、电气线路等自动连挂的条件；(2) 减小了两个车钩连接表面之间的间隙，从而也降低了列车中的纵向力，提高列车运行分平稳性；(3) 减小了车钩连接表面的磨耗；(4) 减小了由于两连挂车钩相互冲击面产生的噪声，这对于城市轨道车辆和客车尤为重要。这些特点决定了刚性车钩主要用于地下铁道车辆和城市轻轨车辆、一级高速列车上。非刚性车钩较普遍地应用于一般铁路客车货车上,非刚性结构与刚性车钩见图 6.1-1。

图 6.1-1　非刚性车钩与刚性车钩

(a) 非刚性车钩；(b) 刚性车钩

随着轨道车辆技术的进步,车钩缓冲装置得以不断地提高,形式也不断变化,形成了多种形式的车钩缓冲装置。其中,密接式车钩属于刚性自动车钩,在城市轨道车辆中被广泛应用。这种车钩在连挂后,没有上下和左右的移动,而且纵向间隙也限制在很小的范围之内。国内外常见的密接式车钩有日本发明的柴田密接式车钩(我国北京地铁车辆的车钩,图 6.1-2,属于此类)、欧洲国家的 Scharenberg 型密接式车钩(德国制造的上海地铁车钩,图 6.1-3,属于此类)、德国的 BSI-COMPACT 型密接式车钩、我国中车四方车辆研究所自主研发的密接式车钩。

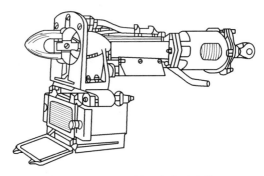

图 6.1-2　北京地铁的密接式车钩

1. 车钩类型及特性

城市轨道车辆所用密接式车钩又可以分为全自动车钩、半自

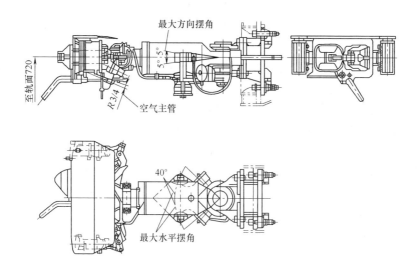

图 6.1-3 上海地铁的密接式车钩

动车钩、半永久牵引杆三种。

(1) 全自动车钩

全自动车钩可实现铁路车辆的机械自动连接、电路自动连接、气路自动连接。连挂时无须人工辅助,只需驱动一辆车与另一辆车相碰就可以实现两辆车的自动连挂。即使水平方向和垂直方向有一定的角位移的情况下也可以通过对中装置实现自动连挂。全自动车钩可实现连挂列车的竖曲线和平曲线运动及旋转运动,能顺利地在一定的坡道和曲线上运行。解钩时可通过操作司机室的解钩按钮,实现自动气动解钩;当气路存在故障时,可在车钩旁拉动解钩绳实现手动解钩。

(2) 半自动车钩

半自动车钩一般设置在列车中部,用于列车的分段运行。半自动车钩能够实现车辆自动机械连挂、气路连挂,无须人工辅助,其机械连接、气路连接结构基本与全自动车钩一致。半自动车钩的对中装置可使其在水平方向和垂直方向有角位移的情况下也可以自动连挂。该车钩允许连挂的列车通过垂直曲线和水平曲线，允许有旋转运动。半自动车钩的电气连接与列车配线相连，它放置在车钩表面的内孔中，并包含两个移动触点和两个固定触点。当车钩头连挂时，固定/移动触点被压向其中一个反向车钩，同时建立电气连接。电缆与电气钩头外壳的接头密封且无拉力。利用接线端头将电缆导线与活动和固定及触点相连。可以通过解钩按钮对机械车钩进行自动解钩，也可以在轨道旁手动解钩。解钩和车辆分离后，车钩又处于待连挂状态。

（3）半永久牵引杆

半永久牵引杆的机械连挂、电路连挂、气路连挂均需要人工手动进行，风管在牵引杆的两部分对上时会自动连接上。牵引杆之间采用便于拆卸的卡环连接，这种连接方式刚性佳、无松脱、安全性高。该车钩可实现连挂列车的竖曲线和平曲线运动及旋转运动，以允许连挂列车通过垂直和水平曲线轨道，并允许有转动。

半永久性牵引杆的设计用于车辆编组时永久性连接，除非在紧急情况下或车辆在车间维护时，否则不需要分离车辆，半永久牵引杆的分离只能手动进行。

半永久牵引杆橡胶缓冲装置可确保对缓冲和牵引力都起缓冲作用。牵引杆上的吸能装置还可在载荷超出定义范围时（例如遭受严重冲击或碰撞）确保能量分散。此装置由一个预加载压溃管和一个冲头组成。冲头被压进可压溃管内并使之加宽，将缓冲能转变为变形能。为了固定编组运行，在正常情况下每单元列车不解体，所以在列车每单元内部经常采用半永久牵引杆。

2. 车钩布置

城轨 B 型车一般为 6 辆车编组，车钩连接方式一般为：

$$=A-B-C+C-B-A=$$

其中："="为全自动车钩，"+"为半自动车钩，"-"为半永久牵引杆。

3. 车钩与车辆其他部分接口

(1) 车体底架

通过四个螺栓（M36、1700N·m）将车钩缓冲装置的支撑座固定在安装板上。

(2) 气路

所有车钩上的气路连接件均与车辆的主风缸管路相连接。从车辆到车钩之间的空气管路为软管，软管的一端连接在车钩上，另一端连接在底架上的截断塞门上。维修时，将相应车辆两端的以及相邻的截断塞门手动关闭，与空气管路隔离开，车钩的气路连接如图6.1-4。

图 6.1-4　车钩的气路连接

(3) 电路

全自动车钩、半自动车钩的车辆电气连接通过与电气连接器后盖相连的柔性电缆实现。半永久牵引杆电缆连接的电气接口通过哈丁连接插实现。电缆内设有至少10%的备用线，适用于110VDC，所有车钩的电气均有适合的接地措施。

4. 车钩技术参数

(1) 全自动车钩（表6.1-1）

全自动车钩参数　　表6.1-1

车钩类型		Scharfenberg 自动车钩
车钩头		类型:330
容许的作用力	压缩载荷	1200kN
	牵引载荷	750kN

续表

车钩类型		Scharfenberg 自动车钩	
总重		约 362kg	
长度	枢轴到车钩端面	1455±5mm	
可靠的摆动范围	水平	±25+5°	
	垂直	±6°	
重对中角度	对中装置	±15°	
最低连挂速度		0.6km/h	
压溃管	冲程	压缩载荷	约 300mm
	限制载荷	压缩载荷	800kN+5%/−10%
	预应力	缓冲	450+190kN
橡胶垫牵引装置	冲程	压缩载荷	约 55mm
		牵引载荷	约 40mm
	弹簧力(静态)	压缩载荷	570kN±10%
		牵引载荷	320kN±10%
电动车钩头	固定触头 AG	18 件	
	活动触点 AG	20 件	
	固定触头 AU	6 件	
	活动触点 AU	6 件	
压缩空气	操作压力	最小值 0.6MPa	
		最大值 1.0MPa	
	主风管(MRP)接头	M36×2(ISO 8434-1-L28)	
	解钩管(UL)接头	M16×1.5(ISO 8434-1-L10)	

(2) 半自动车钩(表 6.1-2)

半自动车钩参数　　表 6.1-2

车钩类型		Scharfenberg 半自动车钩
车钩头		330 型
容许的作用力	压缩载荷	1200kN
	牵引载荷	750kN

续表

总重	约 320 kg		
长度	枢轴到车钩端面		1125±5mm
可靠的摆动范围	水平		25°+5°
	垂直		约 6°
重对中角度	对中装置		约 15°
最低连挂速度	0.6km/h		
压溃管	冲程	压缩载荷	约 100mm
	限制载荷	压缩载荷	800kN±10%
橡胶垫牵引装置	冲程	压缩载荷	约 55mm
		牵引载荷	约 40mm
	弹簧力(静态)	压缩载荷	570kN±10%
		牵引载荷	320kN±10%
电动车钩头	固定触头		2件
	活动触点		2件
压缩空气	操作压力		最小值 0.6MPa
			最大值 1.0 MPa

（3）半永久性车钩（图 6.1-3）

半永久牵引杆参数　　表 6.1-3

车钩类型	Scharfenberg 半永久性车钩半件	
容许的作用力	压缩载荷	1200kN
	牵引载荷	750kN
总重	约 285kg	
长度	枢轴到车钩端面	1125±5mm
可靠的摆动范围	水平	25+5°
	垂直	约 6°
压溃管	冲程　压缩载荷	200mm
	限制载荷　压缩载荷	800kN+5%/-10%

续表

车钩类型	Scharfenberg 半永久性车钩半件		
橡胶垫牵引装置	冲程	压缩载荷	约 55mm
		牵引载荷	约 40mm
	弹簧力(静态)	压缩载荷	570kN±10%
		牵引载荷	320kN±10%
压缩空气	到风管接头的连接		M36×2 (ISO 8434-1-L28)

6.2 车钩结构及工作原理

1. 全自动车钩组成及功能

全自动车钩由机械钩、电气钩、可压溃变形管、对中装置、橡胶垫缓冲装置等部件组成，如图 6.2-1。一般设置在列车的端部，在两列车连挂运行、救援以及库内调动列车时使用。

图 6.2-1 全自动车钩成品

（1）全自动车钩组成

1）机械钩头；

2）解钩风缸；

3）主风缸管 MRP 的风管接头；

4）电动钩头的控制机构；

5）车钩牵引杆；

6）橡胶垫钩尾座；

7）电气钩头；

8）对中装置；

9）车钩控制；

10）卡环；

11）接地。

（2）各组成部件功能

1）机械钩头

机械钩头的车钩锁确保两节车厢之间的机械连接。端面有凸锥和凹锥，允许车钩自动对齐和同心，在水平和垂直方向提供一个大的连挂范围。车钩端面配有一只宽而扁的边缘以吸收缓冲载荷。牵引力通过钩锁（钩板、钩舌、中心销和张力弹簧）传递。牵引和缓冲负载从车钩传送到车厢底架内，如图 6.2-2。车钩锁有三种状态，分别为准备连挂、待连挂、解钩。

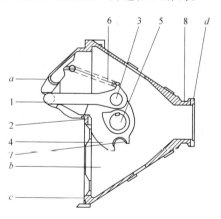

图 6.2-2 机械钩头

a—凸锥；b—凹锥；c—车钩端面；d—卡环法兰

1—钩舌；2—止挡；3—钩舌销；4—钩板；5—中心销；

6—张力弹簧；7—钩板凹槽；8—钩头箱体

① 准备连挂

钩舌腹板靠近于凸锥边缘。钩板通过拉簧压入，顶住车钩头外壳里的止挡，准备连接见图 6.2-3。

② 已连挂

当车钩表面配合紧密时，车钩的凸锥滑入连挂车钩的凹锥，钩舌撞击连挂车钩的钩板。车钩锁抵抗拉弹簧的

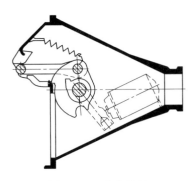

图 6.2-3　准备连挂

作用力转动，直至将钩舌与钩板槽啮合。此后钩板受拉弹簧的作用，向后转动到已连挂位置，车钩锁闭锁。车钩锁的位置分成准备挂连模式和已挂连模式，如图 6.2-4。因此，这种类型的车钩锁被称为一位锁。

当车厢连挂后，锁紧装置会形成一个平行四边形形状，这样可以将牵引荷载均匀地分布在两个钩锁装置上。意外解钩是不可能的。车钩锁只受到拉伸负荷的影响，负荷均匀地分布在平行四边形的两个钩舌上，保证了连挂牢固可靠。

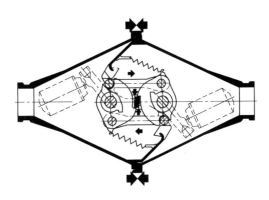

图 6.2-4　已连挂

③ 解钩（图 6.2-5）

解钩时，车钩锁抵抗拉簧的作用力转动，直至将连杆从钩板槽中释放出来。当其中一个钩舌在钩板槽后部啮合时，车钩锁保持在这个位置。车辆分离后，解开上锁的钩舌，通过使用拉簧允许钩锁向后转，把车钩舌推前。车钩锁再次准备连挂。

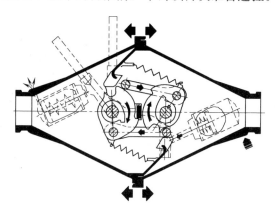

图 6.2-5　解钩

2）解钩装置

解钩装置由司机室解钩和手动解钩组成，解钩装置的作用是解除钩锁装置锁紧状态（图 6.2-5）。解钩可以通过操作司机室内解钩按钮实现或在轨道旁手动解钩。

① 司机室解钩

司机按下解钩按钮，电磁阀动作，将压缩空气输送到车钩头内的解钩汽缸中，使活塞杆向前移动，使车钩锁、钩板向右转动，以释放钩舌。此时电气钩头被首先收回，之后再释放机械连挂。

② 手动解钩

只能在紧急情况下（这时候供气中断）进行手动解钩，拉动连接在解钩杠杆上的解钩拉环，就可以从轨道旁实现手动解钩。杠杆连接在车钩锁的中心销上。把杠杆向旁边转动时，两个车钩的钩锁就解开了。

3）风管连接

主风缸管（MRP）和解钩风管（UP）的风管接头安装在车钩端面。接头的接口管，设计高出车钩端面约 8 mm，在连挂过程中对应的接口管被压下（图 6.2-6）。它可为空气连接提供密封。止动弹簧防止接口管从汽缸筒内滑出。

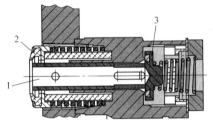

图 6.2-6 风管连接
1—阀门挺杆；2—管嘴（垫圈＋套筒）；3—阀板

总储气管的风管接头配备有压力阀，在车钩解钩时可以确保 MR 管的闭合。在连挂期间，配套车钩的簧压阀杆确保 MR 管开启。

4）电气钩头

电气钩头操作装置安装在机械钩头的下面，用来向前和向后移动电气钩头。电气钩头的操纵机构通过汽缸的活塞运动，由压缩空气通过风管接头推进。采用一个由车钩锁中枢控制的 5/2 路阀来控制电气钩头的移动。只有在进行了机械连接之后才可以将电气钩头向前移动。解钩期间，电气钩头首先缩回，然后机械连接被分离。如果由于供气系统中断而无法供气，应当手动分离电动车钩后，在进行机械解钩。

利用活动和固定触点将电气钩头与列车配线相连。利用接线端头将电缆导线与活动和固定触点相连。电气钩头外壳配备有一个带防护罩的放泄塞以排放冷凝水，也可以采用该插塞作为外壳内的通风口。电气钩头配备有护盖，在电气钩头向前及向后动作时，该护盖可以自动开启及闭合。在连挂期间，两个对置的电气钩头外壳紧紧压在一起，同时将活动触点压在固定触点上。橡胶框构成防水密封件，保护触点不被污染及触摸。电气钩头配有带导向杆及导套的对中装置，在连挂过程中实现电气钩头对准。

全自动车钩电气钩头触点呈左右对称分布，连挂和解钩过程均可以自动完成，负责两列车连挂后的控制电路电气线路的对接，线路电压均在110V级以下。具体触点分布参见图6.2-7。电气钩头向前推的同时，推进机构移入死点位置，以避免运行期间电气钩头退回。

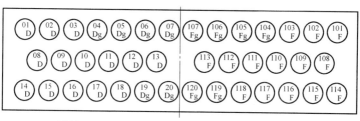

D　压力触点(镀银)
Dg 压力触点(镀金)
F　固定触点(镀银)
Fg 固定触点(镀金)

图6.2-7　全自动车钩电子钩头触点分布

① 自动连接

为了保证均匀的接触压力和列车电气线路的安全连接，操作装置是弹簧承载的。电气钩头连接之后，杠杆保持完全处于中心位置。操作装置由主总风管供风的汽缸的活塞驱动。用一个方向阀控制供风量，这样，防止破坏电子触头，机械钩头连挂后电气钩头也就连接起来，反之亦然。

② 电气钩头的手动隔离

没有释放机械和气路连接的情况下才可能进行电气钩头的手动隔离。安装在钩头上的球阀必须要关闭，排除汽缸内的空气，这样才可以用手移动电气钩头。操作后电气钩头保持在缩回的位置，此时只能机械及气动连挂车钩。

③ 电动钩头保护盖

弹簧承载的旋转保护盖用来保护触头不接触其他部件。当电气钩头连接和隔离时保护盖自动关闭和打开。

④ 对中元件

电气钩头中配有对中元件,连接时能够使钩头在一条直线上。

5) 带有压溃管的车钩牵引杆(图6.2-8)

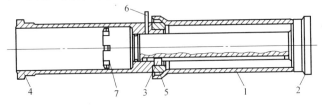

图6.2-8 带压溃管的车钩杆

1—压馈管;2—牵引杆;3—销;4—中间块;5—冲头;6—弹簧圆柱销;7—防松螺母

车钩牵引杆的前后端配法兰,通过使用容易分开的卡环,连挂到机械钩头和橡胶垫钩尾座(缓冲器)。车钩牵引杆上有一个吸能装置,由一个预装载的压溃管和一个冲头组成。如超出了规定的释放载荷(比如严重撞击和碰撞),冲头压在压溃管上加宽了压溃管,压溃管收缩,把缓冲能变成了变形能,吸能装置就能够吸收能量。当吸能装置崩溃时,有螺母的杆前部分就被推到钩头箱体里。

6) 橡胶垫缓冲装置

橡胶垫牵引装置由橡胶垫装置和轴承座构成。橡胶垫装置由上壳和下壳,橡胶垫和牵引杆构成。牵引杆包含在橡胶垫内,固定在上壳和下壳之间。牵引杆的前端配有轴肩。轴承座配有平整的安装面和安装孔。橡胶垫装置位于轴承座内,配有轴颈和及衬套以保证水平摆动。支撑弹簧安装在缓冲装置下方。缓冲装置(EFG3)包括上下壳体、橡胶垫和挂钩。它安装在轴承座上,配有轴颈和免维护衬套,保证车钩的水平旋转机动性。橡胶垫刚性地放置在壳体并且受剪切力,它对牵引力和缓冲力进行缓冲。缓冲装置自由端为法兰盘形状,可装配一个卡环,将该装置与车钩牵引杆连接在一起。图6.2-9为缓冲装置的工作模式,图6.2-10为缓冲装置的静态特性曲线。

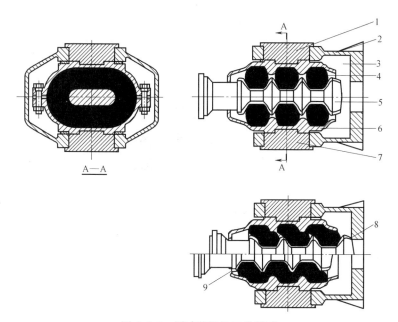

图 6.2-9 缓冲装置的工作模式

1—轴颈；2—外壳；3—上壳；4—橡胶垫；5—拉杆；6—下壳；7—轴颈；8—挡块

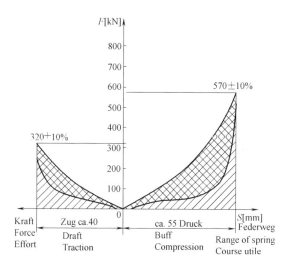

图 6.2-10 缓冲装置静态特性曲线

解钩的车钩垂向支撑方式为由橡胶垫和位于橡胶垫钩尾座下面的垂向支撑竖直支承（6.2-11）。必要时可对此水平位置进行调整。

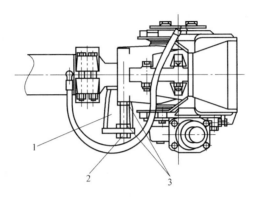

图 6.2-11　垂向支撑
1—支承弹簧；2—六角头螺母；3—六角螺母

7）对中装置

对中装置将解钩的车钩保持在车辆的纵向轴线上，并防止它横向摆动。它通过螺钉固定在基座轴承座下方，如图 6.2-12。

在对中装置外壳内安装有一个凸轮盘，对中装置外壳与橡胶垫钩尾座的下轴颈刚性连接，而下轴颈在车钩水平摆动时会发生旋转。凸轮盘配备有两个外围凹槽，两个带辊子的杆通过盘形弹簧压入外围凹槽中，它将车钩保持在车辆的纵向轴线上。

在解钩并将车辆分开之后，车钩会自动地回到中心角内。在此角度之外，车钩会保持外摆。

① 手动摆动

急弯道上的连挂超出了自动车钩的对接范围（约 15°）。为实现在急弯道上的连挂，可以手动方式将对中装置摆出对中范围。

② 水平调节

可根据纵向车轴，通过外壳后侧的两个螺钉对车钩重新进行水平调节。

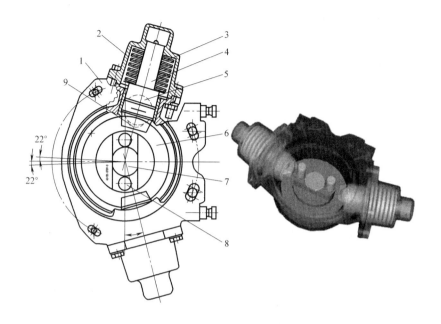

图 6.2-12 对中装置
1—外壳；2—汽缸；3—盘形弹簧；4—顶杆；5—辊；
6—图轮盘；7—螺栓；8—平行销；9—槽

8）车钩控制

车钩控制装置可对车钩的机械和电气连挂进行控制。其工作模式如下。

① 连挂

连挂时，主风管连接，用来驱动电钩头操纵装置的定向阀在主风管阀门的控制下，汽缸中一部分空气被排空，另一部分则充满了压缩空气。

② 已连挂

主风管接头被打开，压缩空气注入解钩风管。电钩头汽缸的后部被充入压缩空气，使活塞向前运动，将电钩头推动至已连挂位。通过一个弹簧装置，可以保证电气触点受压始终保持不变。电气头操纵装置会留在死点位置上，这样可防止电钩头由于意外动作被移至缩回位上。保护盖会自动打开。

③ 自动解钩

按下驾驶室中的按钮,解钩风管就会充满压缩空气,启动解钩汽缸。汽缸活塞杆会顶着钩锁装置钩板移动,使钩锁装置旋转至解钩位。

压缩空气通过风管接头进入对接车钩的解钩风管中,使电气钩头分离。解钩风管中的止回阀可以防止压缩空气进入对接车钩的解钩气压缸,这样可以使钩锁装置始终处于过旋转位置上。电气钩头操纵装置的定向阀在解钩风管中的一根支管的控制下,汽缸一部分充满了压缩空气,而另一部分则被排空。电气头向后移动至缩回位,护盖在弹簧拉力作用下自动关闭。在一个双向节流阀的作用下,除非解钩车没有分开,否则,电气头将会留在缩回位上。当车钩分离时,主风管接头被关闭。

④ 电气钩头手动分离

电气钩头的分离无须解除机械连接也可以手动方式完成。此时需断开电钩头操纵装置即关闭带红色手柄的球阀(图 6.2-13)。即可排空汽缸中的空气。电钩头保持原位。将一个方套筒扳手套入操纵装置枢轴上,即可将电钩头向后移动至缩回位。

图 6.2-13 带红色手柄的球阀位置

9) 卡环连接

卡环连接件包括由螺栓连接的两个卡环(图 6.2-14)。卡环位于待连接组件的轴肩周围,通过螺钉固定在一起,下部卡环带有排放孔。

10) 接地

车钩的接地线为线径为 $50mm^2$ 和 $125mm^2$ 的电缆,以分路电流和绕过非传导性的元件。它们位于：

① 车钩牵引杆与机械钩头之间；
② 车钩牵引杆和压溃管之间；
③ 电气钩头外壳与机械钩头之间；
④ 钩尾座和车厢底架之间；
⑤ 车钩牵引杆和车厢底架之间。

2. 半自动车钩组成及功能（图6.2-15）

半自动车钩与全自动车钩相似，未设电气车钩，但设有四触点电连接器。

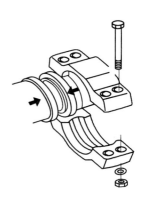

图 6.2-14　卡环

图 6.2-15　半自动车钩三维效果图

（1）半自动车钩组成

1）机械钩头；
2）解钩风缸；
3）主风缸管 MRP 的风管接头；
4）车钩牵引杆；
5）橡胶垫钩尾座；
6）电动头；
7）对中装置；

8) 解钩管接头;

9) 卡环;

10) 接地。

其中 1)、2)、3)、4)、5)、7)、8)、9)、10) 与全自动车钩相似。以下只介绍电动头。

(2) 电动头

半自动车钩电气连接主要借助于跨接电缆来实现,需要通过人工连挂和解钩,与全自动车钩的电气钩有很大的区别。同时利用电动头通过车钩与列车配线相连,并入车钩监视回路。电动头与车钩表面在一条直线上,它包括一个带有触头块的外壳。电动车钩头通过螺钉固定到车钩上。

电动头外壳有一个圆形横截面。外壳前侧为敞开式,露出触头块和电触头。触头块被橡胶框密封件包围。在触头块的后部,触头用螺母固定并配有平插塞。后侧用螺纹式外壳钉密封,配备电缆出口,并包两个活动触点和两个固定触点。当车钩头连挂时,固定/活动触点被压向其中一个反向车钩,同时建立电气连接。

3. 半永久牵引杆

半永久牵引杆用于两节车之间的连接形成一个单独的 3 节车单元。连挂和解钩操作只能在车间进行。半永久牵引杆有两种,一种为公头,带压溃管;另一种为母头,不带压溃管。

(1) 带压溃管的半永久牵引杆 (图 6.2-16)

图 6.2-16 带压溃管的半永久牵引杆三维效果图

(2)不带压溃管的半永久牵引杆（图 6.2-17）

图 6.2-17　不带压溃管的半永久牵引杆三维效果图

半永久牵引杆包括以下组件：
1) 风管接头；
2) 车钩牵引杆（分为带公头和压溃管的与不带公头和压溃管的两种）；
3) 橡胶垫钩尾座；
4) 卡环；
5) 地线。

6.3　车钩的预防性维修

1. 车钩的润滑

车钩的润滑车钩预防性维修工作中的重点。需润滑的主要位置有：车钩端面、钩舌、中心枢轴、钩板凹槽、钩板后侧。车钩端面易生锈需涂防腐层防护，如有连挂时容易造成防腐层脱落，需补涂（图 6.3-1）。

2. 车钩的基本调节

（1）垂直调节（图 6.3-2）

车钩必须与铁轨平行，

图 6.3-1　车钩端面

6　车钩系统 | 133

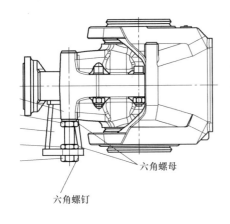

图 6.3-2 车钩的垂直调节

与车辆纵向轴平行。安装车钩后需要进行调节使其平行。根据维修程序经常要使用气泡水准仪来检查车钩校准状况。

如果车钩倾斜了,必须重新调节车钩水平位置正确,从而可以减少来自牵引杆上的橡胶缓冲装置的载荷,保证车钩接合完好。

1)松开四个六角螺母;
2)均匀地顺时针转动两个六角头螺钉抬起车钩或逆时针转动落下车钩;
3)用气泡水准仪检查车钩的垂直度;
4)重新拧紧4个六角螺钉。

(2)水平校准(图 6.3-3)

解钩的车钩应该总是与车辆纵向轴线在一条直线上,保证钩头的最大接合范围。可利用安在对中装置后侧的2个调节螺钉1进行水平校准。

1)松开对中装

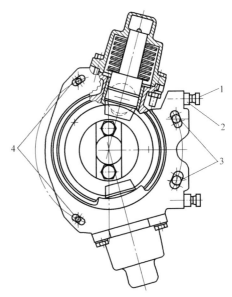

图 6.3-3 车钩的水平调节
1—六角头螺钉;2—六角螺母;
3—锁紧螺钉 M16;4—锁紧螺钉 M10

置上的锁紧螺钉3、4;

2）拧进或旋出用螺母2，固定的六角头螺钉1，调节车钩与车辆纵向轴水平;

3）拧紧锁紧螺钉，固定位置。锁紧螺钉M10（4）的拧紧扭矩：110±5N·m；锁紧螺钉M16（3）的拧紧扭矩：300±10N·m。

7 供风制动系统

众所周知，所有的交通工具必不可少的一个部分就是制动系统，上至飞机、船舶，下至自行车，制动系统以各种形态形成交通工具的必需组成部分，作为地铁列车，制动系统当然是其最重要的组成系统之一。

在当今地铁列车上，通常配备电制动与空气制动两种制动方式。电制动是通过电磁感应方面的技术实现动能到电能的转换，从而实现车辆制动的目的，具备了环保低耗能的优点，但电制动在车辆低速阶段的表现不理想，同时，当列车未激活的时候，无法实现电制动，这个时候，就需要空气制动来补充电制动的缺陷。空气制动采用的是接触式制动，在制动的过程中通过摩擦使动能转化为热能及其他能量，从而实现车辆制动的目的，具备稳定且列车非激活状态的时候也可以实现，能较好地满足当今地铁列车的运行需求。

7.1 概述

当今地铁列车的运行特点是站间距短、列车启停频率高，所以地铁列车的空气制动系统需要具备以下特点。

1. 快速响应

地铁列车的运行站间较短，为了保证运行速度，增加行车密度，列车必须做到快速启动，快速制动，短制动距离，对于列车供风制动系统而言，就需要做到快速响应列车的制动需求，同时，必须保证较大且可调的制动功率。

2. 自动调节

地铁列车在制动过程中,列车空载及在超员的情况下,对于制动力的需求是不一样的,在空载及超员的两种工况下,列车的重量相差达到了数十吨,列车总重量的变化可达30%,如果在同一个制动级位上,制动系统提供的制动力是一个恒定值,根据$a=F/m$,列车的加速度将发生变化,最终导致列车的制动距离不可保证,这对于要求精准定点停车的地铁列车是不可接受的,所以,列车在进行制动的时候,制动系统需要随列车重量的变化来调整制动力的供给,从而实现列车的制动距离准确性以及制动过程的平稳性。

3. 高可靠性

地铁列车的运行环境是大客流量的公共环境,为了保证乘客的生命财产安全以及列车安全,地铁列车的制动系统必须具备高可靠性。为了实现制动系统的高可靠性,地铁列车采取的是低电平有效的制动策略,即在失电的情况下,列车将会采取制动。在地铁列车故障状态下,列车的紧急制动无需微机发出指令,只要检测到紧急制动环路中的任意一个条件触发,列车将会采取紧急制动,从而保证列车的运行安全。

空气制动系统一般由空气供给装置、控制及判断装置、执行装置三大部分组成。空气供给装置是给空气制动系统提供压缩空气的组成部分,是实现空气制动的基础,控制及判断装置是接收上级指令、下级信息并发出制动指令的组成部分,是空气制动系统的核心,执行装置是实现空气制动系统的各种指令动作,是空气制动系统的执行者。

三大部分通过网络以及气管建立信息以及压缩空气的传输通道,形成一个有机的整体。

7.2 制动方式

地铁列车的制动方式主要有电制动、摩擦制动两种方式,电制动又分为再生制动、电阻制动;摩擦制动又分为空气制动、磁轨制动。空气制动则可以再细分为踏面制动、盘式制动。

1. 摩擦制动

摩擦制动是通过滑动摩擦产生的较大的阻力,从而使列车的动能转化为摩擦产生的热能,从而使列车减速并最终停稳,常见的摩擦制动的方式主要有踏面制动、盘式制动以及磁轨制动。

(1) 踏面制动

对于列车速度不大于 80km/h 的地铁列车是最常见的制动方式,具体原理是通过向制动缸注入压缩空气,压缩空气通过活塞机构将闸瓦推向轮缘,从而形成具有较大正压力的摩擦副,列车的运行阻力因而增加了一个摩擦阻力,并且该摩擦阻力成为主要的阻力。

根据 $f=\mu F$,摩擦制动所产生的阻力 f 主要取决于施加的正压力 F 以及摩擦系数 μ,在已经制造好的制动缸中,正压力的大小是根据制动缸中的气压大小来确定的,而摩擦系数是由两个接触面之间的材料决定的,列车轮缘的材料受限于列车设计,已经无法进行更换,所以,改善摩擦系数的重任将落在闸瓦上。踏面制动还会产生较大的热量,因此,闸瓦的材料还要求有较好的传热性能以及较高的耐热性。

(2) 盘式制动

盘式制动一般用于高速列车上,如时速达到 100km/h 或 120km/h 的地铁列车,通常有轴盘式以及轮盘式制动,在非动力转向架上,通常采用轴盘式制动,而动力转向架受安装位置所限,通常采用的是轮盘式制动。在进行制动的时候,制动缸驱动夹钳使闸瓦紧紧压在制动盘上,将列车的动能转化为闸瓦及制动盘的热能并散发到大气中,从而使列车减速并停稳。

(3) 磁轨制动

磁轨制动一般作为辅助制动手段用于高速列车上,也会作为一种应急制动方式应用在地面轨道交通上。磁轨制动采用的是电磁铁通电后产生强大的吸力将安装在电磁铁上的磨耗板压在钢轨上,从而使磨耗板与钢轨形成一个摩擦副,以达到制动的目的。

2. 电制动

相对于摩擦制动而言，通过列车牵引电动机产生制动力的制动方式被称为电制动，也称为动力制动。列车在进行制动的时候，牵引电动机变为发电机，将列车的动能转化为电能。通常有再生制动以及电阻制动两种方式。

3. 制动优先级

在非紧急情况下，从节能以及环保的角度出发，再生制动可以将部分动能转化为电能反馈回电网中，并且再生制动为非接触式制动。因此，再生制动通常是常用制动中优先采用的制动；电阻制动相对于再生制动而言，区别为其不具备能量反馈能力，因此，电阻制动的优先级次于再生制动；而空气制动采用的是接触式制动，在制动的过程中会对接触面发生磨耗，产生噪声及粉尘，因此空气制动的制动优先级又次于电阻制动。

在紧急情况下，由于空气制动的稳定性优于电制动，同时，电制动无法使列车在低速阶段实现快速制动，因此，在紧急情况下，空气制动的优先级远远大于电制动，并且根据安全导向原则，在紧急情况下只采用空气制动。

4. 制动力分配原则

制动力的分配原则是：常用制动和快速制动时，采用电制动优先，不足部分由空气制动补足；紧急制动时采用纯空气制动。

如果电制动故障或超过黏着限制，无法由电制动单独满足列车所需总制动力的要求，BCU将在拖车和故障动车上分配空气制动力补足总制动力和电制动力的差值，需补充的空气制动力在所有无电制动能力的转向架上平均分配。

7.3 制动系统功能

地铁列车是一个极为复杂的系统，地铁列车上的制动系统的功能需要满足地铁列车在各种工况下的运行需求，因此，地铁列车的空气制动系统通常包括以下功能。

1. 常用制动

常用制动在正常运行状态时使用。通过司控器手柄或 ATC 设备发出制动指令。常用制动由电制动和电空制动执行,制动时,遵循制动优先级设置。一般而言,最大常用制动减速度为 $1.0 \mathrm{m/s^2}$,受冲动限制($0.75 \mathrm{m/s^3}$)。

2. 快速制动

当司控器手柄位于快速制动位或 ATC 设备发出快速制动指令时,列车施加快速制动。快速制动设计为紧急情况下一种制动方式。快速制动具有防滑保护,一般的快速制动设计的减速度为 $1.2 \mathrm{m/s^2}$,并受冲动限制。快速制动由电制动和电空制动执行。快速制动期间,牵引系统超温将切除电制动,该车减少的制动力由空气制动系统补足。

3. 紧急制动

当司机台紧急停车按钮被按下、ATC 设备发出紧急制动指令或紧急制动安全环线中任意一个环节断开,列车都将施加紧急制动。紧急制动采用空气制动,可实现 $1.2 \mathrm{m/s^2}$ 的减速度,具有防滑保护,不受冲动限制。紧急制动与零速互锁,即紧急制动一旦施加,必须在列车停车后才可缓解。此外,当通过紧急制动按钮施加紧急制动时,受电弓降弓,高速断路器断开。

4. 停放制动

停放制动在列车静止状态下使用,目的是防止列车溜车,可保证 AW3 载荷的列车停在不超过 35‰(或其他参数)的坡道上。停放制动采用弹簧施加,充气缓解。可通过"停放制动"按钮施加或缓解,也可通过车侧手动缓解装置进行缓解操作。正常情况下,停放制动未缓解时,禁止列车牵引;运行中检测到停放制动施加时,列车将封锁牵引,以最大常用制动减速度停车。

5. 保压制动

保压制动是电制动与空气制动的混合制动模式,在列车速度降至门槛值(各个不同项目的门槛值有所不同)时,列车控制检测系统发出"停车制动请求"指令,经短暂延时,平稳地施加空气制动取代电制动,直至列车速度达到零速门槛值(各个不同项目的门槛值有所不同),再由空气制动实施保压制动(70%全常用制动)。

正常时,制动控制单元接收到来自列车控制检测系统的保持制动缓解指令来缓解保持制动。列车控制检测系统接收牵引控制单元发送的牵引力值并进行计算,当总的牵引力大于车辆下滑力时,发出保持制动缓解指令。

紧急牵引模式下,制动控制单元接收到牵引指令,并检测到列车速度超过规定值时,自动缓解保持制动。

6. 防滑保护

列车在制动的过程中,车轮与轨道之间的黏着被破坏,从而发生车轮在轨道上滑行的情况,这种情况称之为滑行。滑行对列车轮对踏面以及轨道都将产生较大的损坏,同时还会导致制动距离的变化,影响停车精度。为了避免滑行带来的危害,制动系统配备了防滑保护功能。

列车防滑系统一般检测以下两点:

(1) 减速度检测,检测到减速度超出设定阈值后,列车防滑系统将会启动;

(2) 车轴与参考速度之间出现的速度差异检测,检测各轴速度与参考速度之间的差值,当差值达到阈值 $\Delta V1$ 后,防滑系统将会关注,再超过阈值 $\Delta V2$ 后,将会启动防滑措施,$\Delta V2$ 一定会大于 $\Delta V1$。

当控制系统通过以上方法检测到滑行时,将以规律的间隔进行地面速度检测,获得实际列车速度,准确地控制滑行深度,改进轮轨附着力情况,当防滑保护系统判定附着力恢复,系统回复初始状态,并停止地面速度检测。

电制动的滑行控制优先于空气制动。当滑行车的电制动力降低时,损失的制动力将由拖车上的空气制动系统补充,当滑行车的空气制动系统的制动力降低是,损失的制动力将由其他车上的空气制动系统补充。

7.4 供风装置

在当今的地铁列车上,空气制动系统的供风装置一般使用空气压缩机,将外部的常压的空气吸入、过滤并通过压缩转化为空气制动系统使用的高压洁净的空气,在当今地铁中,常用的空气压缩机一般有往复式空气压缩机以及螺杆式空气压缩机两种。

该组设备负责向列车提供充足、干燥、洁净、压力合适的压缩空气,主要包括电动压缩机组、过滤器、散热器、安全阀等。

1. 空气压缩机

(1) 往复式空气压缩机(图 7.4-1)

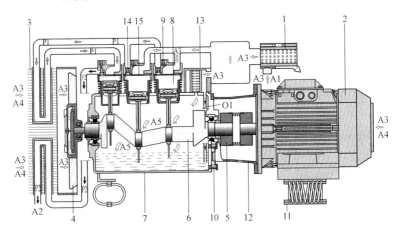

图 7.4-1 往复式空气压缩机组成及空气流向图

1—空气滤清器;2—电动机;3—冷却器;4—带黏液耦合器的风扇叶轮;
5—波纹管联轴器;6—曲轴;7—曲轴箱;8—汽缸;9—防护阀;
10—油位显示管;11—弹性零件(图示为钢丝弹簧);12—中间法兰;
13—压缩空气除油过滤元件;14—阀门;15—阀门
A1—进气口;A2—排气口;A3—抽吸气体;A4—冷却空气;A5—含油气体
P1—中间压力;P2—高压;O1—注油

往复式空气压缩机的原理为电动机带动往复式压缩机曲轴转

动，曲轴带动压缩缸的活塞转动，从而将空气一步步压缩为压缩空气。

以德国的克诺尔公司的VV120往复式空气压缩机为例：

在往复式压缩机的空气入口，安装有一个空气滤清器，将空气中的灰尘进行过滤，防止灰尘进入供风制动系统当中，对供风制动系统造成功能损害，往复式压缩机组成及原理见图7.4-1。

往复式压缩机将空气压缩的过程中，将会导致压缩空气温度升高，过热的压缩空气容易对压缩空气输送管路以及其他设备造成损害，因此，往复式压缩机还安装有冷却装置（冷却器），用于降低压缩空气的温度。冷却器由散热片以及风扇组成，高温的压缩空气通过带有散热片的管路，热量传递到散热片上，而散热风扇带来的冷空气则将散热片上的热量带走，从而达到降低压缩空气温度的目的。

冷凝风扇装有黏性联轴器，可以根据环境温度和压缩机出口处温度连续、有规则地进行自动冷却调节。这种结构保证了压缩机在良好的工作温度下运行。同时黏性联轴器作为离合器，当物体卡住风扇，离合器就会打滑，避免损坏。

（2）螺杆式空气压缩机

螺杆式空气压缩机的工作原理则利用的是一对相互反转的转子在机壳内转动，使空气所在的腔体由大变小，从而实现空气的压缩，螺杆式空气压缩机组成及气流图见图7.4-2。

与往复式空气压缩机相同，螺杆式空气压缩机同样在空气的入口处配置了空气过滤器将空气中的灰尘过滤掉，保护空气压缩机以及用气设备。

螺杆式空气压缩机组将过滤的空气从转子入口处吸入，不断压缩空气体积，压缩的过程中以及机械运行过程中均会产生热量，使空气以及润滑油被加热，压缩空气进入润滑油油腔内，经过油细分离器初步滤油后进入冷却器中；经过加热的润滑油在温控器打开后，润滑油沿着管路传送至冷却器中。冷却器由散热片以及离心式风扇组成，高温的压缩空气以及润滑油进入到冷却器的管路中,将热量传送至散热片上,再由冷风将散热器上的热量带走。

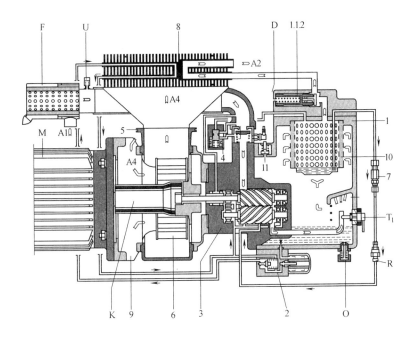

图 7.4-2 螺杆式空气压缩机

1—空压机外壳;2—温控阀;3—压缩机单元;4—泄压阀;5—蜗壳;
6—离心式风扇;7—油管过滤器;8—散热器;9—中托架;10—油细分离器;
D—压力开关;O—放油阀;K—联轴器;F—空气滤清器;M—电动机;
T_1—温度开关;U—真空指示器;R—止回阀;A1—进风口;
A2—压缩空气出口;A4—冷却空气

(3) 空气压缩机维护

空气压缩机的主要维护活动为更换滤芯、润滑油以及相关功能的测试。

每台空气压缩机运行满足一定时间后需要进行首次换油,将润滑油中携带的因磨合产生的金属屑带走。

每个月在进行维护的时候,需要目视检查空气滤清器的真空指示器处无红色显示，目视检查空气压缩机润滑油油位不低于下限，目视检查空气压缩机外观无损坏。

每年需要更换空气滤清器的滤芯，往复式空气压缩机需要更换润滑油，而螺杆式空气压缩机润滑油的更换周期则为两年。

每隔5年则需要将空压机返厂进行大修。

（4）空气压缩机故障案例

1）润滑油乳化

润滑油乳化现象通常是由于空气湿度较大地区发生的故障现象，空气压缩机运行负荷率过低，导致润滑油油腔的气温较低，无法将吸入空气中的水汽充分带走，滞留在油腔内与润滑油混合，形成一种油水混合的乳状物。乳化的润滑油将会导致润滑效果降低，造成曲轴与连杆、活塞与腔壁之间的零件异常磨损，从而导致空气压缩机工作效率降低，打风乏力。

润滑油乳化的判定方法可以透过油位显示器进行检查。正常状态下的润滑油呈透明状黄色，类似于食用油，而乳化的润滑油则偏白且呈浑浊状，类似于牛奶饮料。

对于润滑油轻度乳化，可以通过长时间（如连续2h）运行空气压缩机，使空气压缩机油腔中的水分被压缩空气带走，从而消除当前故障；如果是较为严重的乳化，长时间运行空气压缩机是无法消除故障现象的，反而对空气压缩机的损害较大，此时则需要进行润滑油的更换，并且在加入新的润滑油使用前，需要使用新的润滑油对空气压缩机油腔进行清洗，清洗至清洗出来的润滑油无乳化现象为止，方可将新的润滑油加入油腔正常使用。

对于会发生润滑油乳化的地区，需要根据气候条件的不同，通常在湿度较大的季节（如我国南方的春季）制定定时连续启动空气压缩机的预防措施。

2）空气压缩机无法启动

空气压缩机启动需要接收到启动指令以及正常的电压供给，空气压缩机自身无故障，在部分空气压缩机无法启动的故障中，有列车发出启动指令而未收到空气压缩机启动的反馈指令的情况，也有启动指令未发出的情况，对于此类故障，通常是空气压缩机启动环路上的电气连接以及电气元件发生了异常，如线缆松脱、继电器烧毁等；而电动机损坏则多数因为过流而导致电动机烧毁的情况，如启动电路缺相等。

空气压缩机无法启动的故障，通常需要根据电器原理图检查启动电路以及反馈电路，更换损坏元件或将松脱的接线重新接好。

2. 双塔式干燥器

(1) 双塔式干燥器原理

压缩空气从冷却装置出来后，成了低温高压的压缩空气，此时，压缩空气由于温度降低，导致空气中的水汽冷凝出来，压缩空气将会通过一个滤水过滤器：干燥塔，目前的地铁车辆上的干燥塔通常为双塔式干燥塔，即两个干燥塔组成一组，一个干燥塔进行压缩空气干燥作业，另一个干燥塔则利用少量干燥的压缩空气将干燥剂中的水分带走并排放至大气中，两个干燥塔依次切换状态，切换周期通常为 1min，双塔式干燥器工作原理见图 7.4-3。

双塔式干燥器的切换由计时器向阀用电磁铁 16 周期供电，从而控制阀座 V2 的开闭，当阀用电磁铁通电，V2 开启，压缩空气使阀座 V6、V7 关闭，从而导通了 a 塔的空气干燥通路以及 b 塔的干燥剂再生通路，阀用电磁铁供电切除后，V2 关闭，V5、V8 在弹簧的作用下关闭，压缩空气通过 O_3 排出，从而导通了 a 塔的干燥剂再生通路以及 b 塔的空气干燥通路，图 7.4-4 为工作循环示意图。

干燥剂是结晶的金属硅酸铝，当带水分的压力空气流过吸附剂时，吸附剂中很有规律的微孔吸附流过空气中的水分。而且这种硅酸盐吸附剂的微孔大小可选择适应于吸附水分子，而较大的油分子却不能同时吸附。吸附作用的特点是在压力下吸附，在大气压或负压下再生，即压力越高，温度越低，单位吸附量所能吸收的水分量就越多；反之，吸附量就少。这就是"压力吸附与无

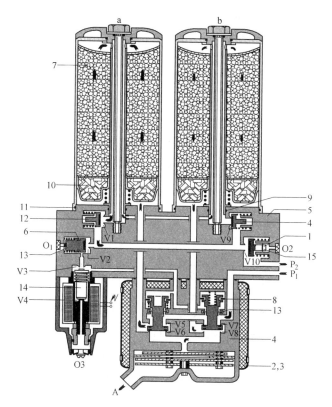

图 7.4-3 双塔式干燥器工作原理
a—罐处于干燥阶段；b—罐处于再生阶段；
1—溢流阀阀盘；2—绝缘套；3—绝缘套；4—双活塞阀；5—支架；6—K 环；
7—干燥剂；8—K 环；9—O 形环；10—油分离器缸、带拉西环；
11—O 形环；12—止回阀的阀锥；13—K 环；14—阀用电磁铁；15—K 环；
A—排水接管；O—排气孔；P1—压缩机的压缩空气接口；
P2—主风缸的压缩空气接口；V—阀座

图 7.4-4 工作循环示意图
■—再生工况；□—吸附工况；T—工作循环

7 供风制动系统 | 147

热再生"。双塔式干燥器每半年检查一次切换频率,每年检查一次压缩空气的空气湿度小于35%,每隔5年则更换干燥剂。

(2) 双塔式干燥器故障案例

1) 干燥剂失效

干燥剂失效通常表现为干燥剂粉末化或结块,无论是粉末化或结块,都将导致双塔式干燥器的过滤功能失效,通常可以在主风缸排气的时候发现主风缸排出的压缩空气有大量的水分。当干燥剂失效的时候,需要将干燥剂进行更换,并且通风排空供风系统中的水分。

2) 切换功能失效

当空气压缩机的计时器电路发生故障的时候,将会导致电磁阀中的阀用电磁铁无法规律得电,从而导致双塔式干燥器周期切换功能失效,在空压机周期切换检查中将可以发现干燥塔不再进行规律排气。

双塔式干燥器切换失效则会导致其中一个干燥塔长期处于干燥阶段,干燥剂所能吸附的水分将会很快达到饱和,从而使干燥功能失效,通常可以在主风缸排气的时候发现主风缸排出的压缩空气有大量的水分。在排除电路故障后,需要通风排空供风系统中的水分。

3. 供风装置其余部件

供风装置除了上述的两大部件外,还有精细滤油器、安全阀、止回阀控制模块等部件。

压缩经过双塔式干燥器后,压缩空气中还含有较多的油,过多的油会导致系统相应速度降低,因此,压缩空气将会经过一个精细油过滤器,将多余的油过滤掉。

为了防止压缩机的空气压力过高造成压缩机以及输送管路损坏,空气压缩机上通常配备有安全阀;为了防止压缩空气返回空气压缩机内,空气压缩机的散热器之后、双塔式干燥器之前还安装了单向阀。

精细滤油器每隔三个月就需要打开排气螺母,将腔内的油排放干净,每隔两年就需要更换滤芯。安全阀每年都需要校验其动作压力值是否符合要求。

4. 供风装置启停控制

在地铁列车上,往复式空气压缩机的控制受硬线以及网络控制,决定空气压缩机启停的判定标准为列车总风压力值。在六节编组的列车上,通常配置两台空气压缩机,网络控制空气压缩机启动的时候,多数地铁车辆的空气压缩机的启动压力值为750kPa。此时,空气压缩机的运行分单双日轮流启动,硬线控制空气压缩机启动的时候,多数地铁车辆的空气压缩机的启动压力值为700kPa,此时,两台空气压缩机将会同时启动,无论是网络控制还是硬线控制,多数地铁车辆的空气压缩机的终止运行压力值为900kPa。

7.5 制动控制系统

制动控制系统包括了电子控制单元、传感器、开关及其电源、信息线缆等组成(图7.5-1)。

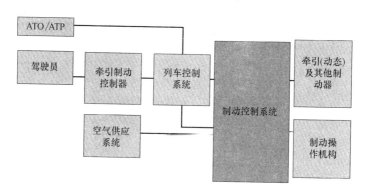

图 7.5-1 电子控制单元与周边联系

空气制动系统根据控制类型,可以分成传统式和分布式两种。

(1) 传统式空气制动系统

电子制动控制单元是空气制动系统中的核心控制部件。传统的制动控制是由一个电子制动控制单元（EBCU）控制一节车两个转向架，也称之为车控式。德国克诺尔公司生产的 KBGM-P 型空气制动系统就是其中的代表，图 7.5-2 为 KBGM-P 型空气制动系统控制示意图。

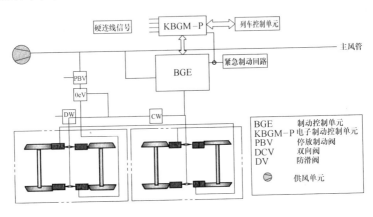

图 7.5-2　KBGM-P 型空气制动系统控制

制动时，EBCU 收到列车控制单元或者硬线信号的各种与制动有关的信号，EBCU 根据所接收的信号计算出当时所需要的制动力值，并将其传送给气制动控制单元 BCU；BCU 根据 EBCU 制动值，沟通制动风缸的压缩空气，并对基础制动装置的风缸进行充气，实现本节车制动。每节车配备了一套独立的空气制动控制系统，两节车之间的空气制动没有关联，各自的 EBCU 负责本车的所有制动分配。EBCU 负责了所有与外界的通信，EBCU 与外界设备的信号输入和输出见图 7.5-3。

(2) 分布式空气制动系统

分布式制动控制就是指一个电子控制单元控制一个转向架，也称之为架控式。以德国克诺尔的 EP2002 制动系统为例，制动控制系统内部的通信通过 CAN 网络进行连接，而外部则通过

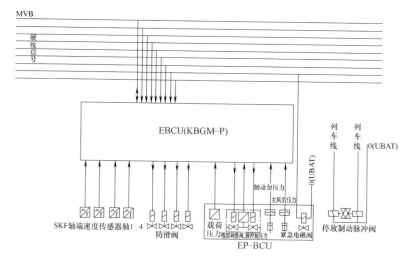

图 7.5-3　EBCU 与外接设备信号的输入和输出

MVB 网络与列车进行连接,其网络结构如图 7.5-4 所示。

EP2002 将制动控制和制动管理电子装置与用于常用制动、紧急制动、和车轮防滑装置的气动阀整合在同一个机电箱内,将其安装在各转向架 EP2002 阀上。EP2002 阀分两种,一种是网关阀,另外一种是智能阀。网关阀负责了所有与 MVB 的信号通信以及硬线通信,网关阀与智能阀之间通过 CAN 总线通信(图 7.5-4),每一个 EP2002 阀负责各自转向架的制动及防滑控制。制动时网关阀接收 MVB 或硬线上的制动信号,然后通过内部计算后通过 CAN 总线送给本身的电控单元以及本车的智能阀,最后由 EP2002 阀内部的气阀单元沟通制动风缸和基础制动单元之间的压力空气,使制动施加。

1. 电子控制单元

电子控制单元是供风制动系统的大脑,其接收列车控制检测单元发出的信息并经过处理将其需求转化为自身系统的动作指令并发出至各个用风部件,从而实现供风制动系统的各个动作;同时,电子控制单元还将收集自身系统中各个部件的传感器、开关上传的信息,分析处理后生成指令或发送至列车控制检测单元中。依然以德国克诺尔的 EP2002 系统为例,EP2002 系统的电子控制单元包括了智能阀(S 阀)以及网关阀。

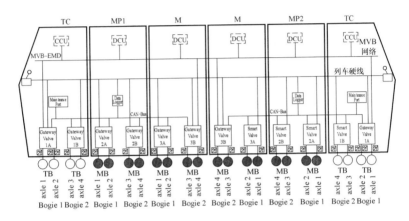

图 7.5-4 EP2002 系统网络结构图

(1)智能阀(图 7.5-5)

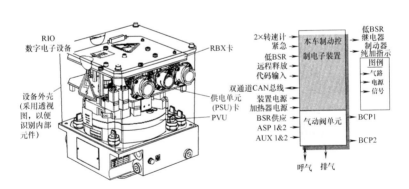

图 7.5-5 智能阀

智能阀功能及接口:
1)根据载重补偿的转向架为单位的常用和紧急制动;
2)轴为单位的车轮防滑保护;
3)自动位置编码;

4）远程缓解功能；
5）制动施加指示；
6）供气风缸气耗尽压力指示；
7）将本地故障监控和现况汇报给网关阀。
（2）网关阀（图7.5-6）

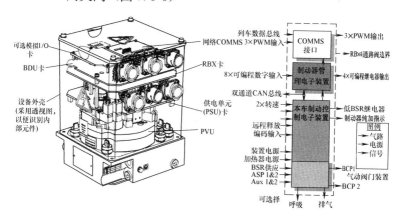

图7.5-6 网关阀

网关阀功能及接口：
1）除有智能阀所有的电子和气动部件外；
2）还有制动器管理卡、模拟信号卡和网络通信卡；
3）综合且可配置的动态摩擦制动管理；
4）某EP阀故障时的常用制动力的重新分配；
5）整列车的制动管理；
6）故障和运行状况数据整理；
7）可与各种列车管理系统的标准接口（MVB、FIP、LON、RS485）。

（3）内部气路结构

EP2002网关阀和智能阀的内部气路是一样的，都是气动阀单元（PVU）。它的功能区域可分成如下几个部分，每个部分在空气原理图上被如图（7.5-7）所示标识出来。

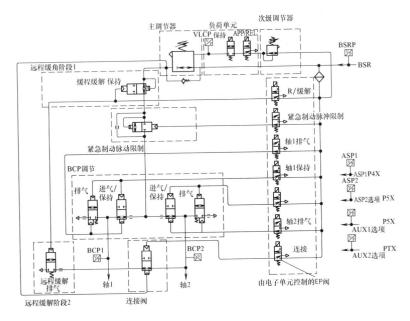

图 7.5-7　EP2002 阀内部结构原理图

1）初调

中继阀负责将压力调整到相应载荷的紧急制动压力值。如果电子秤重系统发生故障，该阀也负责以机械方式提供一个最小的空载紧急制动压力。

2）二次调节

在初调的上端口，二次调节负责限制通往制动缸的最大压力，该压力为超员载荷下相应紧急制动力。

3）秤重

负责提供控制压力到初调中继阀。这一控制压力作用于常用制动和紧急制动并与空气悬挂压力（ASP）成正比。空气悬挂压力与控制压力的信息通过在其安装板上的位置编码器提供。

4）BCP 调整

负责获得初调输出压力并进一步将其调整为要求的 BCP 压

力。包括每根轴上的 2 个电磁阀和 2 个活塞阀。BCP 调整区域也负责 WSP 时的制动缸压力调节。为了安全，紧急制动电路与常用制动电路没有联系。

5）连接阀

连接阀可使 BCP 输出压力连接到一起或分开。在常用制动和紧急制动时，两个 BCP 输出压力连接到一起，形成对每个转向架控制。在 WSP 功能激活时，两个轴的压力被分离开来，每个轴的压力取决于 BCP 的压力调整。

6）压力传感器

压力传感器用于内部调节或外部显示（BSR、载荷重量、BCP、停放制动）。

EP2002 系统的电子控制单元是免维护的，日常检查只需要检查其外观完好并定期清洁外表面即可。

（4）电子控制单元故障案例

电子控制单元的故障通常以阀内部元件的失效为主，通常会以阀漏气或报出故障信息的形式表现出来。

在某地铁公司的地铁列车进行制动自检的时候，发现制动自检无法通过，下载数据发现，故障记录中记载了其中一个连接阀的失效。更换失效阀件后，故障消失。

2. 辅助控制模块

（1）辅助控制模块

辅助控制模块由双脉冲电磁阀、止回阀、球阀、过滤器等组成，它们集成在一个铝制气路板上。辅助控制模块空气管路原理图及外形如图 7.5-8 所示：

B01：过滤器，对进入辅助控制模块的压缩空气再次进行过滤；

B02：止回阀，使进入此管路的压缩空气仅仅可以单向导通，防止压缩空气反向流动；

B04：球阀，用于手动控制该管路压缩空气的导通及截止，在截止位时，还将本车制动气路中的压缩空气排放出来；

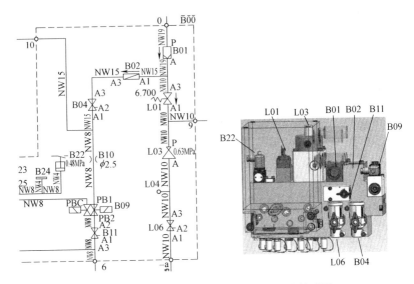

图 7.5-8 辅助控制模块空气管路原理及外形图

B10：缩堵，用于降低压缩空气的流通速度；

B09：双脉冲电磁阀，用于控制停放制动的施加及缓解，同时防止停放缸、制动缸同时施加造成制动力施加过大；

B11：球阀，用于手动控制该管路压缩空气的导通及截止，在截止位时，还将停放制动缸中的压缩空气排放出来；

B22：压力开关，用于控制停放制动指示灯的动作，当压力低于 0.48MPa 时，停放制动施加指示灯（红灯）亮，表示停放制动已施加；当压力高于 0.48MPa 时，停放制动缓解指示灯（绿灯）亮，表示停放制动已缓解；

L01：溢流阀，用于将 A3 口压缩空气达到一定压力值后将 A3 向 A1 口导通，而靠近 A1 口的止回阀则防止 A1 口的压缩空气回流至 A3 口；

L03：减压阀，用于将压缩空气降低至一定的压力值；

L06：球阀，用于手动控制该管路压缩空气的导通及截止，在截止位时，还将本车悬挂气路中的压缩空气排放出来；

(2) 主要元件的结构和原理

1) 截断塞门

单一方向的截断塞门分两类，一类带通风口，一类不带通风口，如图 7.5-9 所示。对于不带通风口的截断塞门，在打开位置上，压力空气可以通过端口 I 进入端口 II；在关闭位置上，端口 I 和端口 II 被阻断。若是带通风口的截断塞门，排放管与端口 II 相连接，在关闭位置上，端口 II 处的压力空气通过 B1 和 B2 孔向大气排放。

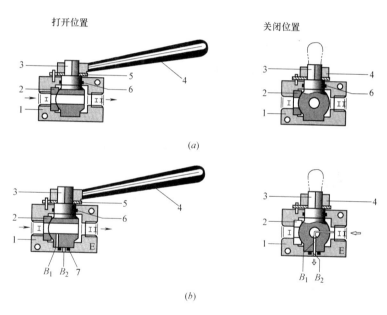

图 7.5-9 截断塞门示意图
(a) 不带通风口的截断塞门；(b) 带通风口的截断塞门
1—阀体；2—阀座；3—阀杆；4—手柄；5—法兰；6—密封圈

2) 止回阀

止回阀基本结构如图 7.5-10 所示。当正常供气时，压力空气从 A_1 进气口进入，阀 c 克服弹簧力被打开，压力空气从 A_2 排气口排出。当 A_1 口空气供给中断时，阀 2 关闭，使 A_2 口的压力空气不能回流。

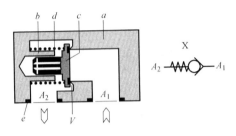

图 7.5-10 止回示意图

3）压力开关

压力开关用于气路上的压力监控，其基本结构如图 7.5-11 所示。通过测试装置将压力开关的上限值和下限值设定好，当监控的空气压力达到预定的上限或下限时，压力开关内部的触点会动作。

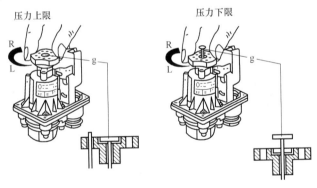

图 7.5-11 压力开关结构图
g—调节螺栓；R—右旋；L—左旋

4）减压阀

减压阀的基本结构如图 7.5-12 所示，正常情况下，压力空气从 P 口经阀座 V_1 流向 A 口。当 A 口的空气压力超过设定值时，活塞 c 上部压力增大，使其克服弹簧 f 和弹簧 g 的作用力下移。阀杆 b 在弹簧 h 的作用下，关闭阀座 V_1。阀座 V_2 此时也被打开。A 处的压力空气通过 B_2 口以及排气口 O 排向大气。

当 A 口的压力逐步降低,在弹簧 f 和弹簧 g 的作用下,阀座 V_2 关闭且阀座 V_1 打开,此时 A 口处又达到正常的工作压力。

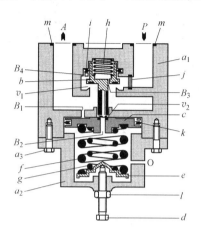

图 7.5-12 减压阀结构示意图

a_1—阀箱;a_2—弹簧外壳;a_3—六角螺栓;b—阀座;c—活塞;d—调整螺栓;e—弹簧座;f—压缩弹簧;g—压缩弹簧;h—压缩弹簧;i—K 环;j—滤筐;k—K 环;l—防松螺母;m—O 形环;A—工作压力;O—排风孔;P—供给压力

5)脉冲电磁阀

脉冲电磁阀属于二位五通阀,其基本结构如图 7.5-13 所示。脉冲电磁阀主要包括两个控制电磁阀和一个基础阀件,以及一个紧急手动按钮用于电源故障时的紧急操作。

当 $1b$ 电磁阀励磁得电而 $1a$ 电磁阀失电时,阀座 V_2 打开,压力空气通过 V_1 阀座进入,推动活塞右移。此时 P 口的压力空气流向 A 口,同时 B 口的压力空气通过 S 口排向大气。当 $1a$ 电磁阀励磁得电而 $1b$ 电磁阀失电时,原理相同。在城轨车辆空气制动系统中,脉冲电磁阀作为二位三通阀使用。

6)空气压力表

司机室设一个外径 80mm、带背光的双指针空气压力表

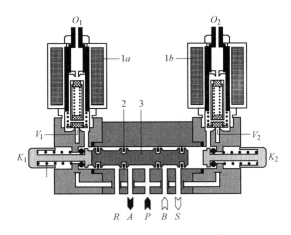

图 7.5-13 脉冲电磁阀结构示意图

(B_{14}),用以显示主风管压力(白针)及 T_c 车第一个转向架第一轴的制动缸压力(红针)。通过双针压力表显示的压力值,可以方便地对相关压力值进行读取和监控,并可通过连接管路中设置的压力检测接口(B_{15})进行测试,图 7.5-14 为空气压力表气路原理图。

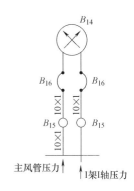

图 7.5-14 空气压力表气路原理图

(3)辅助控制模块常见故障

在列车正线运营中,曾发生过因为压力开关失效而导致列车清客、救援。

压力开关根据使用环境的不同,设定了不同的压力上限值和下限值。通过内部微动开关的动作来实现压力信号的转换。微动开关是封闭式结构。比如:车辆空气压缩机打风压力的控制由设定 0.75~0.9MPa 的压力开关 A_{13} 来实现。由于压力开关故障会造成空压机打风不止或者是打风超过设定范围值。

经拆检分析,主要是由于封闭式微动开关内部的触点严重氧化导致接触不良。

更换微动开关后故障排除。

7.6 基础制动装置

基础制动装置是空气制动系统的执行机构。主要有踏面制动单元及盘式制动单元。

1. 踏面制动单元

下面以克诺尔的 PEC7 型踏面制动单元为例，进行踏面制动单元介绍。

（1）技术参数

踏面式制动器 PEC7 具有以下结构特性：

1）结构紧凑，无连杆；

2）通过单作用汽缸容量调节器自动修正闸瓦和轮子磨耗造成的闸瓦间隙；

3）空气消耗量稳定；

4）通过压缩空气可在驾驶台上集中操纵弹簧储能器；

5）在更换闸瓦时无须进行调整工作。

（2）工作原理

图 7.6-1 和图 7.6-2 以图解方式描述了踏面式制动器的功能结构，踏面制动单元工作原理：

当压缩空气通过压缩空气入口 9 进入压缩腔的时候，活塞 8 在压缩空气的作用下克服了活塞回位弹簧 6 的弹簧力向上移动，凸轮盘 4 在活塞销 5 以及轴承销 3 的约束下逆时针转动，凸轮盘 4 的转动将调节机构 1 向右侧推动，从而将闸瓦托 g 推向右侧，通过开口销 i 以及闸瓦阡 k 安装在闸瓦托上的闸瓦 j 则被推向了轮缘踏面，从而完成了气制动施加过程。

当压缩空气从压缩腔中排放出来后，调节机构以及活塞在回位弹簧的作用下重新回到原位，从而完成了气制动的缓解过程。

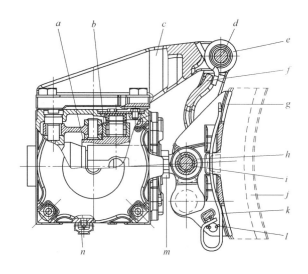

图 7.6-1 不带停放制动踏面制动单元 1

a—压紧环；b—支承滚柱；c—托架；d—吊耳螺杆；e—扭转弹簧；f—吊耳；
g—闸瓦托；h—连杆头；i—螺栓；j—制动闸瓦；k—弹簧门；l—楔形门；
m—复位六角头；n—带孔螺栓

带停放制动的踏面制动单元则是在不带停放制动踏面制动单元的压缩空气入口侧（图 7.6-2 中标注 10 处）增加一个停放制动缸，具体见图 7.6-3。

安装弹簧储能器作为汽缸盖（g_2）。

当压缩空气通过 F 口进入气腔中后，活塞（k_4）在克服储能弹簧 f_4 和 f_5 向上收缩，同时带动螺杆 m_2 向上收缩，从而实现了充气缓解停放制动的过程；当压缩空气通过 F 口排放出去后，活塞 k_4 在储能弹簧 f_4 和 f_5 的作用下向下运动，同时带动螺杆 m_2 以及螺母 m_1 向下运动，从而实现了停放制动的施加，在施加的过程中，储能弹簧 f_4 和 f_5 将会产生较大的扭矩，以备停放制动紧急缓解之用。

如果停放制动器缓解时没有压缩空气可用，则可手动进行紧急缓解。

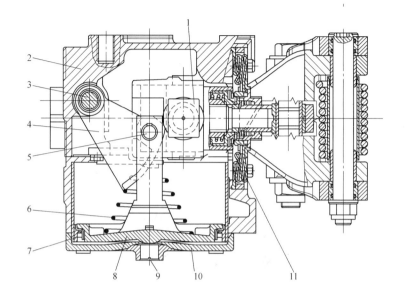

图 7.6-2 不带停放制动踏面制动单元 2

1—调节机构；2—外壳；3—轴承销；4—凸轮盘；5—活塞销；6—活塞回位弹簧；
7—活塞皮碗；8—活塞；9—常用缸空气接口；10—气缸盖；11—波纹管

拉动停放缓解拉绳 n_4，使齿轮 n_2 因 n_3 的解锁被放开，螺杆 m_2 的扭矩锁定解除。这时由储能弹簧 f_4 和 f_5 向下作用的较大的力以及螺杆 m_2 的非自锁螺纹所产生的扭矩被解除。因而螺杆 m_2 和齿轮 n_2 剧烈旋转。这又促使螺杆 m_2 从螺母 m_1 向上旋出。同时活塞 k_4 向下运动，将空气从汽缸 g_3 中排挤出去。储能弹簧 f_4 和 f_5 被放松直到活塞 k_4 贴在汽缸底座上为止，此时储能弹簧的弹力不再作用在螺杆 m_2 上。

一旦活塞 k_4 向下运动，则锁定销 n_3 被压缩弹簧 f_8 向下压并将棘爪 n_1 闭锁。则棘爪不能再与齿轮 n_2 咬合。

通过常用制动缸活塞 8 对于螺杆 m_2 的反作用力以及压缩弹簧 f_6 的弹力，螺杆在活塞 k_4 已经贴靠底座的状态下又向上旋拧，直到碰上罩盖 g_5。

这时旋转部件的回转动量使螺母 m_1 在螺杆 m_2 上逆着盘形弹簧 t 的弹力向下旋拧，从而使锥体联接器 K 打开。螺母 m_1 和活塞 k_4 锥形圈之间的摩擦连接断开。自此螺母 m_1 也与螺杆 m_2 及齿轮 n_2 一起旋转，直到它们的回转动量通过内摩擦而完全衰减。

此时，停放制动紧急缓解完成，停放制动缸（顶部）见图 7.6-4。

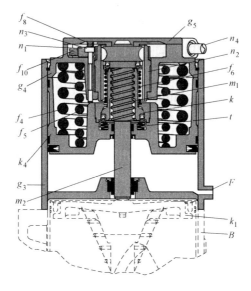

图 7.6-3 停放制动缸（缓解状态）

f_8—压缩弹簧；n_3—锁定销；n_1—棘爪；f_4—储能弹簧；f_5—储能弹簧；k_4—活塞；g_3—汽缸；m_2—螺杆；g_5—罩盖；n_4—停放缓解拉绳；n_2—齿轮；f_6—弹簧；m_1—螺母；k—椎体连接器；t—盘形弹簧；F—空气入口；k_1—常用缸活塞；B—常用缸缸体

2. 盘式制动单元

盘式制动单元以德国克诺尔的 RZ44 型号为例，该盘式由制动夹钳、制动盘和闸片等组合而成。其结构紧凑、节省空间。

（1）技术特点

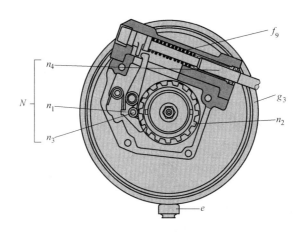

图 7.6-4 停放制动缸（顶部）

n_4—停放缓解拉绳；n_1—棘爪；n_3—卡销；
f_9—复位弹簧；g_3—汽缸；n_2—齿轮；e—排气口

制动钳单元在盘制动轨道车辆上既可以用作常用制动器，也可以用作行车和停放制动器。制动钳单元是制动钳和制动缸的组合，其中包含的制动闸片和制动盘磨损后可以自行调整。这样就使得在制动缓解时，正常运行所必需的制动闸片和制动盘之间的间隙几乎保持恒定。常用制动器及停放制动器的制动钳单元有一个带弹簧储能器的制动缸。一旦无压缩空气，利用后者即可在泊好的车辆上进行制动，以防止溜车。

（2）工作原理

实施常用制动时，制动缸充风，闸瓦（制动闸片托架连同制动闸片）即被压在制动盘上。闸瓦压在制动盘上后，即形成制动力。制动缸排风，常用制动器缓解。制动缸中的复位弹簧驱使制动钳挺杆进入缓解位置。弹簧储能器排风，停放制动器挂上。闸瓦借储能弹簧的力靠在制动盘上。弹簧储能器充风（制动缓解压力），停放制动器缓解。储能弹簧张紧时，制动杆被推入缓解位置。如果没有缓解压力,则可以用机械式紧急缓解装置 N 手动缓解挂上的停放制动器。

(3)结构构成

盘式制动单元结构示意图如图 7.6-5 和图 7.6-6,制动钳单元的主要组成部件为带或不带弹簧储能器的制动缸(1)、制动钳

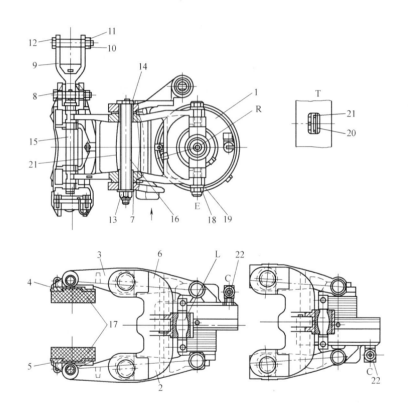

图 7.6-5 盘式单元结构示意图(不带停放制动)
1—制动缸;2—制动钳;3—制动杆;4—制动闸片托架;5—制动闸片托架;6—拉杆;
7—垫圈;8—螺纹销;9—吊耳;10—六角螺母;11—垫圈;12—螺纹销;
13—六角螺母;14—螺纹销;15—销栓;16—防护管;17—制动闸片;
18—轴位螺栓;19—锁紧环;20—铭牌;21—半圆头槽钉;22—六角螺母;
C:空气接口;E:排风口;R:复位螺母;L:支点支座

（2）和带横闩卡锁的制动闸片托架（4）和（5）。制动钳单元借助三点支承固定在车辆的转向架上。三点支承包括支点支座 L（作为拉杆（6）的一部分）和两个吊耳（9），后者通过螺纹销（8）与制动闸片托架（4）及（5）铰接连接。支点支座 L 是一

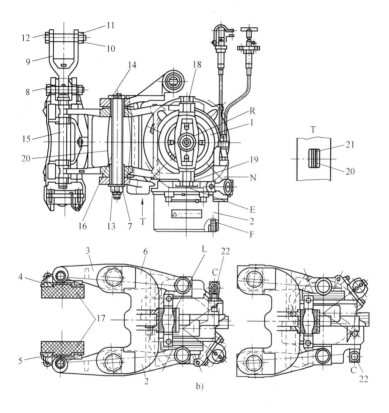

图 7.6-6　盘式单元结构示意图（带停放制动）

1—制动缸；2—停放制动缸；3—制动杆；4—制动闸片托架；5—制动闸片托架；
6—拉杆；7—垫圈；8—螺纹销；9—吊耳；10—六角螺母；11—垫圈；
12—螺纹销；13—六角螺母；14—螺纹销；15—销栓；16—防护管；
17—制动闸片；18—轴位螺栓；19—锁紧环；20—铭牌；
21—半圆头槽钉；22—六角螺母；
C：空气接口；E：排风口；R：复位螺母；L：支点支座

7　供风制动系统 ｜ 167

个拧在转向架上的弹性支撑元件。吊耳（9）通过螺纹销（12）固定在转向架上。销栓铰接和弹性支撑元件使得制动钳单元能够根据轮轴的轴向运动进行调整。制动钳（2）为预先装配好的组件。它由两根通过拉杆（6）连接起来的扭转刚性的制动杠（3）组成。制动杆的末端装有成对地制动闸片托架（4）和（5）。制动杆的另一端有螺纹孔，用于安装制动缸（1）轴承的轴位螺栓（18）。

3. 基础制动装置常见故障

（1）闸瓦间隙调整器自动调整距离有偏差

车辆架修时要进行踏面制动单元试验，其中包括闸瓦间隙调整器试验，在常用制动时，每次作用所测得的推杆头的调节量应小于预设的有效踏面制动行程推出行程5mm。但调节量也会出现1～2mm的偏差。

经分析发现，长时间运用的踏面制动单元，由于内部调节衬套和进给螺母之间啮合面有磨损，以及压缩弹簧力有可能改变，导致调节量出现偏差。在更换内部调节衬套和进给螺母之后，重新试验，结果正常。

（2）闸瓦破损/断裂

在实际运用中，闸瓦出现断裂、崩缺和掉块等现象。如图7.6-7所示。

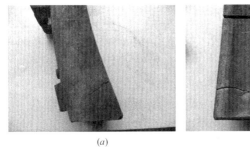
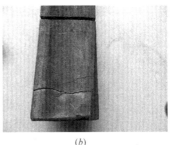

(a)　　　　　　　　　　(b)

图 7.6-7　已断裂的闸瓦

(a) 闸瓦侧面；(b) 闸瓦正面

正常情况下，投入运营使用的闸瓦应摩擦表面平整、均匀。

但在实际运用中,闸瓦因为本身材质问题或因为制动力过大而出现断裂。若长时间使用,会进一步加剧断裂深度而崩缺或掉块。在更换闸瓦后故障排除。

7.7 供风制动系统其余装置

1. 空气悬挂装置

空气悬挂系统主要有 3 方面的功能:一是为车辆提供空气悬挂,改善车辆的动力学特性和运行品质;二是通过设置高度阀,可使车辆地板面高度调整好后不随载荷的变化而改变;三是将簧上载荷(可变)准确地测量并提供给车辆控制系统,为列车的有效牵引和精确制动打下基础。三点调平空气悬挂系统原理组成见图 7.7-1,空气悬挂系统示意图见图 7.7-2。

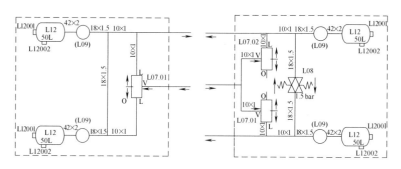

图 7.7-1 空气悬挂系统管路原理图

图 7.7-2 空气悬挂系统示意图

风源经溢流阀（L01）充入空气簧储风缸（L02）。并经减压阀（L03）调整为 0.63MPa 后通过塞门（L06），再分两支通向两转向架的高度阀。高度阀根据车辆载荷变化情况控制气囊的充气或排气。

空气悬挂的动力学性能主要由空气弹簧的特性决定。每个转向架装备两个空气弹簧气囊。其中，Ⅰ架由两个高度阀控制，Ⅱ架则由一个高度阀控制。每一个空气弹簧的容积包括气囊（L09）的容积和空气簧附加风缸（L12）的容积。空气簧附加风缸的设置是对气囊容积的扩展。空气簧附加风缸在布置上主要考虑两点：一是要尽量靠近空气弹簧气囊，二是风缸和气囊之间的通路要尽量减少气流阻力，也就是说连接管路的口径要大。

各高度阀出风口的压力均采集进相应的电子控制单元，由电子控制单元进行压力数据的转化和传递。如果二系悬挂系统出现泄漏，相应车辆的空气悬挂系统必须通过制动控制控制模块中的截止阀隔离。每个气囊的压力都由电子控制单元进行监测，相应的载荷压力可以通过安装在电子控制单元上的压力检测接口进行测量，并为空气制动系统提供载荷信号。

保持车辆地板高度不变是本系统的重要功能，实现该功能的核心部件是高度阀。其阀体安装在车辆的底架上，手柄与一根安装在转向架上的连杆相接，通过调整连杆的长度可以设定车辆地板面距轨面的高度。高度阀根据阀体与手柄的相对位置关系的不同有充气、保压和排气三种状态，载荷变化时，空气弹簧气囊高度的暂时变化引起高度阀的状态相应地发生变化，最终恢复气囊原有的高度，维持地板高度不变。同一转向架的两高度阀出风管之间设有差压阀（L08），它是一个双向止回阀，使得两侧压力差高于设定值时互相连通、低于设定值时互相独立，其作用是使两侧不因较小的压力波动而频繁沟通，同时又不至于因压力差过大而影响行车安全。测试接口（L11）可在维修时用于空气弹簧气囊的压力监测，高度阀见图 7.7-3，充风状、排风状态高度阀见图 7.7-4。

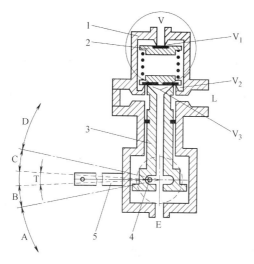

图 7.7-3 高度阀（关闭状态）

1—阀箱；2—阀盘；3—活塞；4—传动件；5—操纵杆；
A—未节流的排风；B—节流的排风；C—节流的充风；D—未节流的充风；
E—排风口；L—空簧接口；T—死区；V—储风缸接口；
V_1—止回阀；V_2—进气阀；V_3—排气阀

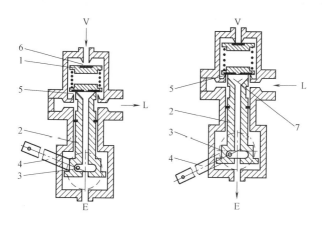

图 7.7-4 充风状态高度阀（左）排风状态高度阀（右）

1—阀盘；2—活塞；3—传动件；4—操纵杆；5—进气阀；6—阀座；7—排气阀；
V—储风缸接口；L—空簧接口；E—排风口

2. 升弓系统

升弓系统原理图如图 7.7-5，供风制动系统还为受电弓升弓提供必要的气压，主要由一个升弓模块及应急风源组成。

升弓系统的主要功能是三种风源的组合使用及有电升弓和无电升弓的气路切换。正常情况下（风源来自总风联管、电磁阀（U03）得电、二位三通阀（U09）打正常升弓位）升弓时，总风联管来的压缩空气经塞门（U01）、滤尘器（U02）、止回阀（U04.01）到达升弓风缸（U11），出风缸后再经止回阀（U04.03）、开放的电磁阀到达转换阀的下阀口，正常升弓位的转换阀将下阀口压缩空气连通至左阀口，进而通过软管（U08）进入受电弓风缸将受电弓升起。

当主风管中无压缩空气，但车辆蓄电池有电时，此时可以通过操作司机台"升弓"按钮触发电动泵打风，电动泵在升弓风压达到预定压力值时，停止打风。

在蓄电池电压过低无法驱动电动泵时，使用脚踏泵产生的压缩空气经软管（U06）、止回阀（U04.02）、开放的电磁阀到达转换阀的下阀口，后续路径和正常升弓时完全一致。止回阀（U04.03）的设置使此时的压缩空气无法进入升弓风缸（U11），从而提高了使用脚踏泵升弓的效率。

当电磁阀无法得电时，不管是哪一种风源都将在电磁阀的进气口截止，所以当使用电动泵和脚踏泵升弓时需将转换阀打到无电升弓位。处于无电升弓位的转换阀将右阀口与左阀口沟通，压缩空气从转换阀的右阀口到达左阀口，进而通过软管进入受电弓风缸将受电弓升起。

3. 车钩操作装置

控制全自动车钩解钩的电磁阀安装 T_c 车底架牵引梁附近，通过按压司机台上的"解钩"按钮可实现全自动车钩解钩，同时，全自动车钩还安装有用于两列地铁列车连挂输送压缩空气的连接接口。列车编组内，在车钩连接处，还有车厢与车厢之间的连接风管。

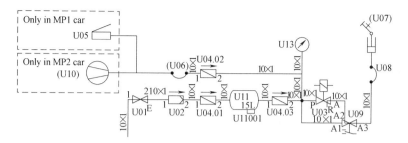

U01:塞门；U02:滤尘器；U03:电磁阀；U04:止回阀；U05:脚踏泵；
U06:软管；U08:软管；U09:二位三通阀；U10:电动泵；U11:升弓风缸；
U13:压力表

图 7.7-5　升弓系统原理图

4. 辅助系统接口

辅助系统指方便列车运营所设置的一些辅助气动装置的接口。如为轮缘润滑装置，电笛等准备接口。

5. 供风制动系统其余装置维护

空气悬挂系统日常检查一般为目视检查其外观完好，在每年的时候进行空簧压力的测试。

升弓系统每月或每三个月需要检查其外观完好，则需要每年进行一次电动泵的维护，清洁其外观灰尘。

6. 供风制动系统其余装置常见故障

供风制动系统中，除了主要的部件，在连接主要部件的众多管路以及其余装置的常见故障主要是管路及接头漏气，此故障也是整个供风制动系统中最常见的故障之一。

主要原因是橡胶老化、断裂、安装不到位或螺纹连接不当，造成密封不严而漏气。

对于管路及接头的漏气，需要更换已老化的橡胶气管或密封元件，并重新对阀件或管路进行安装紧固，然后用专门的泄漏试验剂或普通的肥皂水检查密封情况。若无泄漏则故障排除。

8 列车控制系统

8.1 概述

列车控制系统是列车各系统中的关键部分，控制着列车的启动和停止。列车能实现运营，列车牵引制动控制系统有着不可取代的作用。列车控制系统是指为实现列车牵引和制动控制相关功能而设计的相关联控制电路系统，采用的主要部件有司控器、继电器、按钮/旋钮、开关以及连接用的导线等，这些主要部件大部分安装于司机台与屏柜当中。列车由启动到停止的流程如图 8.1-1 所示。

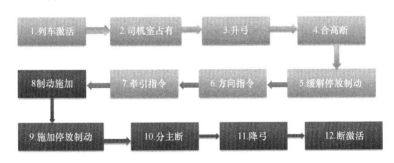

图 8.1-1 列车由启动到停止流程

在该系统中，按照实现的功能可以分为列车激活控制电路、受电弓及高速断路器控制电路、牵引控制电路、制动控制电路等，其中列车激活控制电路是最为根本的控制电路，该部分电路启动后，其他部分电路的功能才具备动作条件，其他部分电路则是具体功能性控制电路。总体上来看，所有电路不能机械地进行分割成块,它是有机地、系统地、具有层次地组合在一起的整体电路,以有效实现列车牵引制动及监控等控制功能。

8.2 司控器主要部件介绍

司控器结构如图 8.2-1 所示,司控器是用来操纵地铁按车辆运行的主令控制器,是利用控制电路的低压电器间接控制主电路的电器设备。目前电客车司控器采用较多为沙尔特宝公司的 S355D 型控制器,特点为:结构紧凑、体积小、重量轻、高可靠、长寿命、少维修或免维修。触头采用德国沙尔特宝公司生产的触头模块,为速动自净型、密封结构。输出电位器采用德国 FSG 生产的 PW70 型。

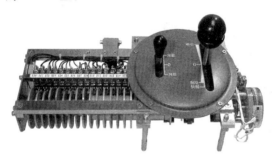

图 8.2-1 司控器

1. 司控器的组成结构

司控器是由控制手柄、方向手柄、输出电位器、主控钥匙、控制凸轮、换向凸轮、行程开关等组成,如图 8.2-2 所示。

面板上装有两种类型的手柄:控制手柄和换向手柄,警惕按钮安装在控制手柄上。为防止误操作,在控制手柄和换向手柄之间设置了机械连锁,即控制手柄在"0"位时,换向手柄方可操作,换向手柄在非"0"位时,控制手柄方可操作;只有换向手柄在"0"位时,机械锁方可锁闭司控器。在控制手柄上有 4 个挡位:"牵引"位、"0"位、"制动"位、"快制"位,在"牵引"

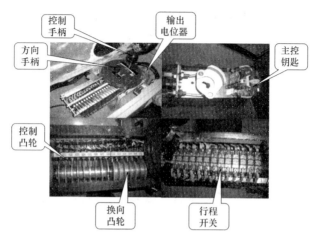

图 8.2-2 司控器的组成结构

最大位、"0"位、"制动"最大位、"快速制动"位均有定位,挡位可相互无极调整;在换向手柄上有 3 个挡位:"向前"、"0"、"向后",且在三个挡位均有定位。

2. 司控器的电器参数

(1) S826a/L、S826c/L、S826e/L 触头额定电压

额定电压（U_e）:DC110V;

预热发热电流（I_{th}）:DC10A;

额定电流（I_e）:DC1.0A。

(2) 触头特点

速动型;

采用密封结构;

节点具有自净功能,可提高用作计算机信号时的可靠性。

(3) 手柄操作力

控制手柄操作力:30±10N;

换向手柄操作力:15±5N;

控制手柄由制动最大位到"快制"位时操作力:40±10N。

(4) 防护等级（污染等级 3）

整机：IP00；

触头 S826a/L、S826c/L、S826e/L：IP00（接线部分）；IP40（触点部分）。

（5）寿命

机械寿命：$>2\times10^6$ 次。

电寿命：$>2\times10^5$ 次。

（6）重量约：10kg。

（7）接线方式：

触头（司控器内部）：M3 螺钉；

司控器对外连接：HAN46EE；

司控器内部：HAN3HPR。

3. 司控器的操作指南

在使用时，先打开机械锁，再由换向手柄选定机车的行车方向和工况，再操作控制手柄来控制机车的速度。在行车过程中，如需要改变机车的工况时，必须将控制手柄放回"0"位后，才可进行换向手柄的操作。如司机需要进行异端操作时，必须将本端司控器的控制手柄置"0"位，且换向手柄置"0"位，锁闭机械锁，拔出钥匙，方可进行异端操作。

司机控制器在调试、维护后及司机整备作业时，需检查控制手柄、换向手柄有无卡滞，连锁关系是否正常，以防止异物掉入造成手柄卡滞或其他故障。

在列车控制系统中，继电器是实现各项逻辑功能的主要部件，通过确定继电器的线圈得电吸合的条件以及其触头开关所关联的功能电路，则可以实现电路一定的逻辑功能，以达到列车整体性牵引、制动控制的条件，并将该信息反馈到列车通信控制系统，通过其内部的预设控制程序运算，最终来实现对列车的有效控制。系统中所用到的继电器主要有电磁继电器、时间继电器、欠压继电器等。

（1）电磁继电器是利用电磁铁铁芯与衔铁间产生的磁力工作的一种电气元件。它主要由电磁线圈、触点和二极管组成，其中触点又分为常开触点和常闭触头。

(2) 时间继电器是电气控制系统中一个非常重要的元器件,一般分为通电延时和断电延时两种类型。其动作的原理有电子式、机械式等,目前大多数的时间继电器都是电子式的,其利用电容的充放电特性,通过调节 RC 电路中电阻或电容的大小,即改变充放电时间常数 τ 的大小,再配合电子元件的原理来实现延时动作,实现延时功能。

司控器主控手柄上有一个警惕按钮,人工驾驶时,如果司机松开警惕按钮的时间超过 3s,列车将产生紧急制动,此处控制电路中使用了的延时继电器,延时时间设置为 3s。延时继电器线圈的供电电压必须为开关量,否则,即使线圈两端电压达到允许值,但 dv/dt 不满足要求,继电器也无法正常动作。

欠压继电器也是继电器中的一种,一般用在保护电路中。所谓欠压,即当继电器的一端电压低于其设定值时,继电器就会失电,从而达到保护由该继电器所控制的电源电路及其所属的各项电气设备的目的。列车蓄电池过度放电后,蓄电池将严重受损,此时即使对蓄电池进行冲放电维护,也无法恢复蓄电池原有性能。当蓄电池电压低于 80V 时,欠压继电器断开,将蓄电池与主电路隔离,防止蓄电池继续放电。

按钮/旋钮则为某一状态设置装置,由列车操作人员根据实际需要进行某一特定设置而对其进行操作,其控制电路输出为导通信号或中断信号。

列车上的按钮可以分为普通按钮、带显示灯的按钮和拍打按钮。拍打按钮又叫"紧急按钮"、"蘑菇按钮",表面呈红色,安装在驾驶室里司机台上,当用力拍打此按钮时,它会自锁,使它的触头保持在断开状态,只有在逆时针方向旋转后它才会复位。拍打紧急按钮会造成降弓收靴和紧急制动,所以,在非紧急状态下不能拍打该按钮。普通按钮、带显示灯的按钮都比较简单,这里不作描述。

开关可分为普通旋转开关、行程开关和钥匙开关。普通旋转开关就是当开关旋转到某一位置时能固定在该位置上,如控制司机室灯的开关就是普通的旋转开关。钥匙开关是需要特定的钥匙才能打开或关闭的,如司机台的钥匙开关。

4. 司控器的维护和检修周期

为了保证司控器能够正常发挥其功能,我们需要对司控器进行周期性的检修维护。表 8.2-1 对常见司控器的维护和检修周期进行了说明,供各位读者进行参考。

常见司控器的维护和检修周期　　　　表 8.2-1

维护内容 \ 维护周期	2 周或 0.4 万 km	1 年或 12 万 km	2 年或 24 万 km	5 年或 60 万 km	10 年或 120 万 km
司机控制器的主要部件(控制手柄组件、换向手柄组件、弹片组件、警惕按钮、机械锁、钥匙、电位器、速动开关)进行动作检查,并检查司机控制器的各项功能	√	√	√	√	√
在车上利用地铁微机系统对司机控制器性能进行监测检查	√	√	√	√	√
检查所有紧固件的紧固		√	√	√	√
在拉线处涂抹硅油		√	√	√	√
在所有的齿轮啮合处及滚轮弹片处涂抹润滑脂		√	√	√	√
在实验台上对司机控制器的性能进行全面检查		√	√	√	√
更换所有弹片组件(1 年检查,2 年更换,ATO 模式下可 5 年更换)		√	√	√	√
更换警惕按钮速动开关			√		

8　列车控制系统

续表

维护内容＼维护周期	2周或0.4万km	1年或12万km	2年或24万km	5年或60万km	10年或120万km
更换所有速动开关				√	√
更换控制手柄组件					√
更换换向手柄组件					√
更换所有速动开关及电位器					√
更换凸轮及拉线组件					√

5. 司控器的常见故障分析

根据一些地铁的使用经验,笔者对司控器的一些常见故障进行了分析。如表 8.2-2 所示。

司控器的常见故障分析　　　表 8.2-2

序号	故障现象	直接原因	处理方法
1	闭合错误	速动开关故障	查找故障的速动开关并更换
		连接器插接不良或错误	检查连接器插针导通及插接情况
2	模拟电压输出有误	输入电压误差超出正常范围	检测输入电压使其满足正常电压要求范围
		分压电阻故障	更换损坏的电阻元件
		电位器故障	更换损坏的电位器
3	手柄挡位无感觉或不清晰	弹片组件断裂	更换损坏的弹片组件
4	手柄卡滞	异物掉入	及时清除异物
		连锁滑块起毛刺	对连锁滑块修复

8.3 司机台

司机台设备主要布置在司机室台面上,下面以某地铁列车的司机台各个面板的按钮的名称、类型以及功能来对地铁列车的司机台进行说明。图 8.3-1 是司机台的整体设备布置。

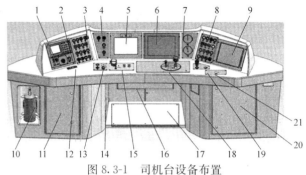

图 8.3-1　司机台设备布置

1—无线电控制盒；2—无线电受话器；3—面板 1；4—面板 2；5—信号显示屏；
6—TCMS 显示屏；7—仪表面板；8—面板 3；9—CCTV 显示屏；10—灭火器；
11—工具箱、医药箱；12—时刻表夹；13—刮雨器控制面板；14—足部取暖器；
15—广播控制盒；16—中间检修门；17—脚踏板；18—司控器；
19—司控器钥匙；20—右侧检修门；21—ATO 面板

1. 面板 1 布置（图 8.3-2）

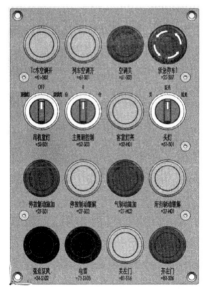

图 8.3-2　司机台按钮面板 1 布置

8　列车控制系统 | 181

面板 1 布置按钮名称、类型以及功能描述如表 8.3-1 所示。

面板 1 布置按钮　　　　表 8.3-1

按钮旋钮名称	类　型	功　能　描　述
Tc 车空调开	绿色带灯自复位按钮	发出 Tc 车空调开的指令
列车空调开	绿色带灯自复位按钮	发出打开空调指令,空调打开时绿色指示灯点亮
空调关	红色带灯自复位按钮	发出关闭空调指令,空调关闭时红色指示灯点亮
紧急停车 1	紧急停车按钮	用于车辆的紧急停车,按下时断开车辆紧急停车列车线,紧急制动施加
司机室灯	三位自锁旋钮	用于司机室顶棚灯和阅读灯的开启和切换
主照明控制	三位自复位旋钮	用于客室照明的开关
客室灯亮	绿色指示灯	灯亮时,表示客室照明启动
头灯	三位自锁旋钮	用于头灯的开关及远近光之间的切换
停放制动施加	红色带灯自复位按钮	按下该按钮,施加车辆停放制动
停放制动缓解	绿色带灯自复位按钮	按下该按钮,缓解车辆停放制动
气制动施加	红色指示灯	空气制动施加时,指示灯点亮
所有制动缓解	绿色指示灯	所有制动缓解时,指示灯点亮
强迫送风	黑色自复位按钮	在供电条件满足时,操作该按钮两台压缩机同时供风
电笛	黑色自复位按钮	用于电笛开关
关左门	绿色带灯自复位按钮(带保护盖)	备用关左门按钮。按下关闭左侧车门。绿灯亮时表示左侧车门全关
开左门	红色带灯自复位按钮(带保护盖)	备用开左门按钮。在列车左门允许情况下用来打开左侧车门。红灯亮时表示左侧车门允许打开

2. 面板 2 布置（图 8.3-3）

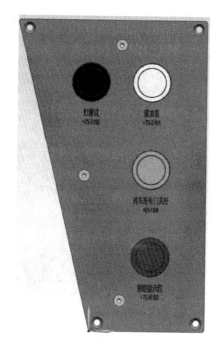

图 8.3-3　面板 2 布置

面板 2 布置按钮名称、类型以及功能描述如表 8.3-2 所示。

面板 2 按钮布置　　　　表 8.3-2

按钮旋钮名称	类　　型	功　能　描　述
灯测试	黑色自复按钮	按下该按钮，测试司机台和门控面板相关指示灯是否正常工作
窗加热	黄色带灯自复位按钮	用于前窗玻璃除霜加热
列车所有门关好	绿色指示灯	所有门关好时，指示灯点亮
旁路指示	红色指示灯	有任何一个旁路开关打到旁路位置时，该指示灯亮

3. 面板 3 布置（图 8.3-4）

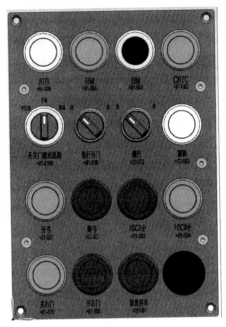

图 8.3-4　面板 3 布置

面板 3 布置按钮名称、类型以及功能描述如表 8.3-3 所示：

面板 3 按钮布置　　　　　表 8.3-3

按钮旋钮名称	类　　型	功 能 描 述
ATB	黄色带灯自复位按钮	ATB 指示灯亮，表示 ATB 模式可用，操作 ATB 按钮列车进入 ATB 模式
RM	绿色带灯自复位按钮（带保护盖）	RM 指示灯亮，表示 RM 模式可用，操作 RM 按钮列车进入 RM 模式
BM	黑色自复位按钮	强制后备模式开关，CBTC 模式不可用司机可选择操作 BM 按钮，列车进入强制后备模式；或其他原因司机强制选择该模式。CBTC 指示灯灭

续表

按钮旋钮名称	类　　型	功 能 描 述
CBTC	绿色指示灯	灯亮,表示列车处于 CBTC 监控状态
开关门模式选择	三位自锁旋钮	用于列车开关门模式的选择
强行开门	二位自锁旋钮(带保护盖)	强开门,用于强制发出门允许信号,打到"合"位时,左右两侧门收到门允许信号。
慢行	二位自锁旋钮(带保护盖)	打到"合"位,车辆启动慢行模式运行
解钩	白色带灯自复位按钮(带保护盖)	按下该按钮,车辆解钩
升弓	绿色带灯自复位按钮	按下按钮,升起受电弓,升起后指示灯点亮
降弓	红色带灯自复位按钮	按下按钮,降下受电弓,受电弓落下后指示灯点亮
HSCB 分	红色带灯自复位按钮	按下按钮,断开高速断路器,高断断开后红指示灯点亮
HSCB 合	绿色带灯自复位按钮	按下按钮,合上高速断路器,高断合上后绿色指示灯点亮
关右门	绿色带灯自复位按钮(带保护盖)	备用关右门按钮。按下关闭右侧车门。绿灯亮时表示右侧车门全关
开右门	红色带灯自复位按钮(带保护盖)	备用开右门按钮。在列车右门允许情况下用来打开右侧车门。红灯亮时表示右侧车门允许打开
紧急停车	红色指示灯	按下紧急停车按钮后点亮

4. 台面面板布置(图 8.3-5、图 8.3-6)

台面布置的刮雨器及台面按钮面板布置按钮名称、类型以及功能描述如表 8-3-4 所示。

图 8.3-5　刮雨器控制面板布置　　　　图 8.3-6　ATO 面板布置

刮雨器及台面按钮　　　　表 8.3-4

按钮旋钮名称	类　　型	功能描述
紧急停车 2	紧急停车按钮	用于车辆的紧急停车，按下时断开车辆紧急停车列车线，紧急制动加加
ATO 启动	带绿色指示灯自复按钮	指示灯亮，表示 ATO 模式可用，同时按下两个"ATO 启动"按钮，发出 ATO 发车指令
ATO 启动	带绿色指示灯自复按钮	
满水	绿色指示灯	满水指示
缺水	红色指示灯	缺水指示
刮雨器控制	转换开关	刮雨器挡位选择控制
喷淋	绿色自复按钮	控制刮雨器喷淋功能

8.4　列车控制电路

由于列车控制电路有很多，有列车激活控制电路、升弓控制电路、司机室占有电路、列车方向控制电路、紧急制动缓解控制电路等，下面以某地铁列车的几个典型控制电路为例对列车的控制电路进行简要分析。

1. 电路图常见元件的说明

列车的实际控制电路通常由电阻、继电器、开关、二极管、接触器、导线等元件组成，在电气原理图上，我们常用一些特定的符号来代表实际的电气元件。表 8.4-1 是某地铁电路图常见元件的说明。

电路图常见元件说明　　　　表 8.4-1

元　件	说明	元　件	说　明
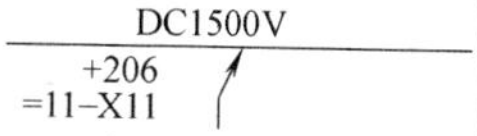 DC1500V +206 =11-X11	受电弓	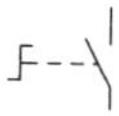	自复位旋钮
	接地	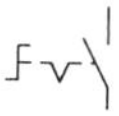	自锁旋钮
	避雷器		指示灯
	熔断器	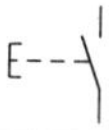	自复位按钮
	电阻		自锁按钮
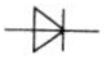	二极管		行程开关
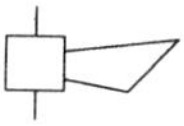	汽笛	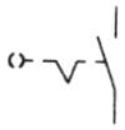	钥匙开关
	发光二极管		蘑菇按钮（紧急）
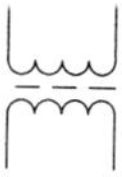	变压器		三位置旋钮
	微型断路器	 F O R	凸轮开关（或以凸轮表示的复杂旋钮）
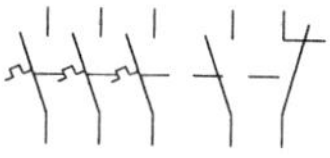	带过载释放的接触器触点		天线

8　列车控制系统

续表

元件	说明	元件	说明
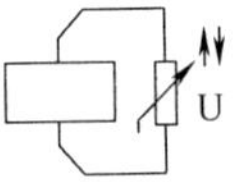 (继电器符号) U	继电器	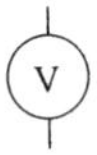 (V)	电压表
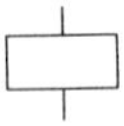 (接触器符号)	接触器	 (表盘符号)	压力表
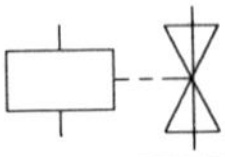 (电磁阀符号)	电磁阀	○	端子
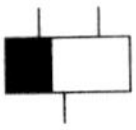 (延时继电器符号)	延时继电器	—→	连接器
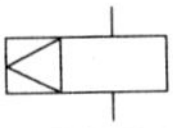 (欠压检测继电器符号)	欠压检测继电器	——	导线
 (NO触点符号)	NO 触点	 +	导线交叉但不连接
 (NC触点符号)	NC 触点	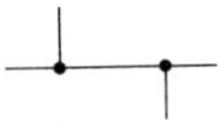 ┬	导线连接点
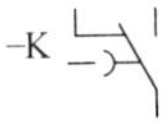 -K (失电延时符号)	失电延时	110151	线号
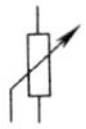 (温度传感器符号)	温度传感器	$\dfrac{110151}{\text{辅助电源电箱 750+}}$	交互参考（导线跳转）

2. 司机室占有电路分析

如图 8.4-1，当列车合激活开关 72-S101 后，列车电池负载线 320421 则有 DC110V 电压。当列车控制空开 22-F101 处于合位，则当司机台主控锁转至启动位，则使 22-A01 的 S01 行程开关闭合，进而使司机室占有继电器 22-K152、22-K101、22-K151、22-K153、22-K155 得电；

当占有端司机室的这些继电器激活后，通过司机室占有继电器 22-K101 的触点 13～14 闭合，再经过二极管 22-V103 使继电器 22-K102 得电，同时使列车线 220144 得电接通，进而两个司机室的继电器 22-K102 都得电，其常闭触点 31～32 断开。此时，若在另一个司机室解锁司机台，由于继电器 22-K102 的常闭触点 31～32 断开，使司机室占有继电器 22-K152、22-K101、22-K151、22-K153、22-K155 不能得电，从而阻止了两端司机台同时激活的情况，故继电器 22-K102 实现了司机台激活互锁的功能。

3. 方向控制电路

如图 8.4-2，当列车各系统正常工作后，要牵引列车前，司机必须给出方向信号，需设置列车动车方向。在激活的司机台将司控器方向手柄推至向前（F）位或向后位（R）。其方向控制继电器 22-K111 或 22-K112 将分别对应得电吸合，并分别使向前指令线 220281 或向后指令线 220282 得电 DC110V。不论向前或向后指令的发出，都会给出一个反馈信号。

4. 受电弓控制电路

如图 8.4-3，当需进行升弓操作时，首先司机室司机台应被解锁激活（即 22-K151 得电），然后操作升弓按钮 21-S02，由于此时降弓按钮 21-S01 触头 21～22 处于常闭位置，则"升弓命令"列车控制线被接通。在本弓隔离处于分位的情况下，该线将使 B 车的升弓保持继电器 21-K205 得电，另外在允许升弓继电器 31-K205 得电的情况下（该继电器判断车底闸刀是否处于受电弓的位置），则 DC110V 接到升弓电磁阀 21-Y01 使它激活，受电弓就可以被压缩空气推动升弓。

5. 紧急制动缓解控制电路

如图 8.4-4，当司机室占有，方向手柄离开零位后（无论向前或向后），从 220533 控制线通过 91-A01（ATC 车载设备）、ATC 切除继电器 91-K02、VCU 紧急制动继电器 22-K88、紧急停车 A 继电器 22-K108，经过以上线路后 110VDC 控制电将通过零速继电器 22-K118、22-K119 或经过紧急制动继电器 22-K125、警惕继电器 22-K110（此路为紧急制动自保持）两路到达紧急制动继电器 22-K125；

同时，22-K125 的常开触头 63-64 闭合，使非紧急指令列车线 220535 得电，而 220535 列车线直接接到每节车的智能阀、网关阀、牵引箱，进而施加紧急制动。

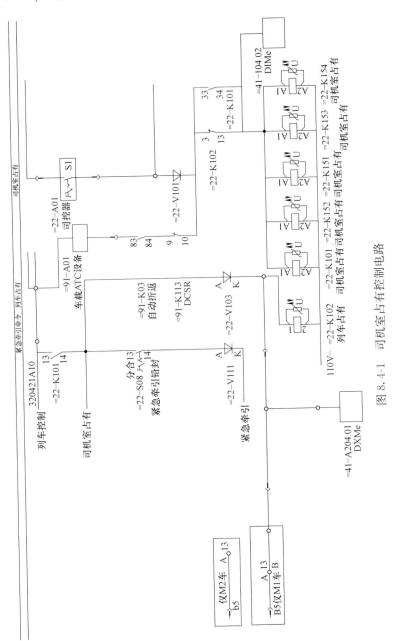

图 8.4-1 司机室占有控制电路

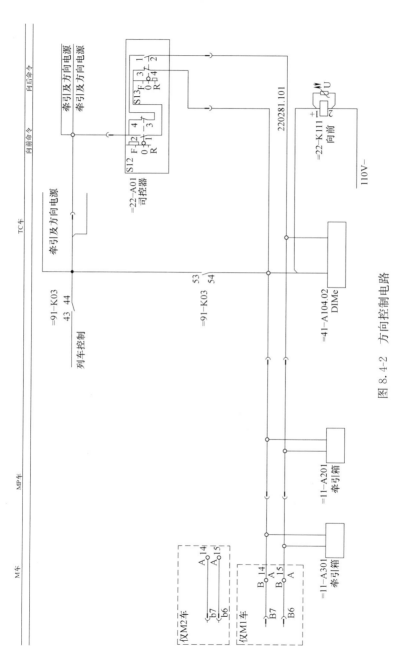

图 8.4-2 方向控制电路

8 列车控制系统 | 191

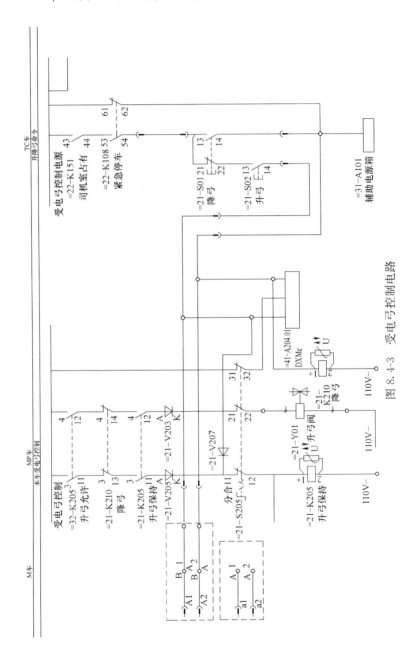

图 8.4-3 受电弓控制电路

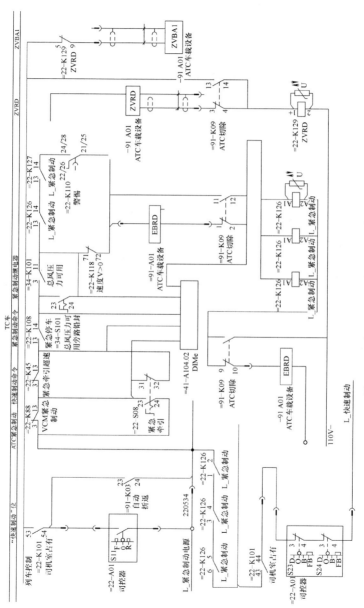

图 8.4-4 紧急制动缓解控制电路

8 列车控制系统

9 通信控制系统

9.1 概述

20世纪70年代末至80年代初，现场总线技术得到了飞跃的发展，相继出现了 ARCNET、CAN、Profibus、LonWorks、WorldFIP、TCN（MVB、WTB）等几大总线标准，20世纪90年代后期，西门子和 ADtranZ 公司率先开发的 TCN 标准被普遍运用于轨道交通，随后逐步形成了标准化、模块化的列车通信与控制系统。1999年6月，列车通信协议 IEC61375-1 成为国际标准，随着技术的不断发展，IEC61375 标准体系包含了多个网络标准，其中以 MVB 总线为主流，并朝着以太网和无线网发展。以下将以目前主流的 MVB 总线并结合某地铁项目，对车辆的通信控制系统进行全面的介绍。

列车通信控制系统主要包括列车控制与故障诊断（TCMS），一般采用分布式控制技术，划分为列车控制级和车辆控制级，采用电器中距离介质（EMD）的多功能车辆总线（MVB），通过中继模块 REP 作为网关，实现列车级总线与车辆级总线的数据转发功能。MVB 总线采用双绞屏蔽电缆，为防止反射及干扰，在总线的每一端都设有终端电阻，MVB 电缆与电子控制单元内的 MVB 接口模块相连，接口模块用于进行总线管理和数据通信管理，包括总线主控器的定义及线路监控。

列车通信控制系统主要由车辆控制模块 VCMe、事件记录模块 EDRM、中继器 REP、数字量输入输出模块 DXMe、数字量输入模块 DIMe、模拟量输入输出模块 AXMe、人机接口模块 HMI 和总线终端器等构成，某地铁项目网络拓扑结构如图 9.1-1 所示。

车辆控制模块 VCMe 主要实现车辆控制、总线管理，列车网络对 VCMe 做了热备冗余配置，正常情况下两个 VCMe 通过底层协议芯片的竞争机制自动选取一个 VCMe 为总线管理主，另外一个 VCMe 为备用主，当主 VCMe 出现故障时，备用 VCMe 将接管主 VCMe 的职责，行使所有的总线管理和控制功能。不论哪个 VCMe 为总线管理主，在控制逻辑上都以司机钥匙激活端的控制指令为准，总线管理主权的交换不会导致控制指令来源的切换。

整体网络架构采用 A/B 线单独铺设的双通道冗余设计，当某一路通信线路出现故障时，系统可以自动切换到另一路通信线路。每节车辆各配置两个中继器 REP（一个 REP 转发 A 通道数据，一个 REP 转发 B 通道数据）。总线的终端设备可以对所在 MVB 网段的线路通信状态进行监视，并将诊断结果以设备状态字的方式通过 MVB 发送给车辆控制模块 VCMe，某地铁项目网络硬件配置见表 9.1-1。

网络硬件配置　　　　表 9.1-1

	Tc1	Mp1	M1	M2	Mp2	Tc2
VCMe	1	—	—	—	—	1
HMI	1	—	—	—	—	1
EDRM	1	—	—	—	—	—
REP	2	2	2	2	2	2
DXMe	2	2	2	2	2	2
DIMe	2	—	—	—	—	2
AXMe	1	—	—	—	—	1

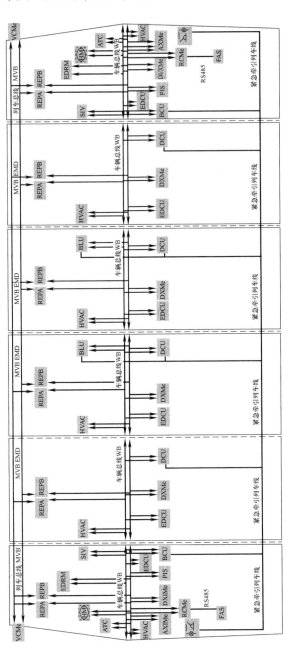

图 9.1-1 网络拓扑图

9.2 数据类型及传输

MVB传输的数据包括过程数据、消息数据和监督数据，数据在可编程的基本时间周期（Basic time period）内传递。每个基本时间周期从过程数据（Process data）传递的周期相（Periodic phase）开始，然后进入偶发相（Sporadic phase），在偶发相内，监督数据（Supervisory data）和消息数据（Message data）可按要求传递。防护相（Guard phase）阶段用于保证下一个周期的准确开始，数据传输周期如图9.2-1所示。

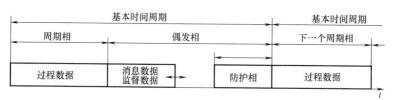

图9.2-1 数据传输周期

1. 过程数据

过程数据周期性地传送，其特点如下：

（1）由高达32字节的短数据组成，与时间密切相关；

（2）只有一个单元是数据源，所有连接到MVB的单元都可能是过程数据传递的终点接口（目的地）；

（3）过程数据带有数据源地址（广播数据），传递过程不带检错码反馈；

（4）传递安全性由周期性的传递和检验来保证。

2. 消息数据

消息数据按要求或发生的事件而偶发性地传送，其特点如下：

（1）与时间不密切相关的数据，将作为消息数据偶发性地传送；

（2）只有一个单元是数据源，是数据传送的终点接口，消息数据带有数据源地址（单目的地）；

（3）被传递的数据必须经接收单元（数据传递终点接口）确认，数据将根据要求以队列方式被缓冲；

（4）完整的数据的传递时间由总线负荷量决定。

3. 监督数据

监督数据是总线的管理和控制所要求的，主控权的转移、单元状态的传送和事件指示都要进行数据交换。

9.3 系统控制功能

通信控制系统主要包含：控制功能、监视功能和诊断功能。

1. 控制功能

综合车辆运行工况及各设备的工作状态，对车辆进行控制是通信控制系统的主要功能之一，根据系统设计需求，主要完成以下控制功能：

1）模式控制；

2）司机室激活控制；

3）方向控制；

4）紧急牵引控制；

5）紧急制动控制；

6）空电联合制动控制；

7）保持制动控制；

8）牵引封锁；

9）加减速度测试；

10）空调启动控制；

11）扩展供电控制；

12）蓄电池报警反馈；

13）超速保护；

14）空压机管理。

（1）模式控制

TCMS 判断列车处于人工驾驶模式或自动驾驶模式，ATO模式（自动驾驶模式）时，方向手柄在"向前"位，主控手柄在"零"位，并且有 ATC 发过来的 ATO 激活信号，列车处于自动驾驶模式，其他模式为人工驾驶模式。在自动驾驶运行过程中，自动驾驶模式建立条件丢失，列车进行紧急制动，列车模式自动转为人工驾驶模式。

（2）司机室激活控制

对列车的操作必须从对司机室的激活开始，当司机钥匙没有插入司控器的钥匙孔，或者司机钥匙没有旋转至"开"位时，TCMS 将处于一种"待机"状态，拒绝接收和执行诸如施加牵引、缓解制动等各种涉及安全的控制指令，但可以对全列车的状态信息进行监视和故障诊断。

当司机钥匙旋转至"开"位后，TCMS 进入"激活"状态，将有"司机钥匙激活"信号的 TC 车设置为主控司机室，并同时在显示器主界面对主控司机室进行图示。TCMS 激活后，只允许接收来自主控司机室的各种控制指令，而忽略非主控司机室的各种控制指令，但有一条指令除外，即"紧急制动"指令，当任何一个司机室的"紧急制动"按钮被按下，TCMS 均执行"紧急制动"指令，同时封锁牵引信号的输出。

如果两个司机室的司控器没有做机械连锁，当 TCMS 检测到两个司机室均有"司机钥匙激活"信号时，TCMS 会诊断出"司机室连锁故障"，并在显示器上做故障提示，并继续处于"待机"状态，拒绝执行各种控制指令。

（3）方向控制

列车的运行方向包括"向前"和"向后"，所谓的"前"与"后"均是以司机的主观视角来定义的，而对牵引系统来说，是没有前后之分的，牵引逆变器通过正相序或反相序输出交流电来控制牵引电动机和车辆轮对的正转或者反转，来实现司机所期望的列车"向前"或者"向后"运行。因此，对列车的方向控制即是对每个牵引逆变器的"正向"和"反向"控制。

对于某一个牵引逆变器而言，如果期望列车朝 1 单元方向"向前"运行，牵引逆变器需要执行"正向"指令的话，那么如果期望列车朝 2 单元方向"向前"运行时，TCMS 则需要向该牵引逆变器发出"反向"指令。按照这个逻辑，TCMS 需要根据列车的每一个牵引逆变器的安装方位、主控司机室的位置以及该司机发出的方向指令进行逻辑判断，并逐个向每一个牵引逆变器单独发送"正向"或"反向"指令。

列车的换向操作只允许在列车静止的状态下才允许进行，一旦列车开始运行后，TCMS 将锁定当前列车的方向信号，直到列车停止运行后才解锁。如果在列车运行过程中，不管是人为操作原因还是司控器故障原因导致方向信号变化了，TCMS 会诊断出"方向信号丢失故障"，并在显示器上做故障提示。

（4）紧急牵引控制

为了保证 TCMS 故障情况下，列车能够继续运行到下一站，列车设置了紧急牵引按钮，司机可以通过操作紧急牵引旋钮来进入紧急牵引模式。紧急牵引模式下 BCU、DCU 通过接收硬线的指令和硬线编码级位实现列车的牵引和制动控制，忽略 TCMS 的网络信号。当 TCMS 接收到紧急牵引硬线信号后，则屏蔽所有输出信号并输出紧急牵引提示信息到 HMI。

（5）紧急制动控制

为了保证列车行车安全，TCMS 需要对某些影响列车运行的条件进行监视，当这些条件发生时，TCMS 将触发紧急制动，并且记录相关触发条件，以某地铁项目为例，满足下列条件之一时，网络系统输出紧急制动控制指令：

1）列车综合速度超过最高限速 5km/h 触发紧急制动；
2）两端司机钥匙同时有效故障；
3）列车有方向信号改变；
4）车载 ATC 触发了紧急制动；
5）任一司机室的紧急停车按钮被按下；
6）紧急制动电气列车线环路中断或断开。

（6）空电联合制动控制

TCMS 参与列车的电制动分配，具体控制过程如下：

1）TCMS 根据来自司控器或 ATO 的指令信号产生控制指令和级位，并将其发送给牵引、制动系统；

2）TCMS 与制动系统计算整车总制动力需求，具体实施：TCMS 根据 MVB 传输的级位进行整车制动力的计算，将整车制动力和制动级位发送给 BCU（制动系统）；同时 TCMS 将级位信号转发给 DCU（牵引系统），DCU 根据级位信号自行施加电制动力，并将电制动实际值反馈给 BCU，BCU 根据总制动力和实际电制动力作减法，进行空气制动的补充，流程示意图如图 9.3-1 所示。

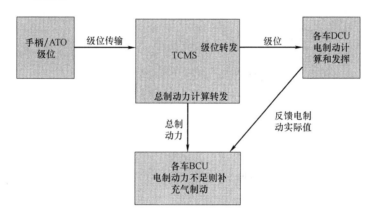

图 9.3-1　制动施加流程

（7）保持制动控制

为了防止列车停在坡道上出现溜车情况，需要在列车停稳后施加一个固定大小的常用制动力，一般该常用制动力的大小为最大常用制动的 70% 左右，即保持制动。保持制动的施加由制动系统负责，保持制动的缓解由 TCMS 负责；当 TCMS 故障时，保持制动的管理全部由制动系统自身负责。以某地铁项目为例，当满足以下条件之一时，TCMS 向所有的 BCU 发出保持制动缓解命令：

1）列车处于牵引工况且速度大于 1.0km/h；
2）有牵引指令，且整车实际牵引力大于防后溜最小牵引力；
3）保持制动切除有效。

(8) 牵引封锁

为了保证列车行车安全，TCMS 需对某些影响列车运行的条件进行监视，当这些条件不满足时，TCMS 将封锁列车的所有牵引指令，同时在 HMI 上报"牵引封锁"提示信息，以及在显示器上显示引起牵引封锁的条件。以某地铁项目为例，触发"牵引封锁"的条件主要包括：

1）方向错误和不一致故障；
2）列车停放制动未缓解；
3）所有制动缓解信号无效；
4）总风管压力值低于 600kPa；
5）6 个及以上转向架摩擦制动失效；
6）单元内两个网关阀同时通信故障；
7）有库用供电；
8）列车门关好信号无效。

(9) 加减速度测试

TCMS 根据显示器设置的起始速度、目标速度、测试开始信号，计算列车的平均加速度、平均减速度、制动距离。测试平均加速度时显示器的起始速度应设置为 0km/h，平均减速度、制动距离的测试无须设置起始速度、目标速度，TCMS 会根据当前工况进行自动处理。

(10) 空调启动顺序控制

为了防止各节车辆的空调机组的压缩机同时启动，对辅助供电系统造成的交流负载严重过载，因此，需要通过 TCMS 对空调机组压缩机进行错时启动控制。错时启动控制分单元进行，一个单元共有 3 节车辆 6 组空调压缩机，TCMS 按照每 18s 为一个大周期进行循环，每个周期内设置 6 个长度为 2s 的时间窗口，分别对应6组空调压缩机。每组空调压缩机只能在属于自己的时间窗口时才能启动,其他时间则不允许启动。对于已经完成启动的空调压缩机,其停机过程不受该时间窗口的控制,可以根据外界温度条件或者控制指令随时停机。此外,当制动系统空压机启动前会预先发出一个"空压机预启动"信号,TCMS检测到该信号后将关闭所有空调的启动时间窗口,禁止一段时间内的所有空调的启动操作。空调启动时间窗口时序图见图9.3-2和图9.3-3。

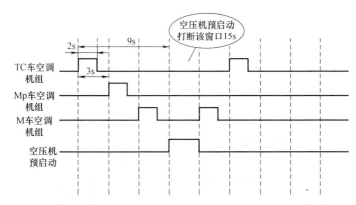

图9.3-2 在非扩展供电模式下列车空调启动控时序

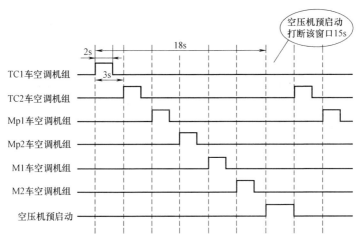

图9.3-3 在扩展供电模式下各车辆空调启动控时序

(11) 扩展供电控制

当列车上一台 SIV 发生严重故障,不能正常工作时,需要 TCMS 控制扩展供电接触器,由另一台 SIV 提供整列车的负载需求,为了防止一台 SIV 负责整列车的负载而导致过载保护,TCMS 在扩展供电之前,先发出减载指令给空调系统,当空调系统负载减半后,才发出扩展供电指令。若空调系统减载不成功,则将减载不成功信息发送到显示屏,同时 TCMS 自动将空调系统设置为通风模式,再进行扩展供电。

(12) 蓄电池报警反馈

实时监测蓄电池 110V 情况,当 TC 蓄电池电压在 92~100V 时候,在 HMI 显示器上弹出黄色警告提示,当 TC 蓄电池电压在 92V 以下时候,在 HMI 显示器上弹出红警告提示,所有的提示必须司机手动确认之后才能消除。

(13) 超速保护控制

TCMS 对列车速度进行监视,报警和保护。

当列车速度超过最大限速值 3km/h 时,TCMS 在显示器上报警,并且封锁牵引。在列车速度降至最大限速值后,解除封锁。

当列车速度超过最大限速值 5km/h,TCMS 触发紧急制动。

(14) 空压机管理

TCMS 按单双日启停不同的空压机来对制动系统空压机进行管理,以确保每台空压机损耗均匀,提高单台空压机的使用寿命。在单日,TCMS 允许 Tc1 车的空压机工作,当该车空压机故障时,启动 Tc2 车空压机工作;在双日,TCMS 启动 Tc2 车的空压机工作,当该车空压机故障时,启动 Tc1 车空压机工作。

2. 监视功能

车辆的监视功能由智能显示器 HMI 完成,每列车辆配有两个 HMI,分别安装于两个 Tc 车辆的司机控制台上。对司机和检修人员提供其所需的必要信息,HMI 提供两种用户模式:运行模式和检修模式。

3. 诊断功能

故障诊断系统是 TCMS 的一个重要组成部分,完成车载各部件故障数据的采集、分析、转储和显示功能,故障信息在司机台上通过 HMI 显示,并且通过 PTU 上传到地面维修和服务系统中,供长期的储存和深入的地面分析。

如果列车发生故障,将以纯文本信息在 HMI 上显示给司机。每条纯文本信息都分配有故障代码,根据不同的故障类别进行故障评估。故障类别和纯文本信息显示在显示器的界面上。此外,司机可以从 HMI 上获得他所必须实施的操作的指导说明。

(1) 故障等级划分

TCMS 将故障划分为 3 个等级:

严重故障(等级 1):严重影响列车运行的故障,有可能导致乘客和车辆出现危险,司机需对故障进行确认和立即处理。如果故障不能及时排除,列车需要在运行的下一站进行清客,空车回库以解决故障。

中等故障(等级 2):影响列车运行的故障,司机需对故障进行确认和立即处理。如果故障不能及时排除,列车则需在完成本次单程运营后退出运行图,空车回库以解决故障。

轻微故障(等级 3):不影响运行的故障,可以在列车运营结束后回库再处理。

(2) 事件记录功能

EDRM 实现事件记录功能,通过车辆总线与 TCMS 相连接,使所有通信数据都可以被监视,某地铁项目 EDRM 事件记录模块技术参数,如表 9.3-1 所示。

EDRM 事件记录模块技术参数　　表 9.3-1

功能	参 数	说 明
记录容量	8G	
记录模式	FIFO	数据记录满后自动覆盖以前的数据

续表

功能	参　　数	说　　明
采样周期	100ms	
记录条件	自动触发	TCMS 上电后即开始不间断记录
环境参数	参数可根据实际需要设置，最大可以记录 500 个字的内容；按照最大记录（500 字）采样周期 100ms，可连续记录 240h	一个字（WORD）可以记录 16 个数字量参数（数字量数量）；一个字（WORD）可以记录 1 个模拟量参数；可以根据环境变量清单选择需要记录的环境参数

9.4　系统模块介绍

1. 车辆控制模块 VCMe

VCMe 通过多功能车辆总线 MVB 与其他设备通信，是 TCMS 的核心，具备如下功能：

（1）车辆级过程控制：执行诸如牵引、制动控制，空电联合控制和空调顺序启动等一系列控制功能；

（2）通信管理：具有多功能车辆总线 MVB 的管理能力，并且能够进行被动的主权转移功能；

（3）显示控制：与智能显示装置 HMI 显示有关的数据传输；

（4）故障诊断：状态数据、故障数据的采集处理，并通过 HMI 报告司机。

2. 事件记录模块 EDRM

EDRM 通过多功能车辆总线 MVB 与其他设备通信，EDRM 是数据转储的关键部件，具备如下功能：

（1）数据记录：司机操作数据、故障数据、事件数据的记录，将 VCMe 的故障数据具体化；

（2）数据转存：通过车载信息网（工业以太网）将记录的数

据下载，供便携式维护工具分析。

3. 中继器 REP

中继模块 REP 分别安装于各节车辆中，REP 提供信号的中继放大，REP 具备将单个车组单元的智能设备通过 MVB 总线互连成列车通信网的功能。

4. 数字量输入输出模块 DXMe

DXMe 通过多功能车辆总线 MVB 与其他设备通信，实现数字量信号的采集输入和控制输出，具备如下功能：

（1）输入信号采集：将车辆间电气信号转换成控制信号，经由列车控制网络传送 VCMe，完成各种控制功能；

（2）控制信号输出：将网络控制信号转换成电气信号，控制诸如指示灯、继电器等设备；

（3）设备地址输入：通过外部跳线配置设备地址，维护简单。

5. 数字量输入模块 DIMe

DIMe 通过多功能车辆总线 MVB 与其他设备通信，实现数字量信号的采集功能：

（1）输入信号采集：将车辆间电气信号转换成控制信号，经由列车控制网络传送 VCMe，完成各种控制功能；

（2）设备地址输入：通过外部跳线配置设备地址，维护简单。

6. 模拟量输入输出模块 AXMe

AXMe 通过多功能车辆总线 MVB 与其他设备通信，实现模拟量信号的采集输入和控制输出，具备如下功能：

（1）输入信号采集：将车辆间电气信号转换成控制信号，经由列车控制网络传送 VCMe，完成各种控制功能；

（2）控制信号输出：将网络控制信号转换成电气信号，控制诸如仪表等设备。

7. 显示器 HMI

每列车装有 2 个显示器 HMI，通过多功能车辆总线 MVB 与其他设备通信。HMI 是 TCMS 的显示终端设备，是司机和维

护人员操作机车的窗口,具备如下功能:

(1) 信息显示:向车辆驾驶人员和维护人员提供车辆综合信息,各设备的工作状态,故障信息的综合与处理等功能;

(2) 参数设定:对轮径值、列车重量、站点、时间日期等参数进行更改与设定;

(3) 功能测试:进行列车运行时加速度、减速度、制动距离等基本参数的测试;

(4) 数据转储:将故障信息转储地面进行统计、分析。

8. 通信模块 RCMe

RCMe 模块用于实现 RS485 通信接口和车辆总线 MVB 通信接口的转换,将不具有 MVB 通信接口的设备连接到 MVB 网络上。

9.5 系统检修维护

通信控制系统检修主要对系统相关部件进行维护保养,以保证系统的可靠性。检修方式主要分预防性维修和故障修,其中预防性维修根据维修周期不同,划分为日检、双周检、三月检、年检、架修、大修等。以下将以某地铁项目的检修规程和检修工艺进行详细阐述。

1. 检修规程

通信控制系统检修规程主要是规定了系统检修的主要范围和内容,根据不同的修程,检修的范围和内容也不一致,以某地铁项目检修规程为例,详见表 9.5-1。

检修规程　　　　　　　　表 9.5-1

列车通信控制系统状态检查						
检修内容	检修标准	日检	双周检	三月检	年检	备注
检查并清洁车辆 HMI	(1)检查 HMI 外观良好,紧固件无丢失	√	√	√	√	
	(2)防松线无错位,表面无裂纹,清洁 HMI 表面		√	√	√	

续表

列车通信控制系统状态检查

检修内容	检修标准	日检	双周检	三月检	年检	备注
检查HMI主页面功能触摸按钮及子系统触摸按钮的功能	确认屏幕显示清晰、显示内容正确,无花屏、卡屏,显示图标、内容完整。触击主画面各系统及"事件信息、设置、维护、网络拓扑"及其子系统触摸按钮,触摸功能灵敏,能进入各对应界面	√	√	√	√	
检查车辆HMI日期、时间,车辆编号	HMI界面显示的日期、时间正确,检查车辆编号显示正确		√	√	√	
HMI各子系统软件版本	HMI各子系统软件版本显示正常,为最新版本		√(偶)	√	√	
查看HMI有无故障信息	查看HMI"事件信息"界面、"维护-事件信息查询"界面无故障;对有故障的子系统作进一步的检查、转储、分析和处理;对影响车辆牵引、制动功能的故障进行分析并报告DCC	√	√	√	√	
检查VCMe、EDRM、REP、DXMe、DIMe、AXMe、RCM各网络模块固定及连接插头状态	(1)检查VCMe、EDRM、REP、DXMe、DIMe、AXMe、RCM等网络模块的电源插、输入输出插、MVB总线插、接地线连接牢固、无松动;(2)插头、插座有无损坏、裂纹,插头插接牢固、无松动			√	√	
	用毛刷清扫后,并除尘,确保各模块、连接插头无明显灰尘、污渍及杂物			√(偶)	√	
下载EDRM故障履历及事件记录数据	在车辆检修作业完成后,随机下载当天某一段时间的EDRM故障履历及事件记录数据,并对数据进行解析,检查EDRM模块数据记录功能正常		√	√	√	

2. 检修工艺

通信控制系统检修工艺是对检修规程的阐述,主要用于指导作业人员如何进行相关维护保养,以某地铁项目检修工艺为例,分别对日检、双周检、三月检、年检等进行对比,详见表9.5-2。

检修工艺　　　　　表 9.5-2

修程 工艺	日检	双周检	三月检	年检
检修工艺	(1)检查 HMI 屏外观状态良好,正常点亮,图标显示完整、准确; (2)点击屏幕主界面十个子系统及"设置、网络拓扑、帮助、确认、提示"等图标,能正常进入,且各状态显示正常、无故障; (3)检查 HMI "事件信息"界面、"维护-事件信息查询"界面无故障,对有故障的子系统作进一步的检查及处理,对影响车辆牵引、制动功能的故障进行分析并报告 DCC	(1)检查 HMI 屏外观良好,四颗紧固螺栓安装紧固,防松线无错位,表面无裂纹,使用干净抹布擦拭 HMI 表面,擦拭后无污渍; (2)检查日期和时间显示正常,如不准确,重新设定正确的时间和日期,检查车辆编号显示正确; (3)检查 HMI 屏正常点亮,图标显示完整、准确,点击屏幕主界面各系统及"事件信息、设置、维护、网络拓扑、帮助、确认、提示"等及其子系统图标,能正常进入,且各状态显示正常、无故障; (4)检查 HMI "事件信息"界面、	(1)检查 HMI 屏外观良好,四颗紧固螺栓安装紧固,防松线无错位,表面无裂纹,使用干净抹布擦拭 HMI 表面,擦拭后无污渍; (2)检查司机室继电器柜内 REP、VCMe、RCMe,TC 车一位端左侧电气柜内 EDRM,TC 车一位端右侧电气柜内 DXMe、DIMe、AXMe,Mp 车和 M 车一位端电气柜内 REP、DXMe 等网络模块的电源插头、输入输出插头、MVB 总线插头、接地线连接牢固、无松动;插头、插座有无损坏、裂纹,插头插接牢固、无松动;用毛刷清扫后,用干净	(1)检查 HMI 屏外观良好,四颗紧固螺栓安装紧固,防松线无错位,表面无裂纹,使用干净抹布擦拭 HMI 表面,擦拭后无污渍,检查 HMI 接线; (2)检查司机室继电器柜内 REP、VCMe、RCMe,TC 车一位端左侧电气柜内 EDRM,TC 车一位端右侧电气柜内 DXMe、DIMe、AXMe,Mp 车和 M 车一位端电气柜内 REP、DXMe 等网络模块的电源插头、输入输出插头、MVB 总线插头、接地线连接牢固、无松动;插头、插座有无损坏、裂纹,插

续表

修程工艺	日检	双周检	三月检	年检
		"维护-事件信息查询"界面无故障,对有故障的子系统作进一步的检查及处理,对影响车辆牵引、制动功能的故障进行分析并报告DCC; (5)检查EDRM数据记录和下载功能,使用PTU下载当月"故障履历"和当天任意一段"事件记录"数据并保存,确认数据记录和下载功能正常	抹布进行擦拭,要求各模块、连接插头无明显灰尘、污渍及杂物; (3)检查日期和时间显示正常,如不准确,重新设定正确的时间和日期,检查车辆编号显示正确; (4)检查HMI屏正常点亮,图标显示完整、准确;点击屏幕主界面各系统及"事件信息、设置、维护、网络拓扑、帮助、确认、提示"等及其子系统图标图标,能正常进入,且各状态显示正常、无故障; (5)检查HMI"事件信息"界面、"维护-事件信息查询"界面无故障,对有故障的子系统作进一步的检查及处理,对影响车辆牵引、制动功能的故障进行分析并报告DCC; (6)检查EDRM数据记录和下载功能,使用PTU	头插接牢固,无松动;用毛刷清扫后,用干净抹布进行擦拭,要求各模块、连接插头无明显灰尘、污渍及杂物。 (3)检查日期和时间显示正常,如不准确,重新设定正确的时间和日期,检查车辆编号显示正确; (4)检查HMI屏正常点亮,图标显示完整、准确;点击屏幕主界面各系统及"事件信息、设置、维护、网络拓扑、帮助、确认、提示"等及其子系统图标,能正常进入,且各状态显示正常、无故障; (5)检查HMI"事件信息"界面、"维护-事件信息查询"界面无故障,对有故障的子系统作进一步的检查及处理,对影响车辆牵引、制动功能

续表

修程 工艺	日检	双周检	三月检	年检
			下载当月"故障履历"和当天任意一段"事件记录"数据并保存,确认数据记录和下载功能正常	的故障进行分析并报告 DCC; (6)检查 EDRM 数据记录和下载功能,使用 PTU 下载当月"故障履历"和当天任意一段"事件记录"数据并保存,确认数据记录和下载功能正常

9.6 系统常见故障处理

列车通信控制相对复杂,导致网络故障具有很多不确定性,给检修人员对故障的排查带来了较大困难,对检修人员的技能要求较高。以下以某地铁项目出现的常见故障为例,进行简单分析。

1. MVB 连接器故障

(1) 故障现象

2016 年 06 月 11 日 12:54 0101 车在某某站下行区间 HMI 屏多次报 M2 车 EDCU2 通信故障,M2 车 HVAC4 通信故障。

(2) 故障调查

列车回库后测量列车的终端电阻,发现检查为 TC2 车辅助逆变器网络总线 A 通道 MVB 连接器故障,更换后恢复正常。

(3) 故障原因

MVB 连接器故障,导致列车报通信故障。

2. REP 模块故障

(1) 故障现象

2017年01月15日0111车在某某站下行HMI报"TC1车SIV反馈A线故障"、"MP1车反馈A线故障"故障信息。

（2）故障调查

列车回库后下载数据分析，未发现异常，检查列车A、B总线通信、终端电阻未见异常，将01116车的REP A模块互换到01026车上跟踪，1月20日0102车出现同样故障，故障重现，判断为REP A模块故障。

（3）故障原因

REP A模块故障，导致列车报总线故障。

10 主电路系统

10.1 概述

电客车主电路系统为电客车提供牵引用电，除此之外，电客车辅助设备用电包括空调、空压机、照明、乘客信息、110V控制等系统的正常工作用电都是通过主电路提供的。主电路系统是电客车中集机械及电气为一体的综合性、高稳定性的重要组成部分，由受电弓向接触网取流，通过牵引逆变器的逆变过程为牵引电动机提供电力来源，并可通过直接转矩控制完成对异步牵引电动机的精确转矩控制，实现完全微机化、数字化的实时控制以及故障诊断功能，其中，主电路系统还包括制动工况和牵引工况。牵引工况下，可为列车提供牵引动力，将接触网的电能转化为列车在轨道上运行的动能。制动工况可分为再生制动和电阻制动，再生制动是在列车进行制动时，把列车的动能转化为电能反馈到电网进行再生利用，而电阻制动为列车制动时将无法反馈回接触网的电能进行热耗散。

1. 主电路系统组成

主电路系统包括：受电弓、避雷器、高压箱（含高速断路器、三位置开关、熔断器面板、防反二极管等）、制动电阻、牵引逆变器、牵引电动机、接地装置。其主要作用是受电弓从接触网集取电流，通过高压电气箱进行电能分配，保证辅助逆变器和牵引逆变器的正常供电，并可通过高速断路器对牵引系统进行快速保护。牵引逆变器可通过逆变单元将接触网 DC1500V 逆变成可供牵引电动机工作的三相交流电,保证列车的正常运行,常见组成明细如表 10.1-1 所示。

主电路系统配置表 表 10-1-1

名称	Tc	Mp	M	M	Mp	Tc
受电弓		1			1	
避雷器		1			1	
高压箱		1			1	
牵引逆变器		1	1	1	1	
制动电阻		1	1	1	1	
牵引电动机		4	4	4	4	
接地装置	2	4	4	4	4	2

2. 主电路系统原理

如图 10.1-1 所示,DC1500V 电源从接触网经 Mp 车车顶的受电弓集取电流送至高压箱中,然后分别经两个高速断路器接至 M 车、MP 车牵引箱中的牵引逆变器,每台牵引逆变器将 DC1500V 逆变为三相变频变压电源驱动本车的四台交流牵引电动机,为列车运行提供动力来源。

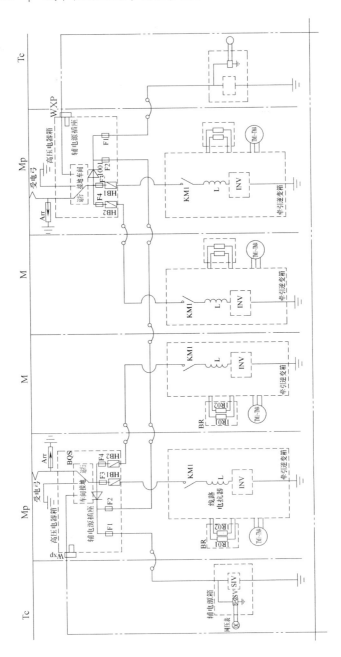

图 10.1-1 主电路原理图

10.2 受电弓

1. 受电弓概述

常见典型受电弓为一种通过空气回路控制升、降动作的铰接式机械构件。受电弓从接触网上集取电流，并传送到车辆电气系统。此受电弓主要应用于城轨车辆，通过支持绝缘子安装于车顶，并通过弓头上的碳滑板与供电网线接触，由气囊充气与放气实现受电弓的升降动作，其具有较高的稳定性及与接触网良好的跟随性。在"工作"位置上，受电弓在车顶的部分都处于带电状态。

基本技术参数：

(1) 额定电压：DC 1500V；
(2) 电压范围：DC 1000～DC 2000V；
(3) 额定工作电流：1500A；
(4) 最大工作电流：2160A；
(5) 车辆静止时最大电流：416A (30s)；
(6) 工作环境温度：－25～＋40℃；
(7) 运行速度：120km/h；
(8) 折叠高度（包括绝缘子）：310mm (0～＋10mm)；
(9) 最低工作高度（从落弓位置滑板面起）：175mm；
(10) 最高工作高度（从落弓位置滑板面起）：1600mm；
(11) 最大升弓高度（从落弓位置滑板面起）：≥1700mm；
(12) 绝缘子高度：80mm；
(13) 弓头长度：1550±10mm；
(14) 弓头宽度：325±3mm；
(15) 弓头高度：240±10mm；
(16) 滑板长度：950±1mm；
(17) 滑板宽度：60mm；
(18) 滑板材质浸金属碳；

(19) 标称静态力：120±10N；

(20) 静态力的可调节范围：100～140N；

(21) 额定工作气压：约550kPa；

(22) 气源的工作压力：430～1000kPa；

(23) 颜色：RAL3020 交通红；

(24) 升弓时间：≤8s；

(25) 降弓时间：≤7s；

(26) 重量（包括支持绝缘子）：≤140kg；

(27) 安装尺寸（四点）：(1100±1) mm×(900±1) mm；

(28) 电气间隙：≥32mm；

(29) 气路接口：G1/4″；

(30) 最小工作高度 140mm 时受电弓前后高差：≥40mm；

(31) 电气区域：≤290mm。

2. 受电弓组成结构

受电弓组成包括：弓头组装、上框架组装、下臂杆组装、拉杆组装、电流连接组装、底架组装、绝缘子组装、阻尼器组装、平衡杆组装、升弓装置组装、降弓位置指示器、气阀箱、ADD自动降弓装置，图 10.2-1 为 TSG18G 型受电弓组成。

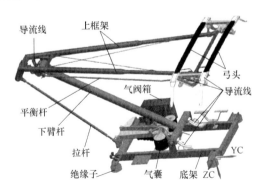

图 10.2-1　TSG18G 型受电弓组成

(1) 绝缘子组装

受电弓是通过四个支持绝缘子安装在车顶上,如图(图10.2-2)所示。

绝缘子(图10.2-2中3)采用硅橡胶材料,具有很高的绝缘等级及机械强度,其通过一个M16×35螺栓(图10.2-2中1)及弹簧接触垫圈将其与受电弓底架连接,绝缘子自带M20的螺栓与车顶连接,螺纹长度25mm。支持绝缘子有两个功能:1)对带电的受电弓与相连接的车顶进行电隔离;2)使受电弓同车顶进行机械连接。使用时,绝缘子应保持清洁,无裂纹或碰痕。

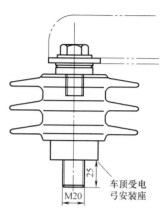

图10.2-2 绝缘子组装

(2)底架组装(图10.2-3)

受电弓底架是一个由矩形钢管焊接而成的口字形钢结构,在受电弓的升降弓过程中,底架是不运动的,它只是起到一个固定支撑的作用。底架上的电流接线板1是受电弓对外的电接口。电流接线板采用不锈钢材料。支撑架2上的通孔用于安装支持绝缘子的安装螺钉,支撑板4上安装有受电弓对外的气路接口,支撑板采用不锈钢材料。

(3)铰链系统

铰链系统包括下臂杆组装,上框架组装和拉杆组装,以及铰链一起构成了受电弓的四杆机构,该四杆机构保证了上框架中顶管的运动轨迹呈一条近似铅垂的直线,通过铰链可实现四杆间的相互转动,从而实现机构的自由升降。

(4)下臂杆组装

下臂杆是由无缝钢管组焊而成的"工"字形钢结构(图10.2-4),在底架轴承管上焊接有连接升弓气囊和阻尼器的扇形调整板1,肘接轴承管3上焊接有平衡杆连接块2。下臂杆的两

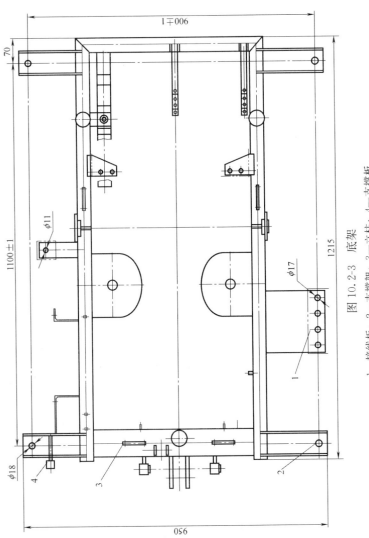

图 10.2-3 底架
1—接线板；2—支撑架；3—立柱；4—支撑板

端分别与底架和上框架采用轴承连接,与底架连接的轴承安装在下臂杆的底架轴承管内,与上框架连接的轴承安装在下臂杆的肘接轴承管内,轴承具有良好密封能力,而且在其使用期内免维护,受电弓升降弓运动时其绕着底架上的固定点做圆周运动。

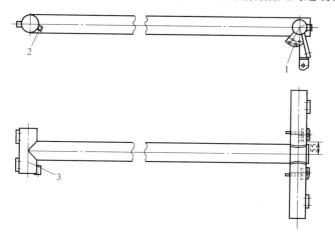

图 10.2-4 下臂杆
1—调整板;2—平衡杆连接块;3—肘接轴承管

(5) 上框架 (图 10.2-5)

上框架是由顶管 1、阶梯铝管 3 和肘接处的连接管 4 组焊而成铝合金框架结构;上框架上安装有对角线杆 2,用于增加上框架的刚度。上框架通过轴承分别与拉杆、下臂杆及弓头连接。上框架的此种设计减轻了受电弓的整体质量,提高了受电弓的弓网跟随性。

(6) 拉杆组装 (图 10.2-6)

拉杆构成四杆机构的闭环。可以通过调节拉杆上螺母和螺杆的相对位置来改变拉杆长度,从而实现对四杆机构的几何尺寸进行调整以修正偏差。

(7) 电流连接组装

电流连接组装分为弓头电流连接组装,肘接电流连接组装和

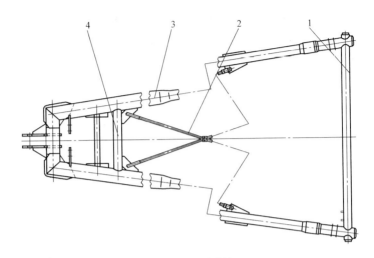

图 10.2-5　上框架
1—顶管；2—阶梯钻管；3—对角线杆；4—连接管

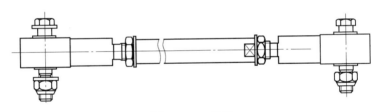

图 10.2-6　拉杆

底架电流连接组装。弓头电流连接组装，如图 10.2-7（a）将网线上的由弓头导流至上框架上，从而使电流绕过了顶管内的轴承，以避免轴承的温升导致损坏。肘接电流连接组装，如图 10.2-7（b），保护安装于肘接轴承管内的轴承，底架电流连接组装，如图 10.2-7（c），保护安装于底架轴承管内的轴承。

（8）弓头组装

弓头是与供电网线直接接触的部件（图 10.2-8），为保证弓头与供电网线能够保持良好的恒定接触，弓头具有尽可能小的惯性质量。

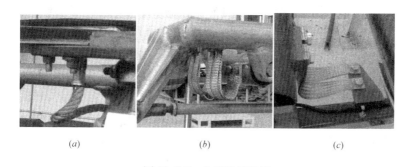

图 10.2-7 电流连接组装

（a）弓头电流连接组装；（b）肘接电流连接组装；（c）底架电流连接组装

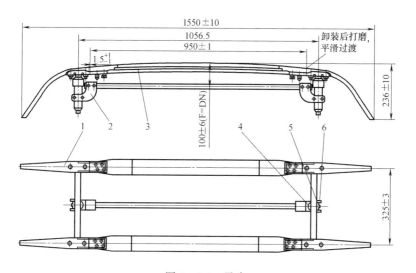

图 10.2-8 弓头

1—弓角；2—弓头悬挂；3—碳滑板；4—转轴；5—支座；6—紧固螺母

如图 10.2-8，弓头分两部分：与网线接触的部分及与上框架连接的部分，前者主要包括滑板 3、弓角 1；后者主要包括弓头悬挂装置 2。弓头悬挂装置的应用使得弓头具有一定的自由度，同时弓头集电时，弓头与网线之间的高频振动可以通过弓头悬挂装置吸收缓冲。

弓角位于弓头端部,用以保证接触线与弓头的平滑过渡。

如图10.2-9,弓头悬挂装置由两组弹簧盒组成(图10.2-9中3),弓头悬挂的弹簧安装于弹簧座中,构成弹簧盒,其能够缓冲吸收弓网之间的高频振动及冲击力,提高弓网之间的动态跟随性。两个弹簧盒通过支架(图10.2-9中6)安装在弓头转轴(图10.2-9中5)的末端,两组弹簧盒之间通过弓头转轴连接。弓头转轴由压入上框架顶管内的免维护粉末冶金衬套支撑,保证弓头转轴的自由转动,实现碳滑板表面与供电网线之间的正常贴合。

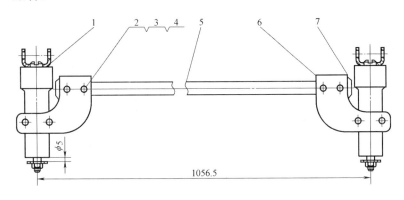

图10.2-9 弓头悬挂装置
1—托架;2、3、4—弹簧盒组成;5—转轴;6、7—支架

(9)平衡杆组装

平衡杆组装主要由平衡杆导杆(图10.2-10中1)和止挡杆组焊(图10.2-10中2)组成。平衡杆导杆一端与下臂杆上的平衡杆连接块连接,另一端与上框架连接。

弓头具有一定的自由度,可以绕弓头转轴自由的摆动。在运行过程中,弓头将通过接触线使其保持在正确的工作姿态,而在升降弓过程中,由于有平衡杆的作用,避免了弓头的翻转。

(10)升弓装置组装(图10.2-11)

受电弓升弓时所需的升弓转矩及升起后与网线间的接触压力

图 10.2-10 平衡杆
1—平衡杆导杆；2—止挡杆组焊

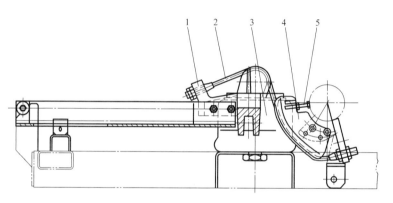

图 10.2-11 升弓装置组装
1—钢丝绳安装座；2—钢丝绳；3—气囊；4—调整板；5—支撑螺钉

是由两个充满压缩空气的气囊（图 10.2-11 中 3）、与气囊连接并被拉伸的钢丝绳（图 10.2-11 中 2）和紧固在下臂杆上的扇形调整板（图 10.2-11 中 4）产生。升弓气囊主要是装在底架上，通过钢丝绳与受电弓下臂杆连接在一起，给受电弓升降弓提供动力。升弓时气囊充气后涨起，通过钢丝绳带动下臂杆转动，从而实现受电弓升弓运动。

（11）阻尼器组装（图 10.2-12）

受电弓阻尼器一头安装在底架上，另一头与受电弓下臂杆连接，在受电弓的下降过程中起到缓冲的作用，以避免受电弓降弓时对底架上的部件造成冲击损坏。阻尼器在受电弓出厂时已经设定好，不允许调整。

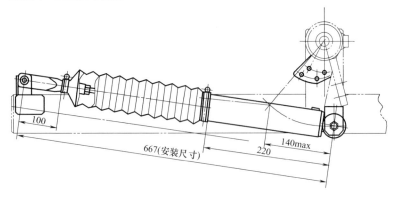

图 10.2-12　阻尼器组装

（12）降弓位置指示器（图 10.2-13）

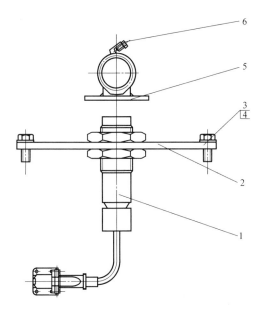

图 10.2-13　降弓位置指示器
1—电感应器；2—绝缘安装板；3、4—安装螺栓；
5—感应板组焊；6—感应板安装螺钉

电感式降弓位置指示器的电感应器（图10.2-13中1）用两个自带非金属螺母安装在受电弓底架的绝缘安装板（图10.2-13中2）上，正对着上框架顶管上的感应板组焊（图10.2-13中5），受电弓组装过程中，需将降弓位置指示器与被感应金属间距调整在10±5mm范围内；调试时，通过在规定范围内的适当调整来保证降弓位置指示器的正常工作。受电弓降弓时，感应板组焊进入电感应器的感应范围，电感应器自动闭合，给出受电弓降弓到位信号；升弓时，感应板组焊超出电感应器的感应范围，电感应器断开，给出升弓信号。

(13) 气阀箱（图10.2-14）

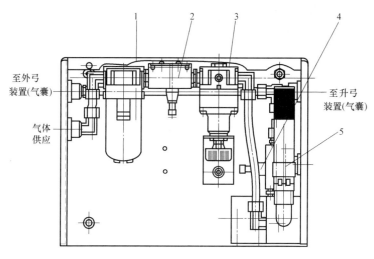

图10.2-14　气阀箱内部

1—空气过滤器；2—单向节流阀；3—精密调压阀；4—单向节流阀；5—安全阀

组成：受电弓气阀箱是由空气过滤器（图10.2-14中1）、单向节流阀（图10.2-14中2、4）、精密调压阀（图10.2-14中3）、安全阀（图10.2-14中5）等几部分组装。

空气过滤器：将机车压缩空气中的水雾分离出来，保证提供的压缩空气是干燥而且纯净的。

10　主电路系统　227

单向节流阀（图10.2-14中2）：通过控制压缩气体的过流量来调整受电弓升弓时间。

精密调压阀：其为受电弓提供恒定的压缩空气，精度偏差为±0.002MPa，精密调压阀用于调节接触压力，因为气压每变化0.01MPa就会使接触压力变化10N。

安全阀：如果精密调压阀出现故障，安全阀就会起到保护气路的作用。

单向节流阀（图10.2-14中4）：通过控制排放气体的过流量来调整受电弓降弓时间。

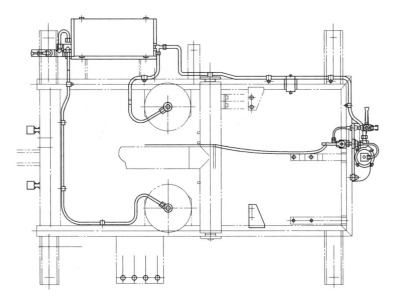

图10.2-15 气路组装

当受电弓滑板破裂、磨损到极限或气路泄漏时，为了保护接触导线和受电弓，受电弓配备了自动降弓系统。该系统主要由带气道的特制的滑板、与滑板气道相连接的布置在上框架和下臂杆的气路、安装在底架上的快排阀（图10.2-15）组成。

（14）ADD自动降弓系统

正常工作时，受电弓持续保持升弓状态，只有当司机在司机室按下降弓按钮时受电弓降下。受电弓还设有 ADD 自动降弓系统，当受电弓滑板破裂或磨损到极限引起受电弓气路泄漏时，ADD 自动降弓系统保证受电弓迅速有效的降下，避免受电弓与接触网之间的进一步破坏。ADD 自动降弓系统主要由快排阀、带气道的滑板及相应的管路组成。如图 10.2-16，快排阀安装在受电弓底架上，进气口与通向气囊的气路连通，出气口与通向滑板的气路连通，排气口与大气连通。

进气口　排气口　出气口

图 10.2-16　快排阀

受电弓正常升弓时，快排阀进气口的压力等于出气口的压力，进气口、出气口气压差为零。当受电弓滑板破裂或磨损到极限时，通向滑板的气路泄漏，快排阀出气口的压力下降，进气口的压力不变，进、出气口形成压力差。当压力差达到快排阀的开启压力，则排气口打开，滑板和气囊的气路与大气连通，受电弓开始迅速自动的下降。滑板若存在微小裂缝和少量漏气，但能够正常升弓，则属于允许范围，不影响受电弓的工作。

3. 受电弓工作原理（图 10.2-17）

受电弓的主要功能是从额定电压 DC1500V 接触网上获取电源，向整个列车电气系统供电，同时还通过列车的再生制动系统将列车的动能转换为电能回馈给接触网供给其他在线列车的使用，起到双向传递枢纽的作用。

受电弓通过空气回路控制升、降弓动作。司机在司机室按下受电弓升弓按钮后,受电弓供风单元内的升弓电磁阀得电动作,向受电弓供压缩空气。压缩空气经过车内的管路、车顶的受电弓绝缘软管,进入受电弓底架上的气阀箱。

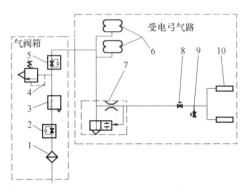

图 10.2-17　受电弓气路工作原理

1—空气过滤器;2—单向节流阀;3—精密调压阀;4—安全阀;5—节流阀;
6—升弓气囊;7—快排阀;8—节流阀;9—试验阀;10—碳滑板

进入气阀箱的压缩空气依次经过空气过滤阀(图 10.2-17 中 1)、单向节流阀(图 10.2-17 中 2,用于调节升弓时间)、精密调压阀(图 10.2-17 中 3,用于调节接触压力)、单向节流阀(图 10.2-17 中 5,用于调节降弓时间)、安全阀(图 10.2-17 中 4)后分为两条支路分别向受电弓的两个升弓气囊(图 10.2-17 中 6)供气,压缩空气进入升弓气囊后,气囊膨胀抬升,抬升的气囊带动钢丝绳拉拽下臂杆,使下臂杆转动,从而实现受电弓逐渐升起,直到受电弓弓头与网线接触并保持规定的静态接触压力。此时升弓气囊中的气压稳定在气阀箱内精密调压阀的设定值。

受电弓工作时,升弓气囊被持续供以压缩空气,弓头与接触网之间的接触压力保持基本恒定。

司机在司机室按下降弓按钮后,升弓电磁阀失电,向受电弓供应的压缩空气被切断,同时,升弓电磁阀将受电弓气路与大气连通,气囊升弓装置排气,受电弓靠自重下降,直到顶管降下并保持在底架的两个橡胶止挡图 10.2-18 上。

图 10.2-18 橡胶止挡

4. 受电弓常见故障及处理办法（表 10.2-1）

受电弓常见故障及处理办法　　　表 10.2-1

序号	故障现象/信息	直接原因	处理方法/测量/测试
1	碳滑板磨损过度	均匀磨损显示运行正常	必要时更新滑板
		碳滑板上出现凹槽	由接触线导致，更新碳滑板
		刃部有冲击	由于接触线上的故障，更新碳滑板
2	弓头与接触线产生电弧	接触压力低	检查受电弓机车供风气压，如果气压低于 0.5MPa，需重新调整气压值
		接触压力低	气动元件出现故障，检查和更新故障的气动元件
		弓头转动不灵活或变形	检查弓头是否能够灵活摆动，维修或必要时更换弓头
		采用了新的接触线	光整接触线
3	无法升弓	控制电路故障	检查控制升弓电磁阀的电路是否故障

5. 受电弓的检修与维护

受电弓是主电路系统从接触网取流的重要部件，需对受电弓进行定时检修与维护,按照不同使用的时间和修程进行必要维护与保养,保证受电弓的稳定性,表 10.2-2 为受电弓检修、维护标准与内容。

受电弓检修、维护标准与内容　　　　　表 10.2-2

序号	部件	维修内容
1	受电弓	目检各主要部件、底架、铰链系统无受损、裂纹、缺失、变形的零件或冲击零件; 导流线(包括弓头电流连接组装、肘接电流连接组装、底架电流连接组装)无断裂或松动; 滑板无断裂、裂纹、过度磨损; 支持绝缘子无裂缝、污染或撞痕; 降弓位置指示器上、下感应面无污染; 受电弓应能正常升降,无异响,各转动部件能够自由转动
2	受电弓	碳滑板紧固牢固,无松动现象,表面应规则无缺损,摩擦面应光滑;滑板出现槽纹、刃部有冲击或滑板的碳层根部厚度不大于6~7mm时,更换滑板;碳滑板的碳层上如果出现裂纹,且裂纹上任何点距滑板侧边距离小于10mm或裂纹长度大于100mm时,需更换滑板;弓角磨损偶尔发生,但不是受电弓本身造成的,当弓角或滑板边缘切口严重磨损时,需立即维护接触网; 擦拭干净降弓位置指示器的上、下感应面
3	受电弓	碳滑板和弓头悬挂装置间的连接是否松动,弓头; 悬挂装置和上框架顶管间的连接是否松动;检查弓角是否有开裂现象,更换有裂纹的弓角。按要求检查受电弓转动自由度。 受电弓在任何状态下,导流线都不应被拉紧或与其他部件接触,断股现象超过要求时必须更换。 检查升弓装置钢丝绳是否有断股现象,如有超过1/2股钢丝断裂或钢丝断裂的总根数超过1/2时必须更新钢丝绳。 检查升弓气囊是否有漏气现象,必要时更新。

续表

序号	部件	维修内容
3	受电弓	用酒精擦拭干净降弓位置指示器的绝缘安装板上、下表面及感应器上表面。 导流线单股的 1/2 以上出现断裂或超过整条编织线的 10% 单根断裂现象
4	受电弓	检查受电弓静态接触压力及升降弓时间是否符合设计要求。 使用软布、清洁剂清洁受电弓支持绝缘子全部表面,清洁完毕后绝缘子应干透并发亮,更换有裂纹或碰痕的绝缘子。 检查各接线端和接头的紧固件,必要时紧固,更新。 更换新碳滑板后,需重新调节受电弓静态接触压力。 升弓装置钢丝绳清洁和涂脂。 检查受电弓气路气密性。检查 ADD 自动降弓装置动作性能
5	受电弓	检查受电弓横向变形。 拆卸受电弓: (1)更新受电弓各转动位置的轴承。 (2)更新受电弓各位置导流线(每 3 年左右进行更换)。 (3)更新升弓装置钢丝绳(每 3 年左右进行更换)。 (4)更新升弓装置气囊。 (5)更新弹簧盒(每 3 年左右进行更换)。 (6)更新阻尼器

10.3 高压箱

1. 高压箱的组成

每列车配置高压电器箱,每台高压电器箱包括高速断路器 HB1/HB2、三位置转换开关 BQS、防反二极管 1D01、辅助熔断器 F2/F1、主熔断器 F3/F4、车间电源插座 WXP、控制继电器组件,如图 10.3-1、表 10.3-1。

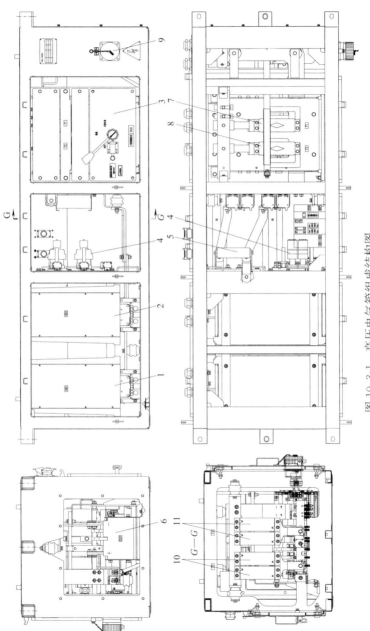

图 10.3-1 高压电气箱组成结构图

高压箱配置表　　　　　　表 10.3-1

序号	术语/缩略语	描述
1	HB1	高速断路器 1
2	HB2	高速断路器 2
3	BQS	三位置转换开关
4	TE7092020100	继电器组件
5	TE6337003100	控制电阻组装
6	1D01	防反二极管 1
7	F1	辅助熔断器 1
8	F2	辅助熔断器 2
9	WXP	车间电源插座
10	F3	主熔断器 3
11	F4	主熔断器 4

2. 高压箱主要技术参数（表 10.3-2）

高压电气箱技术参数　　　　　　表 10.3-2

序号	项点	参数
1	主电路额定输入电压	DC1500V(1000～1800V)
2	额定电流	2×450A
3	高速断路器过流保护整定值	1500A
4	防护等级	IP55
5	控制电路电压	DC110V(77～137.5V)
6	重量	418kg
7	绝缘电压	高压回路(DC1500V)对控制回路、地 AC4800V/50Hz,1min;控制回路(DC110V)对地 AC1500V/50Hz,1min

3. 高压箱功能及原理

(1) 高压电气箱功能（图 10.3-2）

1) 主电路故障保护

图 10.3-2 高压电气箱

当主电路出现严重故障（如主电路电器部件故障、网压或直流电压过压、直流侧电流过流、主电路接地、110V 控制电源失电等）时，传动控制单元（DCU）控制高速断路器断开，以实现主电路的故障保护。同时高速断路器能对检测出的过电流进行快速响应，以实现主电路短路瞬时保护，当辅助母线出现过流时也可以通过熔断器进行保护。

2）主电路的隔离

可通过三位置转换开关对主电路进行隔离，实现车辆在运行位、接地位和车间电源的转换，满足列车在不同情况下的供电需求，确保列车能够正常运行的同时，为列车检修和调试提供便利。

3）车间电源供电

可将三位置转换开关转至"车间电源"位，进行车间电源供电，通常采用的是车间静调电源柜进行供电，通过高压箱车间电源插座进行连接，为列车提供与接触网供电相同的直流 1500V 电。

4）高速断路器

高速断路器是一种直流高速断路器，为机械式单相快速断路器，采用电磁吹弧、电动操作、直接瞬时过流脱扣、间接快速脱扣和空气自然冷却等技术。当主电路电流超过整定值时即进行分断，响应时间极短，在 di/dt 为 $2\times10^6 A/s$ 时，机械响应时间仅

2.8ms，故它以迅速的分断能力和极高的可靠性被广泛使用在地铁车辆上，对车辆核心部件牵引逆变器起到很好的保护作用。

（2）工作原理

高压电器箱主电路如图10.3-3所示。高速直流断路器主要是针对保护牵引机车的主直流电路不受短路电流和过载电流影响而设计，同时它们也可以连接或隔离车载高压电源。

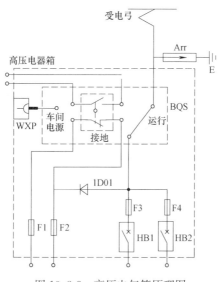

图10.3-3　高压电气箱原理图

高速直流断路器采用空气自然冷却、单极的高速直流断路器，它们具有自由分合、电流双向、自动直接过流瞬时脱扣和电磁吹弧的功能，能够采用电气回路进行控制。

列车投入运行前，应手动将三位置开关BQS置"运行"位，接通相应的牵引电路、辅助电路。列车运行时，给VVVF等设备、SIV等辅助电路的设备供电。

在列车检修时，必须手动将三位转换开关BQS置"接地"位。使高压电路在无电的状态下，可靠接地，避免人身危险。

列车需由车间电源供电时，应手动将三位转换开关BQS置

"车间电源"位,车间电源插座在插入车间电源插头后,将车间电源送入 SIV 等辅助电路的设备,进行辅助系统的调试。

4. 高压箱的检修与维护

(1) 日常维护

在日常检修时需检查高压箱外观状态良好,目视检查紧固件紧固到位,外部电气连接线及插头紧固到位,盖板吊耳固定良好无松动,盖板方孔锁锁闭到位。

(2) 计划性维护

高压电器箱的维修采用计划预防修的大框架,采用以预防性维修为主,以检查和检修相结合的综合维修制度,维修方式包括预防性维修、修复性维修(故障维修)和大修,其中,大修属于预防性维修。预防性维修是计划性定期维修,而修复性维修包括故障维修,如现场抢修、库停抢修、更换、车上直接修复等。维修计划以时间或者公里数为指标,规定预防性维修工作的内容和范围。根据维护计划,组织对部件(子系统和设备)进行规定的预防性维修工作和修复性维修工作。

根据计划性维修计划,高压箱分日检、双周检、半年检和年检及以上修程,每个修程采用不同程度的检修标准,如表 10.3-3 所示,详细检查标准详见检修规程及工艺。

每个修程的检修标准　　　　　表 10.3-3

设备	检修项目	日检	双周检	三月检	年检	检 查 标 准
箱体外观	目测箱门和紧固件	√	√	√	√	柜门无变形掉漆、紧固件紧固良好
	目测柜体外部、安装		√	√	√	外观状态良好,锁闭到位
	目测压力释放孔橡胶	√	√	√	√	压力释放装置完好无破损
	目测对外接口	√	√	√	√	箱体连接插紧固良好,电气线无破损老化
高速断路器	目视检查			√	√	外观及紧固状态良好

续表

设备	检修项目	日检	双周检	三月检	年检	检查标准
三位置开关	目视检查			√	√	外观及紧固状态良好
防反二极管	目视检查			√	√	外观及紧固状态良好
继电器组件	目视检查			√	√	外观及紧固状态良好
电阻组件	目视检查			√	√	外观及紧固状态良好
熔断器组件	目视检查			√	√	外观及紧固状态良好
车间电源插座	目视检查			√	√	外观及紧固状态良好

5. 常见故障分析与处理

高压箱是主电路系统的重要部分，其常见故障包括高速断路器无法闭合及熔断器故障，当发生故障时均会造成列车无法动车或无法升弓，表 10.3-4 为高压箱常见故障及处理方法。

高压箱常见故障及处理方法　　表 10.3-4

序号	故障现象/信息	直接原因	处理方法/测量/测试
1	高速断路器如无法断开或者闭合	高压电器箱控制插头 X1、X3 缩针	检查高压电器箱的控制插头 X1 和 X3 有无缩针，如有则纠正
		高速断路器的线圈电阻故障	测量高速断路器的线圈电阻，正常值为 $14.5\Omega \pm 8\%$，如不符，请更换线圈
		主断允许继电器故障	检查主断允许状态：Mp 车-继电器 HBK1(Mp 车主断允许)，M 车-继电器 HBK3(M 车主断允许)；继电器检查详见其使用手册
		普通整流二极管 V1(Mp 车)、V2(M 车)故障	检查普通整流二极管 V1(Mp 车)、V2(M 车)是否正常；二极管检查详见其使用手册
		主断合继电器故障	检查主断合继电器状态：Mp 车-继电器 HBK2(Mp 车主断合)，M 车-继电器 HBK4(M 车主断合)是否正常；继电器检查详见其使用手册

续表

序号	故障现象/信息	直接原因	处理方法/测量/测试
1	高速断路器如无法断开或者闭合	高速断路器灭弧罩、主触头故障	检查高速断路器灭弧罩、主触头情况,详见其使用手册
			故障排除后,先进行低压测试,高速断路器能正常动作,牵引控制单元有信号显示;再进行高压测试,高压电器箱网压输出正常即可
2	熔断器故障	熔断器电阻值偏大	测量熔断器电阻值,电阻值偏差大于10%就需要更换,电阻值见其使用手册
			故障排除后进行高压测试,高压电器箱网压输出正常即可
3	三位置开关故障	HMI显示三位置开关故障,受电弓无法升起	检查三位置开关是否打到位,并重新操作三位置开关

10.4 牵引逆变器

牵引逆变器空间分布分为前后两部分,前半部分为变流器模块、传动控制单元(DCU)与开关电源板、检测单元和高压电器,后半部分为线路电抗器,详情请参看图10.4-1～图10.4-3。牵引逆变器为主电路系统核心部件,逆变器柜内装有一个IGBT变流器模块,每个模块驱动两个转向架上的4台电动机,该模块集成了6个IGBT元件和2个斩波元件,作为三相逆变器的三相桥臂及过压斩波桥臂,并集成了热管散热器、温度传感器、低感母排、门极控制单元、门极控制电源、脉冲分配单元、支撑电容器等元器件,具有走行风冷、无吸收电路、结构紧凑、体积小等特点。此外,逆变器柜内还装有牵引控制单元(DCU),主要负责控制逆变器并与列车通信,采用直接力矩控制,其特点是动态响应快,控制简洁高效,牵引力变化平稳。

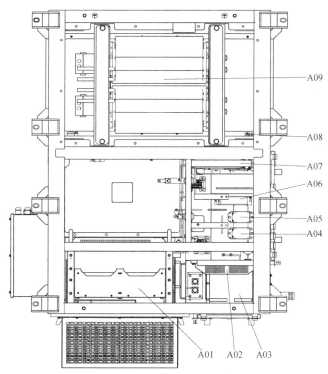

编号	名称	代号	编号	名称	代号
A01	变流器模块	—	A02	传动控制单元	DCU
A03	开关电源板	—	A04	电压传感器	VH1
A05	电压传感器	VH2	A06	充电接触器	KM2
A07	短接接触器	KM1	A08	固定放电电阻	R21+R22
A09	线路电抗器	L			

图 10.4-1 牵引逆变器箱俯视图

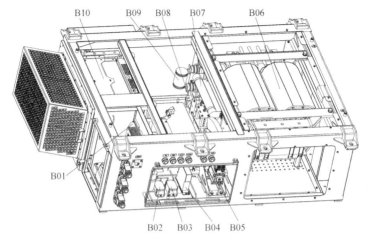

编号	名称	代号	编号	名称	代号
B01	传动控制单元	DCU	B02	电压传感器	VH1
B03	电压传感器	VH2	B04	充电接触器	KM2
B05	短接接触器	KM1	B06	线路电抗器	L
B07	充电电阻	R1	B08	续流组件	R3+V1

图 10.4-2 牵引逆变器内部视图(一)

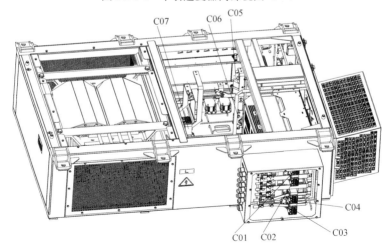

图 10.4-3 牵引逆变器内部视图(二)

编号	名称	代号	编号	名称	代号
C01	电流传感器	LH3	C02	电流传感器	LH4
C03	电流传感器	LH6	C04	电流传感器	LH5
C05	接地电容	CE	C06	电流传感器	LH2
C07	电流传感器	LH1			

图 10.4-3 牵引逆变器内部视图（二）（续）

1. 牵引逆变器主要技术参数（表 10.4-1）

牵引逆变器主要技术参数　　表 10.4-1

序号	项目	参数
1	额定输入电压	DC1500V(1000～1800V)，最高电压 DC 1950V
2	输出电压范围	牵引工况(网压 DC1500V)0～1110V
3		制动工况(网压 DC1500V)0～1170V
4	输出频率	0～150Hz
5	开关频率	500Hz
6	额定输出电流	AC 524A(基波有效值)
7	牵引最大输出电流	AC 740A(基波有效值)
8	制动最大输出电流	980A(基波有效值)
9	外壳防护等级	IP55
10	控制方式	VVVF 直接转矩控制
11	重量	880kg
12	冷却方式	热管走行风冷
13	噪声	≤65dB
14	额定工作点效率	≥0.95
15	制动斩波时开关频率	500Hz
16	制动斩波最大电流	2×700A
17	绝缘电压	高压回路对控制回路、地，AC4800V/50Hz，1min
18		控制回路对地，AC1500V/50Hz，1min

2. 牵引逆变器功能及原理

（1）功能说明

牵引逆变器作为整个交传系统的重要组成部分，它的基本功能是把从直流电源获得的直流电变换成频率和幅值都可调的三相交流电，并给牵引电动机供电。每辆动车上配置一台牵引逆变器，内含一个 IGBT 变流器模块，为 4 台牵引电动机提供三相 VVVF 电源。模块上散热器采用了热管散热技术，走行风冷却。

逆变器控制装置即传动控制单元（DCU），采用"异步电动机直接转矩控制"、"黏着控制"软件和"交流传动模块化设计"硬件，主要完成对 IGBT 逆变器暨交流异步牵引电动机的实时控制、黏着控制、制动斩波控制，同时具备完整的牵引变流系统故障保护功能、模块级的故障自诊断功能和一定程度的故障自复位功能以及部分车辆级控制功能，DCU 是组成列车通信网络的一部分，与多功能机车车辆总线 MVB 接口及通信。

（2）工作原理

逆变器的作用是通过 IGBT 的顺序导通关断，把直流电变换为电压频率可调的三相交流电。

牵引逆变器的三相逆变电路由 6 个带无功反馈的二极管的 IGBT 组成，电路工作时 6 个开关管顺序导通得到需要的电压波形。为了能够驱动逆变器，需要由 DCU 发出控制脉冲，脉冲由通过安装在功率模块上的驱动电路使逆变器工作。DC1500V 直流电通过高速断路器，KM1 短接接触器闭合，当 DC 链接电压达到某一特定数值时，短接接触器 KM1 闭合，而 KM2 延时断开，通过短接接触器 KM1 继续为 DC 链接电路充电。经过线路电抗器时与直流链接电容共同构成线路滤波器，可减少线路电压的瞬变和谐波，稳定逆变单元的输入直流电压，线路电感器也起扼流作用，目的是防止电感器后端在引起接地短路或逆变单元故障产生的瞬间浪涌电流时，起到扼制突变和平顺电流的作用。

牵引逆变器的主电路原理图如图 10.4-4 所示。

传动控制单元 DCU 通过接收司机指令，将司机指令转化为

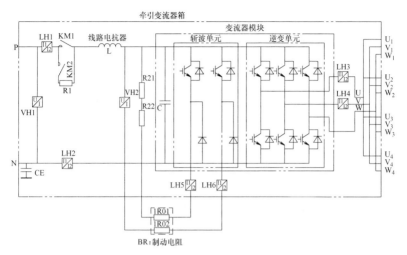

图 10.4-4 牵引逆变器主电路原理图

地铁列车的运行工况。DCU 具有车辆级控制和逆变器级控制的功能。车辆级的控制功能是根据司机指令完成对地铁列车牵引/制动特性控制和逻辑控制，实现对主电路中接触器的通断控制和牵引逆变器的启/停控制，计算列车所需的牵引/电制动力等。逆变器控制级的核心任务是完成对 IGBT 逆变器及交流异步牵引电动机的实时控制、黏着利用控制，同时具备完整的故障保护功能、模块级的故障自诊断功能、故障记录和一定程度的故障自排除功能。

传动控制单元 DCU 具有符合列车通信网络 MVB 通信接口，对外与车辆总线相连，与中央控制单元等形成控制与通信系统，DCU 内部则构成并行总线。同时，当列车控制与诊断系统出现故障时，可用硬线实现紧急牵引功能。DCU 系统控制原理见图 10.4-5。

（3）DCU 板级组件功能介绍

1）主控（DSP）板

DSP 板对外通过 MVB、以太网通信方式与上位机通信，对内与母板通过并行总线方式进行数据交换，PWM 脉冲及反馈、

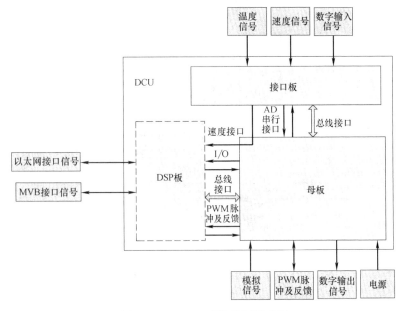

图 10.4-5 DCU 系统控制原理图

故障和跳主断命令通过 IO 方式传输,速度信号通过 IO 方式由母板传给 DSP 板。

其具备的功能有:

① 实时采集外部模拟数字信号,进行分析和计算,发出逆变控制 PWM 脉冲功能,实现电动机的高动态响应;

② 传感器模拟信号 AD 采样值、IGBT 管故障硬件保护功能,可实现软件修改门槛值,故障时快速封锁 PWM 脉冲,发出跳闸命令;

③ 板内具备完备的电源监视和复位功能,可接收外部复位信号复位处理器;

④ 具有 2 路 MVB、1 路 RS485、和 2 路以太网通信接口,并按照标准的通信协议与外部设计通信;

⑤ 能够处理 8 路速度脉冲信号,具有信号滤波、断线检测及速度计算等功能;

⑥ 具有通过以太网监视实时数据,下载应用程序、故障波形和故障日志的功能。

2)母板

母板对外接收传感器模拟信号、电源及 IGBT 故障反馈信号,发送 PWM 脉冲及数字量指令,完成模拟量 AD 采样,PWM 脉冲及反馈信号电平转换,供电电源滤波,负责数据的并行上传,母板与 DSP 板、接口板通过并行总线方式进行数据交换,状态信息通过 IO 通道进行传输。

其具备的功能有:

① 模拟信号均是共地信号,可以是 ±250mA 的电流信号也可以是 ±10V 的电压信号;

② 母板具备 16 路 PWM 脉冲、16 路故障反馈信号 24V 与 5V 电平转换的功能;

③ 板内具备 8 路 MOS 管方式数字输出和 4 路继电器方式数字输出的功能;

④ 板内具有数字逻辑单元,完成总线访问、串行接口解码及故障封锁脉冲并发出跳闸指令等功能。

3)接口板

接口板对外接收温度信号、速度信号以及数字量输入信号,完成温度、速度信号和数字量输入信号的隔离处理,数据并行/串行上传给母板。

① 板内具有至少 4 路温度信号处理电路,并向温度传感提供恒流源;

② 接口板具备 8 路速度脉冲隔离、电平转换的功能,并向速度传感器提供 15V 电源;

③ 板内具备 16 路 110V 数字量输入电路处理功能。

3. 牵引逆变器主要组成及作用

(1)接触器

接触器包括短接接触器(KM1)(图 10.4-6)和充电接触器(KM2)(图 10.4-7),当 DC 链接电压达到某一特定数值时,短接接触器（KM1）闭合，而（KM2）延时断开，通过短接接触器（KM1）继续为 DC 链接电路充电。

图 10.4-6　短接接触器（KM1）　　图 10.4-7　充电接触器（KM2）

（2）电抗器

线路电抗器（图 10.4-8）与直流链接电容共同构成线路滤波器，减少线路电压的瞬变和谐波，稳定逆变单元的输入直流电压，线路电感器也起扼流作用，目的是防止电感器后端在引起接地短路或逆变单元故障产生的瞬间浪涌电流时，起到扼制突变和平顺电流的作用。

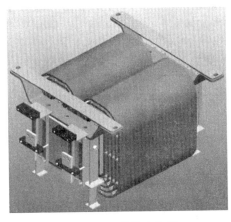

图 10.4-8　线路电抗器

(3) 电压传感器（图 10.4-9）

VH1 线电压传感器，线电压传感器用于在线路接触器前监控线路输入电压，应该于 1000~1800V 的正常工作电压范围内。电压传感器是一种将被测电量参数转换成直流电流、直流电压并隔离输出模拟信号或数字信号的装置。电压传感器用于测量电网中波形畸变较严重的电压或电流信号，也可以测量方波，三角波等非正弦波形。

(4) 变流器模块

VVVF 逆变器（图 10.4-10）由三相桥臂功率开关元件构成，采用 IGBT 模块，由脉冲信号触发导通。VVVF 逆变器在输出端提供频率、幅值可调的三相交流电压，从而可以持续改变连接牵引电动机的转速和扭矩输入，运行模式分为：牵引运行和电制动运行（再生制动）。牵引运行时牵引电动机作为电动机，将电能转化为列车前进所需的动能，再生制动运行时牵引电动机作为发电机，将列车运动的动能转化为电能反馈回电网。

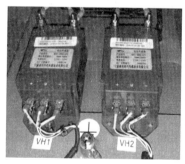

图 10.4-9　电压传感器

图 10.4-10　VVVF 逆变器

(5) 制动斩波单元

电阻制动回路的功能：①列车进行电制动时，牵引电动机作为发电机，将列车前进的动能转化为电能。当网压没有达到限定保护值（1870V）时，可以通过 VVVF 逆变器将电能反馈回电网进行再生制动。当网压达到限定保护值无法吸收再生能量时，通过时钟控制轮流导通/分断两个制动斩波相，将制动电阻连接到 DC 链接电压，牵引电动机产生的电能转化为制动电阻的热能散发掉。②制动回路可以在列车停机后对牵引逆变器 DC 链接电容的高压进行快速放电。

斩波单元由 IGBT 斩波元件与制动电阻组成。两个 IGBT 斩波元件与逆变单元集成在一起，组成牵引逆变器 IGBT 模块。再生制动时，若电容两端电压上升至一定值（1870V）时，触发 IGBT 斩波元件，进入电阻制动，调节斩波模块开关元件导通角，将电容两端电压稳定在一定的电压值，此时为再生和电阻混合制动，若电容两端电压或电网电压回落，1800V 时关闭斩波回路，则由电阻制动转换为再生制动。牵引或制动工况时，通过触发斩波模块导通，能抑制因空转或跳弓等原因引起的瞬时过电压。

图 10.4-11　电流传感器

(6) 差动电流传感器

差动电流传感器（图 10.4-11），LH1 为输入线电流传感器，LH2 为回路电流传感器，起到接地故障差动电流检测的作用。理论上两个传感器测得的电流值应该相等，当牵引逆变器控制单元 DCU 监控到两个电流差值超过某一特定数值时（50A），就认为发生了接地故障，从而关断并封锁牵引逆变器。

(7) 充电放电单元

充电电阻在预充电过程中起到限流平稳充电的作用，电容器充电放电单元由接触器（KM1、KM2）、充电电阻（R1）、固定放电电阻（R21/R22）组成，用于主电路支撑电容器（C）的充放电。当列车牵引准备好，主电路外部高速断路器闭合后，闭合充电接触器 KM2，电网电源通过充电电阻 R1 给支撑电容 C 充电,当电容电压在一定时间且上升到一定值时,线路接触器 KM1 闭合,电容充电完成。当主电路停止工作时,通过斩波回路将支撑电容器 C 的电荷通过制动电阻快速释放,放电时间小于 2s;当斩波回路或制动电阻出现问题或者电源断电,支撑电容也可通过并联的固定电阻 R21/R22 进行放电,放电时间小于 5min。固定放电电阻取值根据电容取值确定,满足放电到安全电压的放电时间要求,充电电阻见图 10.4-12。

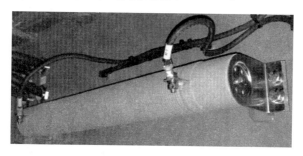

图 10.4-12 充电电阻

4. 牵引逆变器的检修与维护

(1) 日常维护

在日常检修时,需检查高压箱外观状态是否良好,目视检查紧固件紧固是否到位,外部电气连接线及插头紧固是否到位,盖板吊耳固定是否良好无松动,盖板方孔锁锁闭是否到位。

(2) 计划性维护

牵引逆变器箱的维修采用计划预防修的大框架,采用以预防性维修为主,以检查和检修相结合的综合维修制度,维修方式包括预防性维修、修复性维修(故障维修)和大修,其中,大修属于预防性维修。预防性维修是计划性定期维修,而修复性维修包括故障维修,如现场抢修、库停抢修、更换、车上直接修复等。维修计划以时间或者公里数为指标规定了预防性维修工作的内容和范围。根据维护计划,组织对部件(子系统和设备)进行规定的预防性维修工作和修复性维修工作。

根据计划性维修计划,牵引逆变器箱分日检、双周检、半年检和年检及以上修程,每个修程采用不同程度的检修标准,如表10.4-2所示,详细检查标准详见检修规程及工艺。

每个修程的检修标准　　　　　　　　表 10.4-2

设备	检修项目	日检	双周检	三月检	年检	检查标准
牵引逆变器柜	目测箱门和紧固件	√	√	√	√	柜门无变形掉漆、紧固件紧固良好
牵引逆变器柜	目测柜体外部、安装	√	√	√	√	外观状态良好,锁闭到位
牵引逆变器柜	目测对外接口	√	√	√	√	箱体连接插紧固良好,电气线无破损老化
模块散热器护罩	目视检查			√	√	外观及紧固状态良好
线路电抗器	目视检查			√	√	外观及紧固状态良好
牵引逆变器控制插头	目视检查			√	√	插头外观良好,连接紧固
牵引逆变器密封条	目视检查			√	√	
固定放电电阻	目视检查				√	
充电电阻	目视检查				√	
模块支撑电容	目视检查				√	
短接接触器	目视检查			√	√	
充电接触器	目视检查			√	√	
电缆、电缆夹紧件	目视检查			√	√	
变流器模块	目视检查				√	
传动控制单元与开关电源板	目视检查			√	√	

5. 常见故障分析及处理

逆变器设置有完善的故障保护功能，当故障发生时 DCU 能迅速做出反应，对故障进行处理或隔离，保护设备不受危害，并使故障能控制在有限范围之内，确保故障不会进一步扩大或失控，为车辆的安全和可靠运行提供有力的保证。DCU 根据故障对列车运营和对牵引系统功能的影响，对故障实行等级分类，并设置不同的复位条件，详见表 10.4-3。"DCU 自动复位"是指故障消失后，DCU 自动清除故障并重新投入工作；"手动复位"指故障发生后，DCU 会锁定故障直至司机按"复位"按钮，故障消失且通过"复位"按钮清除故障后，DCU 重新投入工作；"不可复位"/隔离是指故障发生后 DCU 会一直锁定故障，断电复位才能清除。

常见故障分析与处理 表 10.4-3

序号	故障现象/信息	直接原因	处理方法/测量/测试
1	发出充电合命令且检测充电接触器为断开状态；发出跳开短接接触器和充电接触器指令并封锁模块脉冲	充电接触器卡分故障	需硬线复位，检查充电接触器或外部线路
2	发出充电分命令且检测充电接触器为闭合状态；发出跳开短接接触器和充电接触器指令并封锁模块脉冲	充电接触器卡合故障	需硬线复位，检查充电接触器或外部线路
3	发出短接合命令且检测短接接触器为断开状态；发出跳开短接接触器和充电接触器指令并封锁模块脉冲	短接接触器卡分故障	需硬线复位，检查短接接触器或外部线路
4	发出短接分命令且检测短接接触器为闭合状态；发出跳开高速断路器、跳开短接接触器和充电接触器指令并封锁模块脉冲	短接接触器卡合故障	需硬线复位，检查短接接触器或外部线路

续表

序号	故障现象/信息	直接原因	处理方法/测量/测试
5	高速断路器闭合后,主断线圈未减载信号为高电平;跳开高速断路器、跳开短接接触器和充电接触器、封锁模块脉冲	主断线圈未减载	需硬线复位,检查高速断路器或外部线路
6	电网电压检测网压值大于2500V;跳开高速断路器、跳开短接接触器和充电接触器、封锁模块脉冲	网压过压2	需硬线复位
7	网压值大于2000V;封锁模块脉冲	网压过压1	网压值小于1900V后,DCU自动复位
8	中间电压值大于2100V;跳开高速断路器、跳开短接接触器和充电接触器、封锁模块脉冲	中间电压过压2	需硬线复位
9	中间电压值大于2100V;封锁模块脉冲	中间电压过压1	中间电压值小于1900V后,DCU自动复位
10	主断闭合后,检测网压小于1000V;跳开短接接触器和充电接触器、封锁模块脉冲	网压欠压	网压值大于1050V后,DCU自动复位
11	主断闭合后,检测中间电压小于1000V;跳开短接接触器和充电接触器、封锁模块脉冲	中间电压欠压	中间电压值大于1050V后,DCU自动复位
12	发出充电命令且充电状态反馈闭合状态后,检测直流电压小于网压的85%;跳开短接接触器和充电接触器、封锁模块脉冲	充电不良故障	需硬线复位;检查充电回路和充电电阻或外部线路

续表

序号	故障现象/信息	直接原因	处理方法/测量/测试
13	检测本车综合速度大于80km/h;封锁牵引力	超速报警	检测本车综合速度小于78km/h(暂定)后,DCU自动复位
14	中间电流瞬时值大于1350A;跳开高速断路器、跳开短接接触器和充电接触器、封锁模块脉冲	中间电流过流	需硬线复位
15	逆变输出相电流瞬时值大于2050A;封锁模块脉冲	逆变过流	3次之内DCU自动延时复位,超过3次需要硬线复位
16	斩波电流1瞬时值大于850A;跳开高速断路器、跳开短接接触器和充电接触器、封锁模块脉冲	斩波1过流	需硬线复位
17	斩波电流2瞬时值大于850A;跳开高速断路器、跳开短接接触器和充电接触器、封锁模块脉冲	斩波2过流	需硬线复位
18	检测到"模块过热"信号有效状态;封锁模块脉冲	模块过热	检测到"模块1过热"信号无效,DCU自动复位
19	开通斩波而未检测到斩波电流	斩波无流	检查传感器、斩波回路
20	未开通斩波而检测到有斩波电流	未斩有流	检查传感器、斩波回路
21	软件判断制动电阻温度超温;封锁电制动,禁止斩波	软件判断制动电阻超温	检查制动电阻或外部线路
22	检测到制动电阻风压异常信号为高电平;封锁电制动,禁止斩波	制动电阻风压异常	检查制动电阻或外部线路

续表

序号	故障现象/信息	直接原因	处理方法/测量/测试
23	模块 A 相上管 IGBT 元件故障;跳开高速断路器、跳开短接接触器和充电接触器、封锁模块脉冲	模块 A 相上管故障	需硬线复位;检查相应模块和脉冲分配板是否正常
24	模块 A 相下管 IGBT 元件故障;跳开高速断路器、跳开短接接触器和充电接触器、封锁模块脉冲	模块 A 相下管故障	需硬线复位;检查相应模块和脉冲分配板是否正常
25	模块 B 相上管 IGBT 元件故障;跳开高速断路器、跳开短接接触器和充电接触器、封锁模块脉冲	模块 B 相上管故障	需硬线复位;检查相应模块和脉冲分配板是否正常
26	模块 B 相下管 IGBT 元件故障;跳开高速断路器、跳开短接接触器和充电接触器、封锁模块脉冲	模块 B 相下管故障	需硬线复位;检查相应模块和脉冲分配板是否正常
27	模块 C 相上管 IGBT 元件故障;跳开高速断路器、跳开短接接触器和充电接触器、封锁模块脉冲	模块 C 相上管故障	需硬线复位;检查相应模块和脉冲分配板是否正常
28	模块 C 相下管 IGBT 元件故障;跳开高速断路器、跳开短接接触器和充电接触器、封锁模块脉冲	模块 C 相下管故障	需硬线复位;检查相应模块和脉冲分配板是否正常
29	模块斩波元件 1 故障;跳开高速断路器、跳开短接接触器和充电接触器、封锁模块脉冲	模块斩波管 1 故障	需硬线复位;检查相应模块是否正常
30	模块斩波元件 2 故障;跳开高速断路器、跳开短接接触器和充电接触器、封锁模块脉冲	模块斩波管 2 故障	需硬线复位;检查相应模块是否正常

续表

序号	故障现象/信息	直接原因	处理方法/测量/测试
31	模块管故障状态与模块总故障状态同时存在	模块元件总故障	需硬线复位;检查相应模块是否正常
32	1轴速度信号异常超过一定时间;报警	速度传感器1故障	故障后,DCU自动复位;检查相应速度传感器或外部线路
33	2轴速度信号异常超过一定时间;报警	速度传感器2故障	故障后,DCU自动复位;检查相应速度传感器或外部线路
34	3轴速度信号异常超过一定时间;报警	速度传感器3故障	故障后,DCU自动复位;检查相应速度传感器或外部线路
35	4轴速度信号异常超过一定时间;报警	速度传感器4故障	故障后,DCU自动复位;检查相应速度传感器或外部线路
36	检测电动机1,温度值大于180℃;封锁模块脉冲	1号电动机超温保护	检测电动机1,温度值小于160℃后,DCU自动复位;检查相应温度传感器或外部线路
37	检测电动机2,温度值大于180℃;封锁模块脉冲	2号电动机超温保护	检测电动机2,温度值小于160℃后,DCU自动复位;检查相应温度传感器或外部线路
38	检测电动机3,温度值大于180℃;封锁模块脉冲	3号电动机超温保护	检测电动机3,温度值小于160℃后,DCU自动复位;检查相应温度传感器或外部线路
39	检测电动机4,温度值大于180℃;封锁模块脉冲	4号电动机超温保护	检测电动机4,温度值小于160℃后,DCU自动复位;检查相应温度传感器或外部线路
40	检测到的电动机1,温度值超过220℃,或低于−50℃;报警	电动机温度传感器1故障	故障后,DCU自动复位;检查相应温度传感器或外部线路
41	检测到的电动机2,温度值超过220℃,或低于−50℃;报警	电动机温度传感器2故障	故障后,DCU自动复位;检查相应温度传感器或外部线路
42	检测到的电动机3,温度值超过220℃,或低于−50℃;报警	电动机温度传感器3故障	故障后,DCU自动复位;检查相应温度传感器或外部线路

续表

序号	故障现象/信息	直接原因	处理方法/测量/测试
43	检测到的电动机4,温度值超过220℃,或低于−50℃;报警	电动机温度传感器4故障	故障后,DCU自动复位;检查相应温度传感器或外部线路
44	合短接接触器后,检测直流电压与网压值相差50V(暂定);报警	电压传感器故障	DCU自动复位;检查网压和中间电压传感器或外部线路
45	撤销"主断允许"且检测到主断状态反馈为闭合;报警	高速断路器卡合	检查高速断路器或外部线路
46	发出合主断命令后,检测到主断状态为断开;报警	高速断路器卡分	检查高速断路器或外部线路

10.5 制动电阻

1. 制动电阻的组成

制动电阻通过两根纵梁托挂在车辆底架的横梁上。本制动电阻主要由电阻单元A、电阻单元B、铜母排、构架组件、风压继电器、斜流风机和排风罩等部分组成,如图10.5-1和图10.5-2所示。配置说明见表10.5-1。

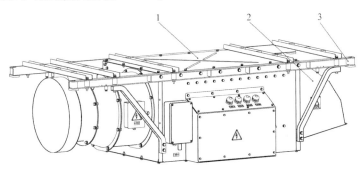

图10.5-1 制动电阻外形结构图

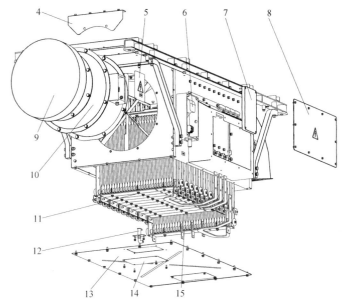

图 10.5-2 制动电阻爆炸图

制动电阻配置　　　　　　　　　表 10.5-1

序号	名称	数量
1	顶板	1
2	排风罩	1
3	构架组件	1
4	风机吊装板	1
5	风机接线盒盖板	1
6	风压继电器	1
7	控制盒盖板	1
8	电器盒盖板	1
9	风机网罩	1
10	风机	1
11	电阻单元 B	11

10 主电路系统

续表

序号	名称	数量
12	气嘴	1
13	底板	1
14	气嘴观察口盖板	1
15	电阻单元A	1

电阻单元安装在不锈钢制成的构架内。电阻单元上安装有滚轮，利用滚轮可以将电阻单元沿导轨推入构架。导轨与构架间通过绝缘子连接，这样保证了电阻单元和构架的绝缘。

风机安装在构架的前端，为电阻单元提供冷却空气，风机网罩阻止风机吸入异物。排风罩安装在构架的后端，为冷却电阻单元的空气提供出口。

制动电阻上安装有风压检测装置，可以保护制动电阻。当风机工作中出现失风现象时，风压检测装置向系统发出风机故障信号。

2. 制动电阻主要技术参数（表10.5-2）

制动电阻主要技术参数　　　表10.5-2

序号	项点	参数
1	额定电阻值(20℃)	BR01,BR02 = $3(1\pm5\%)\Omega$
2	额定工况下最大阻值	BR01,BR02≤3.75Ω
3	额定工作电压	DC 1800V
4	最高工作电压	DC 1950V
5	电阻带材质	镍铬合金带
6	电阻带最高工作温度	≤640℃
7	负荷条件	单路电阻850kW持续运行1.4s,然后在23s内成线性下降至0
8	工作制	断续制(24.4s,ON,85.6s,OFF,周期110s)
9	额定平均功率	2×100kW

续表

序号	项　点	参　数
10	最大功率	2×850kW
11	冷却方式	强迫风冷
12	重量	350 (1±2%)kg
13	风机型号	TJZ460-1FA
14	风机流量	1.7m³/s
15	风机风压	320Pa
16	风机转速	1450 转/min
17	风机噪声值(声压级)	≤83dB(A)
18	风机动平衡	风机平衡品质等级 G2.5
19	风机振动量	振动位移≤2.8mm/s
20	风机防护等级	IP20
21	电动机型号	M2QA90S4A-W
22	电动机工作电压	380VAC±5%,50Hz
23	电动机额定功率	1.1kW
24	电动机满负荷输入功率	1.8kVA
25	电动机满载电流	2.75A
26	电动机启动电流	13A
27	电动机功率因数	>0.77
28	电动机效率	>79%
29	电动机绝缘等级	H
30	电动机温升等级	B
31	电动机级数	4级
32	电动机防护等级	IP55
33	电动机 dv/dt 承受能力	能承受 1000V/μs 的 dv/dt
34	电动机 di/dt 承受能力	能承受 200A/μs 的 di/dt

续表

序号	项 点	参 数
35	电动机绝缘耐压	2500V/50Hz,1min
36	电动机绝缘电阻	不小于50MΩ,500V兆欧表
37	电动机冷却方式	强迫风冷,电动机轴端自带叶片
38	电动机工作制	S1

3. 制动电阻功能及原理

（1）功能说明

车辆在下坡或者其他需要减速的场合，车上的电动机停止从电网获取电能，电动机成为发电机，在发电的过程中电动机会产生反力矩促使列车减速，产生的电能在电网不能吸收的情况下由制动电阻转变为热能耗散。车辆在运行的过程中有时会遇到直流电压上升的情况，为了防止直流电压上升超过允许范围，需要利用制动电阻的开通来降低相应的过电压。

（2）工作原理

车辆在下坡或者其他需要减速的场合进行在制动过程中，牵引逆变器将足量的机车减速能量变为电能馈送电网，逆变器只提供电网有能力吸收的能量。如果电气动力制动过程中（此时电动机成为发电机），在发电的过程中电动机会产生反力矩，促使列车减速，由牵引电动机产生的电能超过接触网吸收电压值不能被电网吸收，电流就流过制动电阻转换成热能，利用通风机冷却制动电阻，将热能耗散在空气中。本制动电阻电气原理图如图10.5-3所示，每个制动电阻由两条支路的电阻段组成：BR01（CH1-CHn1）和BR02（CH2-CHn2），每个支路的电阻段由6个电阻单元串联组成，电阻单元之间利用铜母排连接。电制动时每个支路的电阻段作为独立的能量吸收回路。

4. 常见故障分析与处理

制动电阻常见故障主要包括如电流中断、电阻元件短路、风压继电器发出警示信号等，当故障发生时可参照表10.5-3方法进行初步分析及处理。

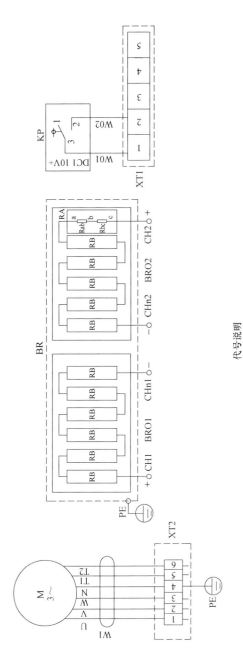

图 10.5-3 电阻电气原理图

10 主电路系统

常见故障分析与处理　　　　　表 10.5-3

序号	故障现象/信息	直接原因	处理方法/测量/测试
1	电流中断	制动电阻过热导致一个或几个电阻元件失效	清理所有碎屑(如果出风筒部分被堵)。检查风机工作是否正常；更换损坏的电阻元件
		可能电阻元件之间连接故障	更换损坏的电阻元件；检查其他可能过热的连接处,如果仍可以使用,清洁该处并更换螺栓等,按正确的扭矩拧紧
2	主电路接地	一或多个绝缘子损坏	检查绝缘子是否污染和破损。更换破损的绝缘子,检查绝缘电阻
3	电阻元件短路	风道阻塞或部分阻塞导致电阻过热	检查、清理阻塞物
		电阻过载或超过设计额定值	核实工作循环没有超过额定值
		无风/风机失效	检查风机功能,确认转动自如,确认风机叶片角度正确。接电检查风机是否转动正常
4	元件间绝缘闪络	元件之间绝缘损坏,过热(电阻元件变形)或受到污染	如果只是受到污染,清洁并确认绝缘电阻达到要求值如果电阻元件变形严重,则更换该元件
5	元件或连接对地闪络	有碎屑污染或绝缘损坏	去掉污染物,更换损坏的绝缘子
		外壳损坏导致电气间隙大大减小	修复损坏的外壳,若不能修复则更换
6	风压继电器发出警示信号	风压过低	检查是否有物体阻塞风机网罩,去掉阻塞物

10.6 牵引电动机

1. 牵引电动机概述及组成

牵引电动机作为驱动列车和产生制动力的动力来源，采用的是三相鼠笼式异步牵引电动机，每节动车布置四台牵引电动机，牵引电动机采用的是型号为 YJ260B 的由 VVVF 逆变器控制的架承式（全悬挂）牵引电动机（图 10.6-1）。

图 10.6-1 牵引电动机

牵引电动机主要由定子、转子、轴承、传感器、风扇、轴承端盖、滤尘器等组成。

2. 技术参数

(1) 类型三相鼠笼式异步牵引电动机；
(2) 通风方式自通风；
(3) 安装方式架悬式安装；
(4) 额定功率（kW）：190；
(5) 额定电压（V）：1030；
(6) 额定电流（A）：129；
(7) 额定转矩（N·m）：1002；
(8) 额定转速（r/min）：1810；
(9) 最高转速（r/min）：3686r/min；

(10) 额定频率（Hz）：60.9；

(11) 额定效率（%）：92.8%；

(12) 额定功率因数：0.87；

(13) 绝缘等级：200级。

3. 牵引电动机结构特征（图10.6-2）

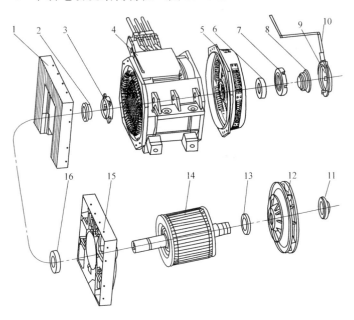

图10.6-2 牵引电动机构造图

1—滤尘器；2—后外封环；3—后外轴承盖；4—定子装配；5—前端盖；
6—球轴承；7—前外轴承盖；8—测速齿轮；9—齿轮罩；
10—速度传感器；11—前内封环；12—风扇；13—风扇座；
14—转子装配；15—传动端端盖；16—圆柱滚子轴承

(1) 定子（表10.6-1）

定子机座采用全叠片焊接结构。定子绕组采用200级绝缘体系。铁芯线圈组装后进行真空压力浸漆及旋转烘焙。定子铁芯采取后退槽设计，在槽口留有通风空间以增强冷却效果，绕组端部由钢制端箍支撑以防止振动。接线盒位于定子机座上部，牵引逆变器和牵引电动机通过接线盒进行电连接。同时定子表面安装有温度传感器,用于检测牵引电动机温度。

定子　　　　　　　　　　　表 10.6-1

定子	定子铁芯	由厚度为 0.5mm 的硅钢片内圆上有均匀分布的槽,其作用是嵌定三相绕组 AX、BY、CZ
	定子绕组	三组用漆包线绕制好的,对称地嵌入定子铁芯槽内的相同的线圈。这三相绕组可接成星形或三角形
	机座	机座用铸铁或铸钢制成,其作用是固定铁芯和绕组

(2) 转子(图 10.6-3、表 10.6-2)

转子铁芯采用高导磁率、低损耗的冷轧硅钢片冲制,转轴采用优质合金钢加工而成,转子的动平衡试验要求达到 ISO1940 的 G1.5 级。

图 10.6-3　转子结构

转子　　　　　　　　　　　表 10.6-2

转子	转子铁芯	由厚度为 0.5mm 的,相互绝缘的硅钢片叠成,硅钢片外圆上有均匀分布的槽,其作用是嵌放转子三相绕组
	转子绕组	鼠笼式——鼠笼式异步电动机
	转轴	转轴上加机械负载

(3) 轴承

传动端轴承为绝缘圆柱滚子轴承,非传动端轴承为绝缘球轴承。轴承用于固定定子并引导轴承转动,减少轴与端盖之间的摩擦,提高电动机工作效率,牵引电动机轴承见图 10.6-4。

图 10.6-4　牵引电动机轴承

4. 牵引电动机工作原理

定子通过三相交流电后,在气隙中产生以同步速度旋转的磁场,该磁场切割转子导条后产生感应电流,带电的转子导条处于气隙旋转磁场中,产生电动力,使转子朝着定子旋转的同一方向转动。由于转子导条中的电流是因转子导条切割由定子产生的气隙磁场才有的,所以转子的转速只能低于气隙旋转磁场的同步转速,永远不可能达到同步。

如图 10.6-5 所示,当磁铁旋转时,磁感线切割闭合的导体,磁感线与闭合的导体发生相对运动,鼠笼式导体切割磁力线而在其内部产生感应电动势和感应电流。感应电流又使导体受到一个电磁力的作用,于是导体就沿磁铁的旋转方向转动起来,这就是异步电动机的基本原理。

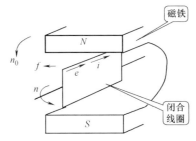

图 10.6-5　电动机工作原理

5. 常见故障分析及处理

牵引电动机常见故障包括异响、过热、漏油等现象,表

10.6-3 为常见故障及处理办法。

常见故障及处理方法　　　表 10.6-3

故障内容	可能故障点	原因	处理方法
异响	轴承	裂纹、生锈和轴承损	更换新轴承
异响	转子	异物进入气隙	抽出转子并观察，检查是否有异物进入电动机
过热	转子、定子	通风不畅	(1)检查转子通风孔是否被灰尘堵塞。 (2)检查电动机内部是否有灰尘沉积。 (3)检查进风孔和出风孔是否被灰尘堵
过热	轴承	过载	检查列车是否超负荷运行
振动	转子	转子不平衡	抽出转子并观察，检查转轴是否弯曲，检查平衡块是否正确安装。校正平衡
振动	轴承	裂纹、生锈和轴承损伤、装配故障	检查各部件的装配尺寸是否正确检查轴承部件是否正常
绝缘击穿	定子绕组	短路	(1)检查绝缘是否破损。 (2)检查线圈绑扎部分是否安全固定无松动。 (3)检查绝缘强度正常更新短路部分绝缘
漏油	轴承	润滑脂过量	检查润滑脂加入量是否正确

10.7　接地装置

　　动车的每个传动轴上安装一个接地装置，共四套接地装置，每辆拖车配置2套。接地装置保证列车接地电路及车体接地良好，其通流能力与主回路参数相匹配，且不会造成车辆轴承的电蚀。接地装置采用恒力弹簧压紧金属碳电刷的方式，保证电刷的接触压力在整个使用范围内保持不变,接地电刷磨耗量合理。接地装置每年需打开检查碳刷表面状态,且碳滑块磨耗不应超过距离刻度线 3mm 的位置,否则更换碳滑块,并将表面碳粉清理干净,以达到发挥其最佳状态的目的,图 10.7-1 为接地装置安装,图 10.7-2 为接地装置。

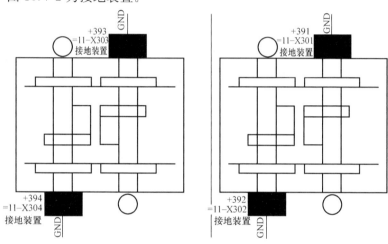

图 10.7-1　接地装置安装

图 10.7-2　接地装置

主要参数:

1. 额定电流:600A。
2. 最大电流:900ARMS/1h。

3. 最大电流值及其持续时间：10000ARMS/100ms；27000ARMS/20μs。

4. 电刷磨损量：1～1.5mm/100000km。

5. 电刷磨耗长度：20mm。

10.8 避雷器

避雷器如图 10.8-1 所示，用于由于雷电等因素产生的电网过压保护，防止主电路系统因过压而被损害。避雷器由接触网通过受电弓接地，当在正常工作电压值时，避雷器相当于绝缘体，除了少量的泄漏电流流过避雷器外，电流都流入车辆的牵引与辅助设备；当由于雷电等因素导致电网电压急剧升高到一定值时，避雷器就会被击穿，成为导体，将电流引入大地，从而达到保护车辆设备的目的。

图 10.8-1 避雷器

11 辅助供电系统

地铁列车辅助供电系统主要为除牵引系统以外的所有用电系统供电,其供电的主要负载有:列车空调系统、客室照明系统、设备通风冷却系统、列车控制系统、蓄电池的充电等。整个辅助供电系统由辅助逆变器、电压转换器、蓄电池等部件组成,它的工作状态正常与否直接影响列车的功能。特别是当数辆车发生辅助电路故障时将导致列车的运行故障,甚至造成整条线路运行中断。因此电动列车辅助供电对保障整个地铁运营系统高效、可靠、安全的运行体系是极其重要的。

11.1 概述

辅助系统是城轨车辆上的一个必不可少的电气部分,它可为列车空调、通风机、空压机、蓄电池充电器及照明等辅助设备提供供电电源。目前世界上在城市轨道车辆辅助系统中大都采用绝缘栅双极型晶体管 IGBT 模块来构成。近年来,在大部分地铁项目中,列车编组采用四动两拖。辅助电源系统的运行独立于牵引系统,两台辅助逆变器都直接由接触网通过受电弓供电或通过库用电源供电。

蓄电池箱安装在车底架的左右两侧,蓄电池箱分为蓄电池箱 1 和蓄电池箱 2,箱体采用边梁悬挂安装模式,蓄电池箱带有温度传感器及外挂熔断器箱,两组蓄电池并联。

11.2 辅助系统的基本功能及主要组成部分

辅助电源系统是指除为牵引动力系统之外的所有需要用电

力的负载设备提供电能的系统，包括辅助供电系统和蓄电池系统。

辅助电源系统的电力主要来自牵引供电接触网（或第三轨），经受电弓（或集电靴）进入列车；当电力不来自牵引供电接触网（或第三轨）时，采用外接电源（例如车间电源）或者蓄电池供电。

辅助电源系统的负载设备主要包括：牵引逆变器冷却风扇，辅助逆变器冷却风扇，空气压缩机，空调及各种电动阀门、继电器、接触器，头灯、车厢照明及各种服务性电气设备，以及蓄电池充电机等等。此外，辅助系统还须为列车控制系统提供不间断的电源。所以说，辅助电源系统是与牵引动力系统同等重要的系统。

采用动力分散型的城市轨道车辆一般都按列车每个单元组成一个辅助系统，由辅助逆变装置分别向各车厢的负载提供交流电。

辅助系统主要有下述三部分：

（1）逆变部分：辅助用电设貌岸备大都需要三相 50Hz，380V/220V 交流电源，因而首先要将波动的直流网压逆变为恒压恒频的三相交流电。

（2）变压器隔离部分：为了安全必须将电网上的高压与低压用电设备，尤其是常常需要人工操作的控制电源的设备，在电气电位上实现隔离。通常采用变压器进行电气隔离，同时也可通过设计不同的匝比以满足电压值的需要。

（3）直流电源（兼作蓄电池充电器）：车辆上各控制电器都由直流电源 DC/DC 供电。车辆上蓄电池为紧急用电所需，所以 DC110V 控制电源同时也是蓄电池的充电器。

上述三部分构成完整的辅助供电系统。

列车辅助逆变器的工作原理与牵引逆变器是一致的，只是辅助系统的供电的频率及幅值是固定的，其控制相对主逆变器来说较为简单。表 11.2-1 是不同项目的辅助系统的对比。

从表内可看出国内地铁行业已逐渐规范化，辅助系统普遍采用交流输出 AC380V、直流输出 DC110V 的模式。

不同项目的辅助系统对比　　　　　表 11.2-1

序号	交流供电	直流供电	辅助逆变器冷却类型	辅助逆变器效率	蓄电池类型	蓄电池容量
1	AC380V、AC220V	DC110V	强迫风冷	>90%	镍镉碱性电池	140Ah
2	AC380V、AC220V	DC110V	强迫风冷	>90%	镍镉碱性电池	160Ah
3	AC400V、AC230V	DC110V	水循环热交换强迫风冷	>96%	镍镉碱性电池	140Ah

1. 6 节编组的 380V 交流供电

辅助系统按不同车型分为三种供电方式：交叉供电、并网供电、扩展供电。本章主要针对四动两拖编组中的扩展供电模式为例作为介绍。

每台逆变器有一组三相 50Hz 交流 380V 的输出。如果一个辅助逆变器发生故障，则列车将自动进入扩展供电模式，此时除空调压缩机制冷能力减半外，其他交流供电不受影响。列车上所有交流负载都从 AC380V 列车的交流母线得到电源。

(1) Tc 车的交流负载设备

1) 空调单元 1；

2) 空调单元 2；

3) 司机室通风；

4) 方便插座。

(2) Mp 车的交流负载设备

1) 空调单元 1；

2) 空调单元 2；

3) 牵引风机；

4) 制动电阻通风机；

5) 方便插座。

(3) M 车的交流负载设备

1) 空调单元 1；

2) 空调单元 2；

3) 牵引风机；

4) 制动电阻通风机；
5) 空气压缩机；
6) 方便插座。

（4）辅助逆变器故障对列车供电影响

1) 一台辅助逆变器故障

如果一个辅助逆变器发生故障，故障逆变器将通过切断对应的交流输出接触器来使故障逆变器与列车三相母线隔离，则列车将自动进入扩展供电模式，此时除空调压缩机制冷能力减半外，其他交流供电不受影响。

扩展供电电路原理如图 11.2-1 所示。

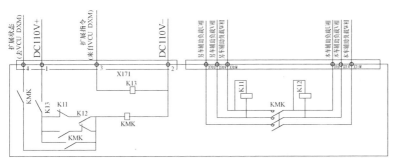

图 11.2-1　扩展供电电路

K11 和 K12 为交流接触器，正常两端 SIV 有输出时候，KMK 断开状态，当任意一端 SIV 故障无输出时，故障端 SIV 的 KMA 输出接触器断开，同时 SIV 的 OK 信号也断开，网络未收到故障端的 SIV OK 信号和 KMA 的状态反馈，就会先输出减载指令到空调系统，收到空调系统反馈的减载成功信号，若未收到减载成功信号，则对空调发紧急通风指令，然后输出扩展指令到接触器 K13，通过 K11 和 K12 的连锁触点，使 KMK 扩展接触器的线圈得电，KMK 闭合，扩展成功，当扩展成功后，靠 KMK 的一组常开触点进行自锁，同时另外一组常开触点反馈状态。当故障 SIV 恢复后，网络撤销扩展指令 KMK 断开，故障端 SIV 再闭合 KMA 输出接触器。

2) 两台辅助逆变器故障

如果两台辅助逆变器同时发生故障，故障逆变器将通过切断相应的输出接触器来使故障逆变器与列车三相母线隔离，则列车失去 3AC380V 供电，空调自动进入由蓄电池供电的紧急通风模式。在紧急运行模式下，蓄电池的电量必须保证 3 节编组列车的紧急负载能继续运行 45min。紧急负载主要有紧急照明、外部照明、紧急通风、车载安全设备、广播、部分显示屏、CCTV 监控、通信系统。

2. 低压供电

直流负载是通过安装在 Tc 车的蓄电池充电机，或通过 Tc 车上的蓄电池进行供电。列车蓄电池主要供列车启动使用，同时在辅助逆变器不工作的时候，为列车提供紧急照明、紧急通风、控制系统、通信系统等提供电源，所以蓄电池也是列车上的重要电气部件。

两节拖车的两台蓄电池组之间通过二极管进行相互隔离。大部分直流负载通过两条直流 110V 列车线供电。其中一条列车线主要用于常规负载，另一条则用于延迟负载。

直流负载包括如下。

（1）永久负载

为了通过司机室里一个开关 72-S101 能激活列车，因此即使列车在未激活的状态下，永久负载列车线必须一直有电，永久负载包括以下负载。

1）列车激活回路

2）列车激活监控环路

（2）常规负载

这部分负载有一条独立的供电列车线，给列车上所有的分系统供电。

（3）延迟负载

主要给车载硬盘 TDRV 供电。

11.3 辅助电源系统控制原理

辅助逆变器的控制单元与牵引系统控制单元一样，采用模块化设计，分电源、输入/输出模块及中央处理器模块等几个部分。

辅助电源外围控制原理如图 11.3-1 所示：

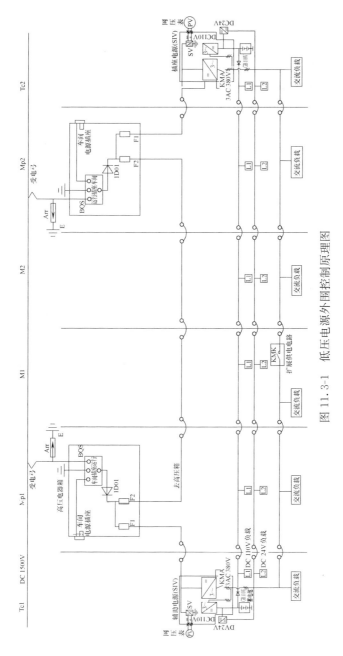

图 11.3-1 低压电源外围控制原理图

11 辅助供电系统 | 277

11.4 辅助逆变器工作原理

1. 工作原理（图 11.4-1）

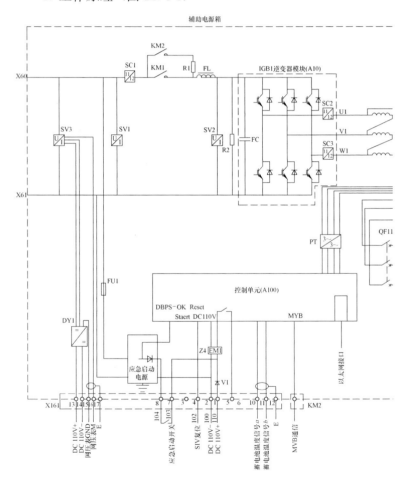

图 11.4-1 工作

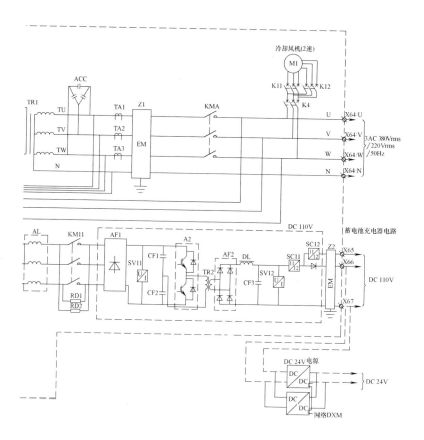

原理图

系统采用直接两电平 IGBT 逆变电路＋全波整流和高频 DC/DC 变换电路的方式。其工作原理为：

直流输入高压经直流滤波电抗器（L1）、电容器充电电路（R1、KM2）、直流滤波电容器（FC），送至 IGBT 逆变器进行逆变后输出 PWM 波交流电压，再经输出变压器（TR）进行电压隔离、降压，交流电容器（ACC）滤波得到低谐波含量的三相准正弦电压，输出三相 380V/50Hz 电压。

从逆变电路输出的稳定 3AC380V 输出电压经过交流电抗器（L3）输入到三相整流桥整流，电抗器、电容器滤波后得到直流电压（中间电路电压），中间电路电压经半桥变换电路高频变换为矩形波电压、经高频变压器进行隔离、降压后，再经高频整流桥整流、电抗器、电容器滤波后得到稳定的 DC110V 电源。

系统采用强迫风冷，交流输出容量 195kVA，直流 DC110V 输出功率 25kW。

2. 主要部件介绍

整个辅助供电系统由辅助逆变器、电压转换器、蓄电池等部件组成，它的工作状态正常与否直接影响列车的功能。

（1）辅助逆变器箱（图 11.4-2）

（2）应急启动电源（图 11.4-3）

应急启动电源工作时，通过司机室的应急启动旋钮，提供 110V 给辅助电源控制单元供电。

（3）熔断器

防止应急启动电源的负载功率过载。

（4）隔离开关

日常对辅助逆变器维修作业时，为提高安全系数，将隔离开关断开。

（5）网压传感器 SV3（图 11.4-4）

检测受电弓电压，电压正常范围为 1000～1950V。

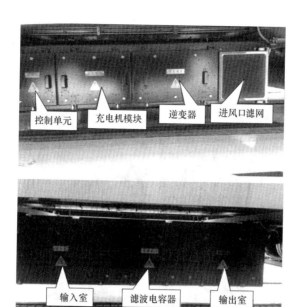

图 11.4-2　辅助逆变器箱

图 11.4-3　应急启动电源

图 11.4-4　网压传感器

(6) 电压传感器

SV1 检测输入电源是否正常,输入电压大于 1100V 时,SIV 能正常启动;SV2 检测中间充电电容电压,图 11.4-5 为输入电压传感器。

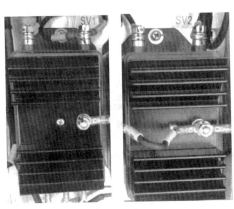

图 11.4-5 输入电压传感器

(7) 接触器(图 11.4-6、图 11.4-7)

在输入电压正常时,充电接触器 KM2 闭合;当充电电容电压与输入电压值相差不小于 100V,延时 1s 后,短接接触器 KM1 闭合,延时 0.5s 后,KM2 断开。

图 11.4-6 短接接触器　　　图 11.4-7 充电接触器

(8) 辅助逆变器模块

将 DC1500V 电压逆变成 3AC660V，图 11.4-8 为辅助逆变器。

图 11.4-8　辅助逆变器

(9) 交流滤波电容器

经过三相交流滤波器 ACC 滤波得到低谐波含量的三相准正弦电压后输出 3AC380RMS/50Hz 电压，图 11.4-9 为 ACC 滤波电容器。

(10) 电流互感器

电流互感器 TA1、TA2、TA3 检测输出电流，并将信息反馈给控制单元。

(11) 滤波器（图 11.4-10）

(12) 输出交流接触器

待输出 3AC380V 电压稳定，延时 0.5s 后输出交流接触器

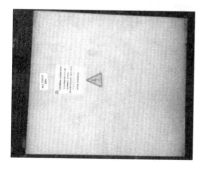

图 11.4-9　ACC 滤波电容器

图 11.4-10　EMI 滤波器

KMA闭合，给负载供电；当辅助逆变器故障时，故障端的KMA断开，图11.4-11为KMA交流接触器。

（13）过载保护开关

从逆变器模块输出的3AC380V经过过载保护开关QF11（图11.4-12），保护蓄电池充电机电路，若电路过载或发生异常，QF11断开。故障消失恢复后，需手动闭合QF11。

图11.4-11　KMA交流接触器

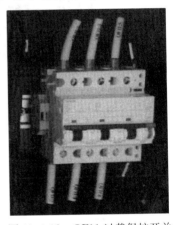

图11.4-12　QF11过载保护开关

（14）充电机模块（图11.4-13）

蓄电池充电机输出的DC110V给负载供电或蓄电池充电；充电机能根据蓄电池温度实时调整蓄电池充电电压，以保证充电效率。

图11.4-13　充电机模块

(15) 控制模块

控制模块监视和控制 SIV，采集信号，实时启动和关闭 SIV，图 11.4-14 为控制单元。

图 11.4-14 控制单元

(16) 辅助逆变器的启动

正常情况下不需要对辅助逆变器进行特殊操作，满足下列条件时辅助逆变器将自启动：

1) 存在 DC 110V 电源电压；
2) 存在输入电压，且输入电压大于 1100V；
3) 已通过 MVB 从列车控制发出激活信号；
4) 辅助逆变器无故障。

(17) 辅助逆变器冷却

辅助逆变器采用强迫风冷方式冷却，空气通过安装在辅助逆变器箱前端的进风滤网进入箱内，然后给 IGBT 逆变器模块、蓄电池充电器模块、三相变压器强迫风冷散热，最后通过箱底的排风口排出。

辅助逆变器选用 2 级速度控制风机：全速和半速，风机转速由负载容量进行自动控制，在列车两台 SIV 正常工作情况下，SIV 交流负载只有额定负载的 70% 以下时，风机半速运行；当一台 SIV 出现故障时，SIV 交流负载大于额定负载的 70% 时，风机全速运行，通风口见图 11.4-15。

图 11.4-15　通风口

11.5　蓄电池充电机

1. 功能概述

蓄电池充电器将 AC 380V 输入电压转为 DC 110V 输出电压。在正常的工作模式下，蓄电池充电器向蓄电池浮充，同时向连接在输出端的负载供电，充电机模块如图 11.5-1。

图 11.5-1　充电机模块

2. 紧急启动

当蓄电池电压低于 84V 馈电，无法激活列车时，通过脚踏泵人工升起受电弓，操作充电机应急启动旋钮，启动充电机给蓄电池充电，蓄电池电压到达 96V 时可以激活列车，应急启动如图 11.5-2。

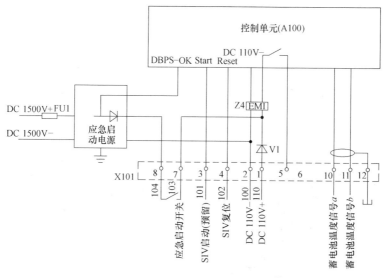

图 11.5-2 应急启动

应急启动电路由熔断器 FU1、应急启动电源 DBPS 组成。具有以下特点：

应急启动电源 DBPS 额定输入电压 DC1500V，输入电压范围 DC1000～2000V，额定输出电压 DC110V。应急启动电源工作时，通过司机室的应急启动开关，提供 DC110V 给辅助电源控制单元供电。

11.6 蓄电池

列车蓄电池主要供列车启动使用，同时在辅助逆变器不工作的时候，为列车提供紧急照明、紧急通风、控制系统、通信系统等提供电源，所以蓄电池也是列车上的重要电气部件。

目前，列车通常使用碱性镍镉电池。镍镉电池具有环保、寿命长，充放电循环周期高达数千次，耐冲击和振动，自放电小、低温性能好、耐过充能力强等优点，因此在列车上通常使用镍镉电池作为启动电源。

1. 功能及用途

蓄电池箱一般安装在 Tc 车底架的左右两侧，蓄电池箱分为蓄电池箱 1 和蓄电池箱 2，箱体采用边梁悬挂安装模式。蓄电池箱 1 带有温度传感器及外挂熔断器箱，蓄电池通过熔断器箱内的熔断器连接到蓄电池充电机。蓄电池箱 1 如图 11.6-1，蓄电池箱 2 如图 11.6-2，蓄电池如图 11.6-3。

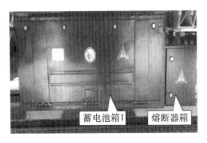

图 11.6-1　蓄电池箱 1

图 11.6-2　蓄电池箱 2

图 11.6-3　蓄电池

如果某个蓄电池充电机发生故障，对应的蓄电池就会被二极管隔离。只要辅助逆变器的 110 DC 供电输出仍在工作，蓄电池就不会放电。

在辅助逆变器故障或者接触网没有电压的情况下，列车系统将自动切换至紧急运行以节省蓄电池的电量。在紧急运行模式下，蓄电池的电量必须保证 3 节编组列车的紧急负载能继续运行

45min。

2. 蓄电池说明

蓄电池箱内采用的蓄电池为地铁车辆用镍镉碱性中倍率蓄电池，型号为FNC140MR2，标称电压为1.2V，电池容量为140Ah；蓄电池箱1内一共有40个电池单元，蓄电池箱2内一共有40个电池单元，作为列车110VDC供电系统的备用电源辅助电池由80个镍镉蓄电池单体组成，FNC140MR2型号，容量140AH。蓄电池单体如图11.6-4。

图11.6-4 蓄电池单体

如果蓄电池电压低于限界值（84V），则蓄电池主接触器将断开。当蓄电池电压上升至限界值（96V）时，则蓄电池主接触器将闭合。

11.7 常见故障处理

由于辅助逆变器的结构与牵引逆变器相似，其检修方式也基本一致。检修主要是对通风区域、散热片、半导体元件的安装等进行清洁检查，并视工作环境的情况检查清洁控制板。在清洁过程中，应采取防静电措施。同时，如控制板上有接线端子，应对接线端子进行清洁，必要时需进行打磨，以保证与电缆、控制线接触良好。

（1）辅助逆变器箱

在检修作业的过程中需要注意以下事项：

1）在箱体内部作业时，列车必须处于无电断激活状态。

2）在箱体内部作业时，打开盖板，现将方孔锁打开，接着将二次防护锁扣打到平行位，然后将盖板打开；关闭盖板，先将二次防护锁扣打至垂直位，然后锁闭方孔锁，最后检查确认方孔锁和二次防护锁扣锁闭状态。

(2) 蓄电池箱体

在日常维护中应重点检查电解液的液面高度，一般要求液面高度位于最高刻度线，但不能高于最高刻度线，同时液面也不能低于最低刻度线。对于液面低于最低刻度线较多的时候，可通过加注蒸馏水的方法来补液。蒸馏水的纯度必须符合 1989-IEC993（Nickel-cadmium-accumulators；electrolyte for vented nickel-cadmium cells（IEC60993：1989）；镍-镉蓄电池，封闭式可充电的镍镉电池用电解液）的规定。

蓄电池在检查过程中应注意：

1) 在箱体内部作业时，列车必须处于无电断激活状态。

2) 蓄电池检查必须戴安全帽，戴防护手套，穿劳保鞋。

3) 蓄电池维护检查过程中，即使将蓄电池箱旁的熔断器断开，蓄电池两旁的接线柱也是带有 DC110V 电压。接线柱如图 11.7-1。

4) 最后检查确认方孔锁锁闭状态。

图 11.7-1　接线柱

(3) 辅助系统日检、双周检、三月检及年检内容

为保证地铁辅助系统的正常工作，除了发生故障应立即进行检修外，在连续运行的条件下，需定期对辅助系统的零部件进行维护保养。辅助系统维护保养如表 11.7-1。

辅助系统维护保养　　　　　表11.7-1

检修内容	检修标准	日检	双周检	三月检	年检
辅助电源系统状态检查					
辅助逆变箱检查					
检查辅助电源箱安装	(1)箱体安装螺栓无丢失。 (2)二次保护装置插接到位。 (3)盖板的锁闭状态良好(锁闭标志线对齐)	√	√	√	√
	(4)用凡士林涂抹到箱体盖板上的橡胶垫			√(偶)	√
	(5)箱体安装螺栓防无丢失,防松线清晰无错位。 (6)箱体安装螺栓无丢失,吊耳无裂纹			√	√
	(7)箱体外观掉漆≤900mm²。超过则进行补漆,≤900mm²则做好记录到年检时统一补漆	√	√	√	√
	(8)箱体外观无裂纹,吊耳无裂纹,橡胶垫圈无老化破损现象,各进出线无裂纹,无摩擦。螺栓紧固件紧固,防松线清晰无错位			√	√
辅助电源箱滤网	(1)将滤网更换后清洗,换上周转的滤网备件,滤网安装牢固			√(偶)	√
	(2)检查锁扣状态良好,安装牢固	√	√	√	√
	(3)检查锁扣状态良好,安装牢固,紧固件紧固,防松线清晰无错位			√	√
检查并清洁风道	检查风道内无异物,用吸尘器及抹布清洁风道,使风道内无积尘			√(偶)	√

续表

辅助电源系统状态检查

检修内容	检修标准	日检	双周检	三月检	年检
辅助逆变箱检查					
检查辅助电源箱内部各紧固件和连接插头	(1)目视各电器外观和安装情况,用干抹布清洁各继电器、模块、接线表面,用吸尘器清理箱体内杂物。 (2)目视及手动检查柜内各电源插、输入输出插、MVB总线插等各类插头插接紧固; (3)端子排接线用手轻轻拨,检查接线无松动、无破皮、干涩、毛刺外露现象;手动检查短接片插接情况。 (4)手动检查微型断路器接线状态,要求紧固且无放电痕迹;手动试验微型断路器断开/闭合情况 (5)手动检查继电器及安装座安装是否紧固,各触头及线圈接线无松动。 (6)检查箱内三相断路器、熔断器、接地电阻器的外观无损坏放电现象,安装紧固;电气连接螺钉紧固,防松线清晰无错位,无放电痕迹。 (7)箱体内外各接线插紧固,接线插紧固螺钉无松动,无热异味			√(偶)	√
检查充电电阻及放电电阻	目视检查电阻表面无变色、开裂、剥落等损坏。手动检查端子连接可靠				√
检查辅助控制单元	检查控制单元固定单元及插头有无松动,防松线无错位			√(偶)	√

续表

辅助电源系统状态检查

检修内容	检修标准	日检	双周检	三月检	年检
辅助逆变箱检查					
辅助逆变器箱体吹尘	(1)拆除辅助逆变器箱下盖板,检查盖板完好无裂纹。 (2)检查电抗器外表完好,接线无烧伤痕迹。 (3)检查逆变器风机叶片无裂纹、转动灵活、与其他部件无干涉。 (4)对电抗器及风扇进行吹尘,要求表面无明显灰尘。 安装下盖板紧固螺栓时要求力矩6.5N·m			√(偶)	√
辅助逆变器箱进风口滤网清洗	用清水对滤网进行清洗		√	√	√
蓄电池检查					
检查蓄电池箱外观	(1)箱体安装螺栓防松线无错位,吊耳无裂纹。 (2)蓄电池箱无损坏,箱盖锁闭标志线对齐。 (3)各箱盖板无变形现象,箱体无变形、无裂纹,箱体油漆破损面积≤900mm²,超过则进行补漆,≤900mm²则做好记录到年检时统一补漆。 (4)检查蓄电池箱锁锁舌与螺栓紧固状态,紧固件防松线无错位			√(偶)	√	√
进行蓄电池均衡充放电	拆卸蓄电池用恒流恒压充电机进行充放电				√
蓄电池单体电压测量	测量蓄电池单体电压,单体电压在1.2~1.35V之间			√	√

续表

辅助电源系统状态检查

检修内容	检修标准	日检	双周检	三月检	年检
蓄电池检查					
检查蓄电池液	检查蓄电池液体不能高于上标,且不能低于上标以下 3/4 处以下			√	√
检查蓄电池间连接线、连接板、导轨、滚轮、坦克链、螺栓及拉杆	(1) 检查蓄电池单体电缆无松动,温度传感器安装良好。 (2) 检查蓄电池坦克链无断裂,无干涉,状态良好。 (3) 检查蓄电池箱拉杆无裂纹,无烧伤痕迹。 (4) 检查蓄电池托架滚轮,外观完好,滚动灵活,滚轮卡簧无裂纹,无丢失			√	√
检查熔断器箱	(1) 检查箱体内部无灼伤痕迹。 (2) 熔断器箱内接线正常。 (3) 检查箱体合页无裂纹,外部箱体掉漆≤900mm²,超过则进行补漆,≤900mm² 则做好记录到年检时统一补漆			√	√

(4) 常见故障(表 11.7-2)

常见故障　　　　　　　　表 11.7-2

序号	故障名称	发生经过	处理结果	预防措施
1	辅助逆变器滤网卡扣失效	01121 车右侧辅助系统逆变器滤网卡扣失效	厂家提供新配件进行更换,更换后锁扣状态正常	对所有列车锁扣进行批量换型整改
2	逆变器未启动	司机在 0105 车整备作业时,HMI 报 0105 车蓄电池电压低于 92V 网压表正常显示 110V	查为 0105 车辅助逆变器没有输出,HMI 显示(APS)辅逆白色,断空开后重新恢复正常	对列车辅助逆变器软件进行升级优化

续表

序号	故障名称	发生经过	处理结果	预防措施
3	SIV 严重故障	司机整备时发现01011 车 HMI 显示01011 车辅助逆变器严重故障；TC1 车 SIV A1OH 逆变器 85℃，超温；TC1 车 SIV FCSF GDU 反馈 C 相上管/下管故障；TC1 车 SIV FBXF GDU 反馈 B 相下管故障，FBSF GDU 反馈 B 相上管故障；TC1 车 SIV FAXF GDU 反馈 A 相下管故障，FASF GDU 反馈 A 相上管故障	根据 HMI 显示故障信息和下载数据分析后，先对辅助逆变器控制模块进行更换，上电测试后发现故障仍存在；测试 15.7V 电源模块输出电压未发现异常，更换新的脉冲分配板上电测试后故障未转移；最后更换驱动板 C 板上电测试发现 A 相下管和 B 相上管故障消失，确认故障点为 A 相、B 相、C 相驱动板损坏，导致该故障发生，更换 A 相、B 相、C 项驱动板后，故障全部消失，列车辅逆变功能正常，列车各功能正常	无
4	SIV FBXF GDU 反馈 B 相下管故障	司机洗车时报01011 车 SIV 严重故障，SIV FBXF GDU 反馈 B 相下管故障	下载数据分析为辅助逆变器控制模块母板损坏，已更换新备件，现列车功能正常	无

12 乘客信息系统

城市轨道列车乘客信息系统是依托计算机网络、通信、多媒体等技术，以计算机系统为核心，以车载终端为媒介向乘客提供音视频信息服务的综合性信息系统，一般包含列车广播、视频播放、视频监控3个子系统。

12.1 系统说明

本节主要介绍当前较成熟的城市轨道列车乘客信息系统所具有的功能，各个城市可以根据实际需要和规划，灵活选取其中的部分功能。

1. 广播/对讲

（1）司机对讲：在列车激活的情况下，占有端或非占有端的司机室均可发起司机对讲，但占有端的优先级高于非占有端。当两列车连挂时，四个司机室之间可以相互通话。

（2）紧急对讲：在客室出现紧急情况或突发事件时，乘客可以通过客室内紧急报警器上的"报警"键向司机室报警，占有端司机室可接通与乘客的通话。在HMI屏和CCTV监控屏将显示报警点的具体位置。

（3）人工广播：在列车激活的情况下，占有端或非占有端的司机室均可发起人工广播，但占有端的优先级高于非占有端。当两列车连挂时，4个司机室均可发起人工广播。

（4）OCC广播：OCC调度员可通过车载无线通信设备，无须司机授权直接对列车客室内乘客进行广播。

（5）报站广播：所有报站广播均可由信号系统或列车通信控

制系统触发，系统通过客室和司机室扬声器播放语音。广播内容包括列车广播报站、服务信息、服务用语的广播、紧急信息广播等的语音。

（6）紧急广播：当遇到紧急情况时，如发生火灾、严重故障等，司机可触发紧急广播，播放预先录制好的紧急疏导等信息进行。

（7）动态地图显示：在每个客室内设置门驱动态地图，动态地图用于显示列车的到站、开关门侧信息等，目前基本采用两种方案，一种是 LED 动态地图，一种是 LCD 动态地图。

（8）客室内部 LED 显示屏显示：每个客室两端端墙上方各安装 1 个内部显示屏，用于显示列车行驶的相关信息。该屏又称呼为端部屏显、贯通道显示屏、贯通道 LED 显示屏等。

（9）前端目的地显示屏：列车司机室前端上方安装 LED 显示器，主要显示车次号、终点站、运行方向、区间、列车运营情况（如正常运营和服务终止）等信息，具体信息内容可通过 PTU 软件行进行编辑，目的地显示屏采用中英文两种语言切换显示，显示完整车站名称，线路上所有车站站名都可在目的地显示屏显示。

（10）音量调节：乘客信息系统可实现对司机室及客室音量的调节。

（11）关门报警声：关门报警声有采用客室扬声器播放跟采用车门自带扬声器播放两种方式。若采用客室扬声器进行播放，则需提前将关门提示音录制好放置于 SD 卡内；若采用车门自带的扬声器播放，则一般为蜂鸣声。

2. 视频播放

在每列车客室侧墙上设置 LCD 显示屏，用于显示多媒体信息，如：影片、电视新闻、广告、动画、列车运行安全信息、天气、时间等。LCD 显示屏的显示画面可采用全屏或分屏模式，由各个城市根据需要选择。媒体伴音可通过客室扬声器播放或 LCD 显示屏自带的扬声器播放。

（1）实时播放：实时接收地面信号传输过来的视频信息从而实现实时视频播放。

（2）非实时播放：列车具有超时保护功能，当长达一定时间没有接收到实时地面视频信号时，超时保护将起作用，客室 LCD 显示屏将播放预存在 SD 卡内的视频。当接收到有效的信号，显示屏将重新正常工作。预存在 SD 卡内的视频一般有两种来源，一种是接收地面信号下发的播放表及视频信息存入 SD 卡内，另外一种是手动将视频拷贝入 SD 卡内。

（3）紧急文本显示：当列车在播放紧急广播或控制中心向列车下发紧急文本时，LCD 显示屏的显示内容将被干预，自行中断，显示紧急文本，当人工干预消失时，LCD 显示屏将自动恢复播放视频。

（4）环网功能：为提高媒体播放的可靠性，系统可采用环网的方式，任何一处线路中断均不影响其他客室媒体的正常播放。

3. 视频监控

（1）司机室监控：每个司机室可安装 2 台摄像头，用于监视列车行进轨道和司机室情况，司机室内监控范围可按用户需求进行调整，可监视司机台上的所有按钮及开关。

（2）客室监控：每节客室安装摄像头，以实时监控客室乘客活动状况，客室监控要求无盲区。目前客室摄像头一般采用全景摄像头或半球摄像头。

（3）弓网关系监控：在首两列车的车顶 2 架受电弓的后方设置摄像头，在列车全速运行时，能监视到受电弓碳滑板与接触导线接触的实时状态，并能不间断地记录和下载接触网与受电弓之间的动态图像并按"一站一区间"的形式进行分段存储。

（4）综合监控小组对列车的监控：每一列车的车载视频监视系统能通过地面 PIS 网络把车上的监视图像实时地传到控制中心，供控制中心值班人员通过监视屏幕可实时监视全线运营列车上的治安状况。

（5）报警联动：在列车出现火灾报警、车门紧急解锁、紧急对讲等情况时，司机室内用于显示列车所有摄像头所拍摄画面的CCTV触摸屏可自动弹出报警所在车厢的拍摄画面，此功能叫报警联动功能。各城市可根据实际需要设置触发报警联动的相关功能。

12.2 系统设备及原理

本节主要以国内某地铁乘客信息系统为例，介绍目前列车乘客信息系统所包含的较齐全的设备及功能原理。

1. 设备清单（表12.2-1）

设备清单　　　　　　　　表12.2-1

序号	设备名称	TC1	MP1	M1	M2	MP2	TC2	总数量
1	司机室广播主机	1	-	-	-	-	1	2
2	客室广播主机	1	1	1	1	1	1	6
3	网络硬盘摄像机	1	1	1	1	1	1	6
4	CCTV触摸屏	1	-	-	-	-	1	2
5	广播控制盒	1	-	-	-	-	1	2
6	司机室扬声器	1	-	-	-	-	1	2
7	司机室摄像头	2	-	-	-	-	2	4
8	LED动态地图	8	8	8	8	8	8	48
9	客室内部LED显示屏	2	2	2	2	2	2	12
10	乘客紧急报警器	4	4	4	4	4	4	24
11	客室扬声器	8	8	8	8	8	8	48
12	客室摄像头	3	3	3	3	3	3	18
13	客室LCD显示器	8	8	8	8	8	8	48
14	弓网摄像头	-	1	-	-	1	-	2

2. 与其他系统的接口

（1）与OCC的接口

乘客信息系统提供有与OCC的接口，可以实现OCC对单列车或多列车的客室广播。

(2) 与地面 PIS 的接口

乘客信息系统提供有与地面 PIS 的接口,可以实现直播视频流、录播视频下载、OCC 下发至客室的紧急文本、列车视频监控的上传等功能。

(3) 与 TCMS 的接口

乘客信息系统提供有与列车上 TCMS 的接口。

3. 广播/乘客信息显示

城市轨道车辆广播信息主要是播放列车到站动态、城市轨道交通指南等声/视频信息,使旅客及时了解列车到站信息,方便旅客换乘其他线路,减少旅客下错站的可能性。在发生灾害或其他紧急情况下,进行紧急广播,以指挥旅客疏散,调度工作人员抢险救灾,减少意外造成的损失。

(1) 系统组成

广播/乘客信息显示部分主要由广播主机、扬声器、乘客紧急报警器、动态地图、客室内部 LED 显示屏等组成,其组成如图 12.2-1 所示。

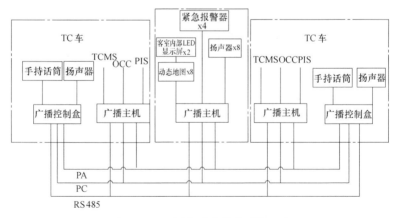

图 12.2-1 广播/乘客信息系统组成

(2) 设备介绍

1) 司机室广播主机

司机室广播主机的主要作用是完成与 MVB 通信、广播控制、地面媒体视频流转发以及整列车广播、乘客信息显示、视频监控的管理。司机室广播主机面板图如图 12.2-2、连接端口定义见表 12.2-2。

图 12.2-2　司机室广播主机面板图

司机室广播主机连接端口定义　　　　表 12.2-2

位号	作用	位号	作用
P1	连接网络总线,千兆	P5、P6	司机室摄像头接口,百兆
P2	连接网络总线,千兆	P7	PIS 接口,百兆
P3	调试接口,千兆	P8	N/A,百兆
P4	连接监控屏,百兆	USB	存储/读取 SD 卡数据
MVB1/2	连接列车网络	X5	N/A
X1	110V 电源接口	X6	N/A
X2	监控屏控制信号接口	X7	N/A
X3	重联接口	X8	N/A
X4	摄像头电源接口	X9	司机室接口板接口

司机室广播主机上的模块及其功能如表 12.2-3 所示。

司机室广播主机模块及其作用　　　表 12.2-3

序号	设备名称	功能说明
1	电源模块	完成 DC110V 电压与 DC24V、DC5V 电压的转换,提供乘客信息系统主机各个模块工作所需的电压

续表

序号	设备名称	功能说明
2	司机室接口板	提供与客室各个广播系统设备连接的接口;提供无线电台接口、TCMS 通信接口、头尾激活信号传输接口、开关门信号传输接口、媒体伴音声频信号输入接口等
3	音量调节模块	通过调节旋钮,实现手动调节广播音量的大小功能
4	中央控制器	负责整个系统的管理和调配,能够集中控制列车广播、无线电广播、数字式语音广播等功能,并作为设备间系统控制总线的通信管理
5	TMS 模块	与中央控制器通信,从而实现全自动广播报站
6	MVB 模块	提供与列车网络系统的接口
7	录音模块	乘客紧急对讲录音
8	重连模块	列车连挂后两列车对讲功能的实现
9	数字报站器	数字报站控制及报站语音存储及输出
10	摄像机电源	为司机室摄像头提供电源
11	媒体编码板	对视频进行编码
12	交换机模块	网络信号的传输

司机室广播主机维护周期要求如表 12.2-4 所示。

司机室广播主机维护周期　　　　表 12.2-4

检修标准	日检	双周检	三月检	年检	备注
(1)检查司机室广播主机、客室广播主机安装紧固,防松线清晰无错位;主机上的各模块安装紧固;检查各插头及接线无松动、破损等现象			√	√	
(2)用毛刷清扫后除尘,确保各模块、连接插头无明显灰尘、污渍及杂物			√(偶)	√	
(3)格式化媒体编码板的 SD 卡并重新拷入片源;检查录音模块录音功能是否正常				√	

2) 客室广播主机

客室广播主机的主要作用是完成本节客室车厢内乘客信息系统广播、乘客信息显示、视频监控的管理。客室广播主机面板图如图 12.2-3、连接端口定义见表 12.2-5。

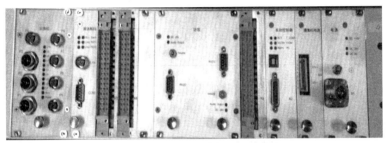

图 12.2-3　客室广播主机面板图

客室广播主机连接端口定义　　　　表 12.2-5

位号	作用	位号	作用
P1	连接网络总线,千兆	P4、P5、P6	客室摄像头接口,百兆
P2	连接网络总线,千兆	P7	弓网摄像头接口,百兆
P3	调试接口,千兆	P8	NVR 接口,百兆
X1	电源接口	X2	紧急报警器信号接口
X4	摄像头电源接口	X9	客室接口板接口
X5、X6	媒体分屏接口	RS232	N/A

客室广播主机模块及其作用如表 12.2-6 所示：

客室广播主机模块及其作用　　　　表 12.2-6

序号	设备名称	功能说明
1	电源模块	完成 DC110V 电压与 DC24V、DC5V 电压的转换,提供乘客信息系统主机各个模块工作所需的电压
2	本地控制器	客室本地控制单元对本节车内的设备进行管理与通信,同时与列车上的中央控制器通信,对车厢中广播系统设备故障记录和上传到中央控制器
3	功放模块	对广播的声频信号进行放大,驱动扬声器发出声音。功率放大器可连接两路扬声器(车厢中的扬声器可采用左右侧分布),当一路出现故障时,另一路能够继续工作,保障广播系统的可靠性

续表

序号	设备名称	功能说明
4	媒体解码板	对视频进行解码、播放
5	交换机模块	网络信号的传输
6	客室接口板	提供与各个客室广播系统设备连接的接口,以及与司机室及其他客室音视频控制单元的连接接口
7	视频分屏模块	将媒体分成8分屏
8	摄像机电源模块	为客室摄像机提供电源

客室广播主机维护周期如表12.2-7所示。

客室广播主机维护周期 表 12.2-7

检修标准	日检	双周检	三月检	年检
检查司机室广播主机、客室广播主机安装紧固,防松线清晰无错位;主机上的各模块安装紧固;检查各插头及接线无松动、破损等现象			√	√
用毛刷清扫后除尘,确保各模块、连接插头无明显灰尘、污渍及杂物			√(偶)	√

3) 广播控制盒

广播控制盒是安装在轨道交通车辆司机室内司机台上车载PIS系统操作终端。用于司机操作实现人工广播、司机对讲、司机与乘客对讲等功能。目前轨道交通车辆应用中使用的话筒方案有如下三类:手持话筒、鹅颈话筒、拾音器。

如图12.2-4,手持话筒有两种安装方式,一种线缆露在广播控制盒上面,司机在操作其他设备过程中会与话筒碰触而干扰到司机操作,另外一种是在设计手持话筒广播控

图 12.2-4 手持话筒连接方式 1

制盒方案时将线缆内藏到广播控制盒下面,如图 12.2-5 所示。

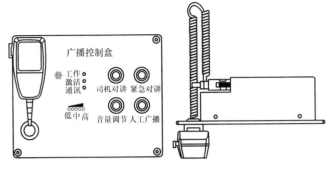

图 12.2-5　手持话筒连接方式 2

鹅颈话筒安装在广播控制盒上面,司机在操作其他设备过程中会与话筒碰触而干扰到司机操作;为避免干扰司机操作,话筒可安装在司机台面其他不影响司机操作位置,但也不能偏离司机操作位太远,否则司机对着话筒讲话也不方便(或要起身,或要弯腰)。鹅颈话筒如图 12.2-6。

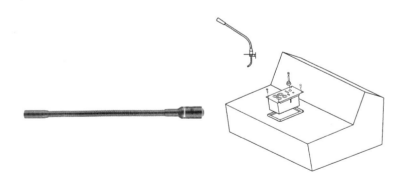

图 12.2-6　鹅颈话筒

拾音器内藏在广播控制盒内,只需在广播控制盒表面开声音输入孔,广播控制盒表面无凸出物,不会干扰司机操作其他设备,广播控制盒安装不能离司机操作位太远,司机对着话筒讲话或要起身、或要弯腰,否则声频采集效果会受到影响,拾音器如

图 12.2-7。

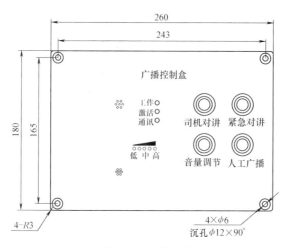

图 12.2-7 拾音器

鹅颈话筒、手持话筒、拾音器的主要技术参数对比如表 12.2-8 所示。

技术参数对比　　　　　表 12.2-8

	手持话筒	鹅颈话筒	拾音器
话筒类型	电容(无噪声)声压型	电容(无噪声)声压型	电容(无噪声)声压型
话筒频率响应	200Hz～10kHz	100Hz～20kHz	150Hz～20kHz
信噪比	≥60dB	≥60dB	≥65dB
话筒输入灵敏度	−45dBm	−40～−35dB	−38
应用实例	南宁地铁1号线、西安地铁2号线、宁波地铁2号线、长沙地铁1、2、3号线、广州地铁7、8、9、14、21号线、上海地铁11号线、上海地铁16号线	深圳地铁5号线、深圳地铁1号线等项目	深圳地铁9号线、深圳地铁11号线等项目

由此可见，各种话筒电气性能参数并无太大差异，主要是与

应用环境及安装方案有关。3 种话筒优缺点对比如表 12.2-9。

3 种话筒优缺点对比　　　　　表 12.2-9

话筒类型	手持话筒	鹅颈话筒	拾音器
优点	(1)使用方便,话筒连线采用伸缩橡胶电缆,适应性高,即使和司机距离相隔较远,也可进行对话; (2)功能更灵活,在与乘客进行半双工对话时,可直接通过话筒上的 PTT 按键控制听或讲; (3)技术成熟,使用业绩丰富,客户反映良好	使用方便,美观	(1)美观; (2)备件减少,比其他方案少一种备件(话筒)
缺点	线缆和连接器在面板上可能会影响操作,但通过更改线缆连接方式可以解决	(1)灵活性差,对司机操作要求高,司机需坐在距离话筒一定距离内,否则使用时须起身或弯腰; (2)故障率较高,由于鹅颈话筒的鹅颈结构和材质原因,存在操作频率频繁时容易折断的问题	(1)安装位置有限制,必须安装在距离司机较近的地方,否则在司机操作时必须时常起身,不便于操作; (2)可能会与司机室扬声器发出声音产生干扰,出现啸叫现象; (3)业绩较少,属于新研发产品,未得到长期实际运营验证

下面以国内某一地铁的广播控制盒（含手持话筒）为例,介绍广播控制盒。广播控制盒面板如图 12.2-8、端口见表 12.2-10、指示灯定义见表 12.2-11。

主要技术参数：

① 工作电压：DC24V，供电范围 18～32V；

② 通信方式：RS485；

③ 话筒类型：电容（无噪声）声压型；

④ 话筒频率响应：±7dB(200Hz～10kHz)；

⑤ 前置放大器频率响应：+1dB/-2dB(100Hz～12kHz)；

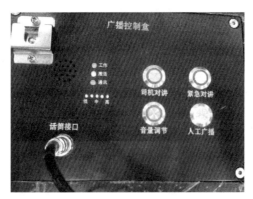

图 12.2-8　广播控制盒面板

广播控制盒端口　　　　　　　　　表 12.2-10

位号	作用	位号	作用
X1	电源、PA、PC、RS485 接口	X2	控制信号及地址线接口

广播控制盒指示灯定义　　　　　　表 12.2-11

指示灯名称	说　　明
工作	列车激活后指示灯点亮,指示广播控制盒已进行上电操作
激活	指示广播控制盒是否已具有占有信号
通信	指示列车广播总线通信状态,有通信时间隔闪烁
音量	指示司机室监听广播音量的大小,可随"音量调节"按钮的动作变化

⑥ 前置放大器信噪比：≥60dB；

⑦ 话筒输入灵敏度：-45dBm。

广播控制盒及手持话筒的维护保养要求如表 12.2-12：

维护保养要求　　　　　　　　　　表 12.2-12

检修标准	日检	双周检	三月检	年检
(1)检查广播控制盒外观良好,按键功能正常;检查手持话筒外观良好,PTT 按键动作灵活,连接插头无松动	√	√	√	√
(2)检查广播控制盒表面无裂纹,安装紧固			√	√

续表

检 修 标 准	日检	双周检	三月检	年检
(3)检查广播控制盒司机对讲、人工广播功能正常	√	√	√	√
(4)检查紧急对讲、音量调节功能正常		√	√	√

4) 司机室扬声器（图 12.2-9、表 12.2-13）

图 12.2-9　司机室扬声器

司机室扬声器连接端口定义　　　表 12.2-13

位　号	作　　用
X1	声频信号输入接口

每个司机室内装 1 个扬声器，用于司机室广播与对讲监听，司机室扬声器直接与广播控制盒连接。

主要技术参数：

① 声压：93dB（输入 80～1250Hz，额定功率为 3W 的声频信号，在 1.2m 处轴向自由场声压）。

② 频响：100Hz～10kHz，±1dB；从 70Hz 到 20kHz 的频率响应不比在 1kHz 的响应低 7dB。

③ 谐波：在 1000Hz，3W 的输出功率时，总的谐波畸变 ≤0.5%。

④ 效率：在 3W 输出时，变压器效率≥85%。

⑤ 灵敏度：>90dB/W/m。

司机室扬声器的维护要求如表 12.2-14。

司机室扬声器的维护要求　　表 12.2-14

检 修 标 准	日检	双周检	三月检	年检
检查司机室扬声器安装紧固，插头连接无松动			√	√
检查司机室扬声器功能正常	√	√	√	√

5）客室扬声器（图 12.2-10、表 12.2-15）

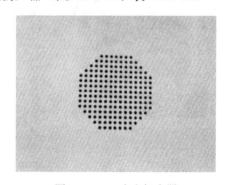

图 12.2-10　客室扬声器

客室扬声器连接端口定义　　表 12.2-15

位　　号	作　　用
X1	声频信号输入接口

每节车内装有 8 个扬声器，用于人工广播和报站广播。每节车内所有的扬声器都是由该车的功放模块驱动；

主要技术参数：

① 声压：93dB（输入 80~1250Hz，额定功率为 3W 的声频信号，在 1.2m 处轴向自由场声压）；

② 频响：100Hz~10kHz，±1dB；从 70Hz~20kHz 的频率响应不比在 1kHz 的响应低 7dB；

③ 谐波：在 1000Hz，3W 的输出功率时，总的谐波畸变

≤0.5%；

④ 效率：在3W输出时，变压器效率≥85%；

⑤ 灵敏度：>90dB/W/m。

客室扬声器维护要求如表12.2-16。

客室扬声器维修要求　　　　　　　　表 12.2-16

检修标准	日检	双周检	三月检	年检
检查每个客室扬声器功能正常,无沙哑、破声现象			√	√
检查客室扬声器及其接地线安装紧固,插头无松动			√	√

6）动态地图

动态地图为乘客提供旅行线路相关信息，如下一站、终点站等。一般安装在客室车门上方，根据使用要求，可以设计为LED形式，也可以设计为LCD形式。

LED形式的动态地图主要由灯板、控制板等组成，一般有两种设计方式，一种外部用贴膜上写字显示线路各站站名以及换乘线路，各站有一个双色LED灯，可以通过软件设置LED灯的状态显示站点信息，例如，可以设置为已经走过的站点对应的LED灭，未到达的所有站的LED灯以绿色流水点亮方式表示列车行驶方向，即将到达的下一站的LED灯橙色闪烁。屏的左右两端或一端可以设置箭头提示开门侧。根据线路扩展和延长的需要，到时候只要更换贴膜即可满足站点增删改的需求，具有可扩展性。内部的LED灯板已经预留LED灯，可以适应不同交路运营的要求，如图12.2-11、表12.2-17。

LED动态地图连接端口定义　　　　表 12.2-17

位号	作用	位号	作用
X1	电源、RS485接口	X2	地址跳线接口

LED电子动态地图每节车安装8个，安装位置为每个车门上方侧顶板。

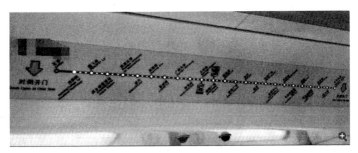

图 12.2-11　LED 动态地图 (一)

主要技术参数:
① 显示色彩:红、绿、橙。
② 可视距离:大于 60m。
③ 水平有效视角:大于 160°。
④ 通信接口:RS485 接口。
⑤ 波特率:9600bps。
⑥ 工作温度:-20~50℃。
⑦ 供电电源:DC110V。
⑧ 功耗小于 30W。

该种 LED 动态地图维护要求如表 12.2-18。

LED 动态地图维护要求　　　　表 12.2-18

检修标准	日检	双周检	三月检	年检
检查动态地图外观完好,站名及开门侧、LED 灯的显示状态正确,线路贴膜卷边长小于 10mm,面积小于 50mm²	√	√	√	√
检查动态地图及其接地线安装紧固,插头无松动			√	√

另一种 LED 动态地图的方式为在每个客室车门上方设置动态地图显示屏,动态地图采用粘贴彩色路线贴纸来显示运营线路信息,同时在贴纸下方设置 LED 点阵显示屏,以文字形式显示到站信息,LED 点阵显示屏能够显示开门侧信息,可显示 12 个汉字,如图 12.2-12。

图 12.2-12　LED 动态地图（二）

LCD 动态地图（图 12.2-13）主要由控制板、液晶屏等组成。LCD 显示屏可采用级联的以太网和 RS485 通信方式显示各种视频、图片及用户数据。目前国内的 LCD 动态地图主要有 28″、37″两种规格，技术参数对比如表 12.2-19 所示。

图 12.2-13　LCD 动态地图

LCD 动态地图技术参数　　　　　　表 12.2-19

	37″	28″
尺寸	37″异形屏（长宽比为 16∶3）	28″（长宽比为 16∶3）
显示区域	919.3mm×138.85mm	698.4mm×129.86mm
分辨率	1920mm×290mm	1920mm×357mm
亮度	≥500cd/m²	≥700cd/m²
对比度	2500∶1	3000∶1
点距	0.51mm×0.51mm	0.51mm×0.51mm
响应时间	12ms 以下	6.5ms
水平及垂直可视角度	均不低于 160°	178°(H)，178°(V)
灯管寿命	50000h	50000h
接口	10M/100M 自适应以太网口	10M/100M 自适应以太网口和 RS485 复用
电源	DC110V,供电范围 77～137.5V	DC110V,供电范围 77～137.5V
功率	≤50W	≤45W

续表

	37″	28″
重量	≤10kg	≤9kg
结构外形	1101mm×117.6mm×60mm (不含卡扣安装尺寸)	892mm×169mm×42mm (不含卡扣安装尺寸)
应用实例	石家庄地铁1号线	宁波地铁2号线、 合肥地铁1、2号线、 深圳地铁9号线、 深圳地铁11号线

7) 客室内部LED显示屏(图12.2-14、表12.2-20)

图12.2-14 客室内部LED显示屏

客室内部LED显示屏连接端口定义　　表12.2-20

位号	作用	位号	作用
X1	电源、RS485输入、地址跳线接口	X2	电源、RS485输出接口

每节客室的两端端墙上方各设置一个客室内部LED显示屏，可以显示目的地、到站站名、下一站站名及其他宣传文字。

主要技术参数：

① LED发光点直径：ϕ3.0mm。

② 像素点间距：4.75mm。

③ 显示色彩：红色。

④ 可视距离：大于20m。

⑤ 水平有效视角：大于160°。

⑥ 通信接口：RS485接口。

⑦ 波特率：9600bps。

⑧ 工作温度：-20～50℃。

⑨ 存储温度：-25～+60℃。

⑩ 供电电源：DC110V。

⑪ 功耗：小于 30W。

⑫ 使用寿命：大于 100000h。

客室内部 LED 显示屏维护要求如表 12.2-21。

客室内部 LED 显示屏维护要求　　表 12.2-21

检修标准	日检	双周检	三月检	年检
检查客室内部 LED 显示屏外观良好，显示功能正常，防尘堵无丢失	√	√	√	√
检查客室内部 LED 显示屏安装紧固、防尘堵安装紧固		√	√	√

8) 乘客紧急报警器（图 12.2-15、表 12.2-22）

紧急报警器连接端口定义　　表 12.2-22

位号	作用	位号	作用
X1	声频信号、地址跳线接口	X2	电源与数据接口

每节车厢在1、4、5、8车门左侧各设一个乘客与司机通话的紧急通话装置，紧急通话装置拥有独立的通信通道，在激活后不会影响到列车的广播，同时司机可以在司机室选择通话与否。

主要技术参数：

① 声频输入/输出方式：平衡。

② 频率响应：100～15000Hz≤±3dB。

③ 失真度：不大于1%。

④ 信噪比（话筒）：不小于60dB。

⑤ 额定监听功率：1W。

图 12.2-15　紧急报警器

⑥ 供电电压：DC24V，供电范围 18～32V。

紧急报警器维护要求如表 12.2-23。

紧急报警器维护要求　　　　表 12.2-23

检修标准	日检	双周检	三月检	年检
检查紧急报警器外观完好，安装紧固，报警按钮不卡滞，按钮盖无丢失、无破损		√(偶)	√	√
检查紧急报警器功能正常，指示灯状态显示正确		√(偶)	√	√

4. 视频监控

视频监控系统集实时图像、声音、报警于一体，为适应公共交通紧急突发事故提供有力的监察手段。

(1) 系统组成

视频监控系统主要由摄像头、CCTV 触摸屏、网络硬盘摄像机、广播主机等设备组成（图 12.2-16）。

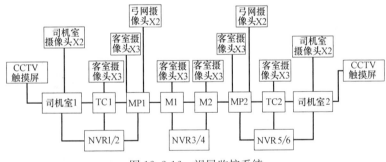

图 12.2-16　视屏监控系统

(2) 设备介绍

1) 网络硬盘录像机（NVR）

每个客室配备一个网络硬盘摄像机，用于摄像头监控画面的存储。监控视屏存储容量计算如下：每台摄像机每小时占用硬盘空间为 2Mbps/8×3600s＝900M/h，8 个摄像头存储 7 天，每天 20h 监控视频连续录像，视频存储器需要的硬盘空间如下：8 通道×7 天×20h×900M/h＝1008000M≈1TB，每台监控视频存储器安装1个1T的数字硬盘即可满足监控视频文件存储的要求。网络硬盘录像机面板图如图12.2-17、连接端口定义见表12.2-24。

图12.2-17　网络硬盘录像机面板图

网络硬盘录像机连接端口定义　　表12.2-24

位号	作用	位号	作用
X1	电源接口	X2	网络通信接口
USB	调试接口	X3	延时关机信号接口

两节客室的网络硬盘摄像机互为冗余。每台网络视频录像机（NVR）在存储本客室录像机的同时也存储、管理另一客室的摄像机，实现监控视频图像的冗余备份存储。TC1车的网络视频录像机（NVR）同时存储、管理TC1、MP1车的8个摄像机监控视频文件，MP1车的网络视频录像机（NVR）也同时存储TC1、MP1的8个摄像机监控视频文件；M1车的网络视频录像机（NVR）同时存储、管理M1、M2车的8个摄像机监控视频文件，M2车的网络视频录像机（NVR）也同时存储TC1、MP1的8个摄像机监控视频文件；TC2车的网络视频录像机（NVR）同时存储、管理TC2、MP2车的8个摄像机监控视频文件，MP2车的网络视频录像机（NVR）也同时存储TC2、MP2的8个摄像机监控视频文件。

视频存储服务器采用标准19寸2U机箱，安装在各客室屏柜中。

主要技术参数：

① IPC输入：8路。

② 视频输出：VGA 输出。
③ 存储容量：1TB。
④ 编码分辨率：1.3MP/720p/4CIF。
⑤ 网络接口：1 个 10M/100M 自适应。
⑥ 电源：DC110V 电源供电。
⑦ 功耗：不大于 30W。

网络硬盘摄像机的维护要求如表 12.2-25。

网络硬盘摄像机维护要求　　　　表 12.2-25

检修标准	日检	双周检	三月检	年检
检查网络硬盘摄像机安装紧固，插头及接线无松动、破损等现象			√	√
用毛刷清扫后除尘，确保网络硬盘摄像机表面、插头及线缆无明显灰尘、污渍及杂物			√（偶）	√
用网络硬盘摄像机监控软件下载监控视屏，视屏下载功能正常，视屏时间正确		√（偶）	√	√

2) CCTV 触摸屏

每个司机室设置一个 CCTV 触摸屏，用于司机室和客室视频监控显示，可实现单屏显示和四分屏显示；

系统具有报警联动功能。当有客室紧急报警器触发、火灾报警、车门紧急解锁发生时，CCTV 触摸屏将自动弹出报警所在区域的监控画面，此时视频画面对应的状态栏和摄像头图标均变为红色。默认情况下，视频以单画面模式在多个报警摄像头视频画面中不断循环切换显示；若只有一个摄像头报警，则只显示该报警摄像头视频画面；

在这种情况下，若想显示其他正常摄像机画面，也可点击车厢号，以切换显示其他摄像头监控画面。点击视频显示区域同样可以实现单画面与四画面模式的转换。CCTV 触摸屏如图 12.2-18、司机室 12.1 寸 LCD 触摸屏连接端口定义见表 12.2-26。

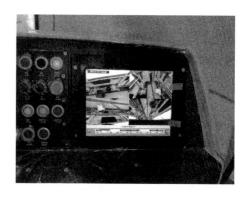

图 12.2-18　CCTV 触摸屏

司机室 12.1 寸 LCD 触摸屏连接端口定义　表 12.2-26

位号	作用	位号	作用
X1	电源接口	X2	网络接口
X3	RS485 信号接口		

CCTV 触摸屏主要技术参数：

① 对角尺寸：12.1 英寸。

② 触摸屏尺寸、类型：光电触摸屏，12.1″五线电阻式。

③ 耐用性：3500 万次。

④ 分辨率：1024mm×768mm。

⑤ 可视角度：L/65，R/65，U/65，D/65。

⑥ 亮度：不小于 $350cd/m^2$。

⑦ 对比度：不小于 500∶1。

⑧ 响应时间：不大于 20ms。

⑨ 触摸屏控制接口：RS-232。

⑩ 电源：DC110V，输入电压范围 DC77～DC137.5V。

⑪ 工作温度：0～+50℃。

⑫ 存储温度：-20～+60℃。

CCTV 触摸屏维护要求如表 12.2-27。

CCTV 触摸屏维护要求　　　　　表 12.2-27

检修标准	日检	双周检	三月检	年检
检查 CCTV 触摸屏外观完好,触屏反应灵敏,显示功能正常	√	√	√	√
检查 CCTV 触摸屏安装紧固,点击进入 CCTV 触摸屏录像回放界面,可搜索到每节车的录像以及冗余录像列表,列表正常且随机点击监控视屏可播放,播放的监控画面正常		√	√	√
检查 CCTV 触摸屏及摄像头显示时间正确,媒体音量挡位为 20,媒体模板设置为 1		√	√	√
在做车门解锁功能、火灾报警功能测试时,检查两端司机室 CCTV 触摸屏能实现报警联动,测试结束后 CCTV 触摸屏报警信息可自动消失			√(偶)	√

3) 客室摄像头

每节客室中安装 2~3 台摄像头（摄像头的数量根据用户使用需求设置），以实时监控客室乘客活动状况，客室监控要求无盲区。目前客室摄像头有全景摄像头及半球摄像头两种形式。

全景摄像头外形如图 12.2-19 所示，客室摄像头连接端口定义见表 12.2-28。

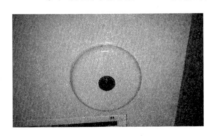

图 12.2-19　全景摄像头

客室摄像头连接端口定义　　　表 12.2-28

位号	作用	位号	作用
X1	电源接口	X2	网络接口

全景摄像头的主要技术参数：
① 最低照度：0.8lx。
② 像素数：130 万像素（1280mm×960mm）。

③ 视场角：方位视场角 0°～360°；俯仰视场角 180°。
④ 最大帧数：25fps。
⑤ 视频编码：双码流 H.264。
⑥ 镜头：$f=1.2mm$ 鱼眼镜头。
⑦ 有效拍摄范围：5500～6500mm（半径）。
⑧ 全景显示：360°全景展开。
⑨ 供电电源：DC12V±5%。
⑩ 功率：小于 6W。
⑪ 重量：小于 1.3kg。
⑫ 信噪比：不小于 50dB。

半球摄像头外形如图 12.2-20 所示。

图 12.2-20 半球摄像头

全景摄像头与半球摄像头的拍摄角度对比如图 12.2-21 所示：

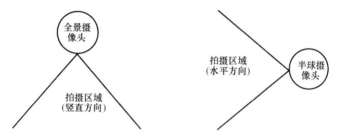

图 12.2-21 摄像头拍摄角度对比图

摄像头维护要求如表 12.2-29。

摄像头维护要求　　　　表 12.2-29

检查标准	日检	双周检	三月检	年检
检查客室摄像头外观完好，安装紧固		√（偶）	√	√
检查客室摄像头功能正常	√	√	√	√
检查客室摄像头拍摄角度正确			√	√

4) 司机室摄像头（图 12.2-22、表 12.2-30）

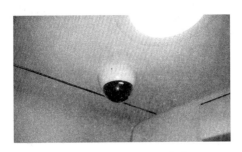

图 12.2-22　司机室摄像头

司机室摄像头连接端口定义　　表 12.2-30

位号	作用	位号	作用
X1	电源接口	X2	网络接口

每个司机室安装两个红外半球摄像头，一个用于监视司机室内情况，一个用于监视列车前方轨道情况。

主要技术参数：

① 最低照度：0.1lx。

② 像素数：130 万像素（1280mm×960mm）。

③ 最大帧数：25fps。

④ 视频编码：双码流 H.264。

⑤ 声频接口：MIC 输入接口，具有拾声功能。

⑥ 日夜转换：自动切换红外截止滤光片。

⑦ 红外照明距离：4500～5500mm。

⑧ 供电电源：DC12V±5%。

⑨ 信噪比：不小于 50dB。

⑩ 功率：小于 12W。

⑪ 重量：小于 1.3kg。

司机室摄像头的维护要求如表 12.2-31。

5) 弓网摄像头（图 12.2-23、表 12.2-32）

首辆列车每个受电弓位置安装 1 个弓网摄像头，一列车共安装 2 个弓网摄像头，用于监视弓网情况；

司机室摄像头维护要求　　　　　　　　表 12.2-31

检查标准	日检	双周检	三月检	年检
检查司机室摄像头外观完好，安装紧固		√（偶）	√	√
检查司机室摄像头红外功能正常，拍摄角度正确	√	√	√	√

弓网摄像头连接端口定义　　　　　　　表 12.2-32

位号	作用	位号	作用
X1	电源接口	X2	网络接口

主要技术参数：

① 最低照度：0.1lx。

② 像素数：130 万像素（1280mm×960mm）。

③ 最大帧数：25fps。

④ 视频编码：双码流 H.264。

⑤ 声频接口：MIC 输入接口，具有拾声功能。

图 12.2-23　弓网摄像头

⑥ 日夜转换：自动切换红外截止滤光片。

⑦ 红外照明距离：4500～5500mm。

⑧ 供电电源：DC12V±5%。

⑨ 信噪比：不小于 50dB。

⑩ 功率：小于 12W。

⑪ 重量：小于 1.3kg。

弓网摄像头的维护要求如表 12.2-33。

弓网摄像头维护要求　　　　　　　　　表 12.2-33

检查标准	日检	双周检	三月检	年检
检查弓网摄像头功能正常，拍摄角度正确	√	√	√	√
检查弓网摄像头外观正常，安装紧固		√	√	√
用干净抹布清洁弓网摄像头		√	√	√

5. 视频播放

为提高媒体播放的可靠性，视频播放系统采用环网的方式，任何一处线路中断均不影响其他客室媒体的正常播放，视频播放框图如图 12.2-24。

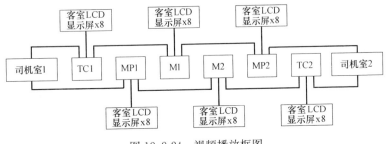

图 12.2-24 视频播放框图

每节车厢安装 8 个 18.5 英寸客室 LCD 显示屏，用于播放实时或预存的视频、图文等信息。交换机将经过司机室广播主机的媒体编码板处理的媒体视频流通过列车以太网络系统发送至各客室车厢，客室广播主机内媒体解码板将以太网传送的数字视频信息转化为 VGA 信号，通过视频分屏器分配给 8 块客室 LCD 显示屏显示。客室 LCD 显示屏播放的视频为标准 MPEG-2 TS 流，视频 MPEG2/4/H.264，至少 1366mm×768mm 分辨率。媒体伴声声频可从客室扬声器发出声音，在没有列车广播时，客室扬声器播放视频播放系统里的声源。当列车广播时，切断视频播放系统声源，播放广播系统声源。客室 LCD 显示屏也可采用自带的扬声器输出声音，保证声、视频同步。

司机室操作人员可在司机室的 CCTV 触摸屏上调节列车媒体播放系统伴声声量大小。当 HMI 屏上的紧急广播被触发时，客室 LCD 显示屏可自动切断正在播放的视频信息而显示紧急广播的条目或内容。

客室 LCD 显示屏具有 2 种视频播放状态，一是实时接收地面 PIS 传输过来的视频信息从而实现实时视频播放，另外一个是接收地面 PIS 下发的播放表及视频信息存入媒体编码板的 SD 卡内或手动将视频拷贝入 SD 卡内，从而实现客室 LCD 显示屏的录播功能。列车具有超时保护功能，当长度达到一定时间没有接收到实时地面视频信号时，超时保护将起作用，客室 LCD 显示屏将播放预存在 SD 卡内的视频。当接收到有效的信号，显示屏将重新正常工作。

在紧急情况下，控制中心可以人工干预 LCD 屏的显示内容，控制中心调度员可通过选取预先设定好的声视频内容在客室 LCD 显示屏上播放。客室 LCD 显示屏全屏、分屏模式如图 12.2-25，客室 LCD 显示屏紧急文本显示如图 12.2-26。

客室 LCD 显示屏的画面可根据用户需要实现全屏显示或分屏显示。

图 12.2-25　客室 LCD 显示屏全屏、分屏模式

图 12.2-26　客室 LCD 显示屏紧急文本显示

12.3 系统功能操作

本节主要介绍乘客信息系统的功能操作。

1. 广播控制盒操作说明

广播控制盒的手持话筒侧面配置"PTT"按键，操作人员按下"PTT"按键可对客室进行人工广播、司机室之间对讲及司机室与客室之间紧急对讲。

系统上电之后默认为司机室对讲模式，按下"PTT"按键，两端司机可以进行对讲。

2. 司机室对客室的人工广播

在各司机室，司机均可通过广播控制盒对客室进行人工广播。按下"人工广播"按键，常按"PTT"按钮，即可通过话筒对乘客广播，广播的声音可被客室及其他的司机室听到，而广播司机室本身则静音。

按一下司机室广播控制盒面板上"人工广播"按键后，如果此时没有比人工广播优先级高的广播在进行，则"人工广播"按键灯长亮，表示此时系统进入人工广播模式。如果键灯闪烁，说明此时有更高级别的广播正在进行，人工广播无法进行。进入人工广播模式后，按下手持话筒"PTT"键，对着话筒进行人工广播，客室扬声器和另一端司机室扬声器里发出人工广播的声音，而进行人工广播端司机室扬声器静音；如需暂停，那么释放话筒"PTT"按键；如继续进行人工广播，那么再按下话筒"PTT"按键。松开广播控制盒话筒"PTT"按键，然后按一次广播控制盒上"人工广播"按键，广播控制盒上"人工广播"按键灯熄灭，人工广播结束。

在激活人工广播后，如果60s左右不按话筒上"PTT"按键，则"人工广播"键灯自动熄灭，人工广播自动结束。

从占有端和非占有端均可以进行人工广播，操作流程相同。

当两列车进行连挂时司机室均可实现对客室的人工广播。

3. 司机室与司机室对讲操作

由于采用的控制方式不同,司机对讲操作方式也不同,目前使用的控制方式有两种:半双工控制和全双工控制。若采用半双工控制,司机在任何一端司机室按下"司机对讲"按钮后,就可以通过麦克风和另一端司机对讲,此时需要司机在对讲时一直按住该按钮,在讲完后松开此按钮,另一端司机才能按下本端的"司机对讲"按钮答复;若采用全双工控制,司机在要求对讲时需要按下"司机对讲"按钮,等待另一端司机接听(按下"司机对讲"按钮),当另一端司机接听后,两端司机可同时通话,且不需要在讲话时按住按钮。

4. 司机与乘客的紧急对讲

在客室出现紧急情况或突发事件时,乘客可以通过客室内紧急报警器上的"报警"键向司机室报警。车厢控制单元将代表报警的紧急报警器编号信息通过列车通信控制总线发送到HMI,并在HMI上显示。占有端司机室广播控制盒收到报警信息后,"紧急对讲"键指示灯闪烁,同时发出声音提示,提醒司机有乘客报警。

实现司机与乘客的紧急对讲通过以下设备来实现:

驾驶室:安装在司机台广播控制盒上的"紧急对讲"按键和手持话筒PTT按钮。

客室:乘客紧急报警器(PECU):PECU显示面板有3个LED指示灯("听"、"讲"和"呼叫"),用于指示通话状态。

每个客室均设有4个紧急报警器,安装在客室门立柱上,安装高度距离地板面1570mm。

HMI上的运行界面将分别显示一列车24个(每辆车4个)紧急报警器的状态。HMI主界面如图12.3-1。

(1)单个紧急报警器呼叫

在客室出现紧急情况或突发事件时,乘客可以通过客室内乘客紧急报警器装置上红色保护盖下面的"报警"按键向司机室进行报警。占有端司机室广播控制盒收到报警信息后,"紧急对讲"

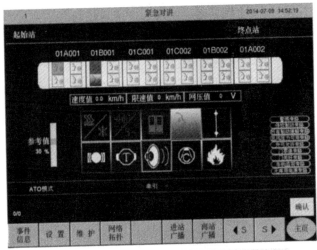

图 12.3-1 HMI 主界面

键灯闪烁，同时，广播控制盒中的蜂鸣器发出声音提示，提醒司机此时有乘客报警。乘客紧急报警器上"呼叫"灯闪烁。

（2）司机应答紧急报警

占有端司机按下广播控制盒上的"紧急对讲"按键，这时"紧急对讲"按键长亮，蜂鸣器发出的提示音停止，即建立起报警乘客和司机之间的双向通话。

（3）司机和乘客间的半双工通话

当司机应答乘客紧急报警后，乘客可通过乘客紧急报警中嵌入式话筒与司机进行通话，司机可通过司机室扬声器听到乘客的讲话声。刚接通时默认是乘客讲，司机室进行应答后，乘客紧急报警器上的"呼叫"指示灯长亮，"讲"指示灯亮。此时乘客对着紧急报警器上的话筒讲话,司机可以从司机室扬声器听到乘客的讲话声音。司机按下话筒上的"PTT"按键进行讲话时,乘客紧急报警器上"听"指示灯亮,"讲"指示灯灭。此时司机讲,乘客听。

(4)乘客紧急报警器的挂断

当司机和乘客通话完毕后,再按广播控制盒上的"紧急对讲"按键,"紧急对讲"按键指示灯灭,乘客与司机的紧急通话结束。同时乘客紧急报警器上的"呼叫"指示灯灭。

(5)多个紧急报警器的处理

当有多个紧急报警器报警时,激活端广播控制盒收到报警信息后,广播控制盒上的"紧急对讲"指示灯闪烁,同时,蜂鸣器发出报警声音提示,提醒司机有乘客报警。紧急报警器的应答采用先进先出的顺序,各个报警排队接入。当前一个报警处理完毕后,广播控制盒开始处理下一个报警,直至全部处理完毕。

司机室广播主机中的录音模块可在司机室接通紧急对讲后,对司机与乘客的对讲过程进行录音,当司机室结束此次对讲后,录音模块将此次对话过程按声频文件保存在存储卡内。

如有乘客紧急报警器被激活,系统自动触发视频监控系统将拍摄到的相应视频信息记录在网络硬盘摄像机中,司机台上的CCTV触摸屏将自动弹出发生紧急情况所在车厢的画面,画面将显示报警的时间地点等信息。

5. 控制中心对乘客广播(OCC)

控制中心对乘客广播功能的实现需要车载无线设备与列车有线广播设备的接口,接口方式采用干节点的方式,PIS系统自动接收无线设备提供的控制信号,并触发控制中心对乘客的广播功能。

6. 数字报站广播

系统可通过客室和司机室扬声器播放预录的数字化语音广播。广播内容包括列车广播报站、服务信息、服务用语的广播、紧急信息广播等的语音。数字报站广播有三种工作模式,全自动模式（ATC 控制）、半自动模式和手动模式（TCMS 控制）；这三个模式可通过 HMI 屏进行选择，模式信号通过 MVB 传给 PIS，且系统默认进入全自动广播模式。司机也可以通过 HMI 进行跳站、起点站和终点站的设定，线路中的任一站都可设为起点站和终点站。

全自动广播报站：列车在正线上运行时，若在 HMI 屏上将广播模式设为 ATC，列车采用全自动广播模式进行报站，此时列车广播系统实时接收发送过来的列车离站和到站信息，实现列车全自动控制报站广播。全自动广播报站只有在接收到正确的站点触发信息等时，才可实现正确的报站。

半自动广播报站：将列车广播模式设为半自动广播模式后，列车广播系统实时接收 TCMS 输出的触发信息，实现列车预录数字语音报站广播。半自动广播报站需司机将上下行信息、终点站/起始站信息、越站信息等行车信息设置正确。

手动广播报站：将列车的广播模式设为手动广播模式，列车广播系统可以进行降级操作。司机通过 HMI 手动进行越站和跳站广播播放。

图 12.3-2 为广播模式 HMI 选择界面，当选择 ATC 时，广播实现全自动报站模式；当选择 TCMS+OFF 时，系统采用半自动报站模式，司机需设定起始站和终点站，半自动广播模式下，PIS 系统将根据 VCM 传输过来的车辆实际速度信息、门状态信息及开关门信息等来产生相应的触发点，触发站台信息广播。手动模式时，司机可以按压下面的跳站按钮做前后越站广播。

若 PIS 工作在半自动模式或手动模式下，司机需要设置起点站、终点站、线路方向等信息。此模式下 PIS 将根据 VCM 传过来的速度信息、门状态信息和开关门信息来评估车辆在线路上所处的位置，PIS 产生相应的触发信息来触发相应的广播和乘客信息显示系统。

图 12.3-3 为线路选择画面，可用于选择设置起始站和终点站。

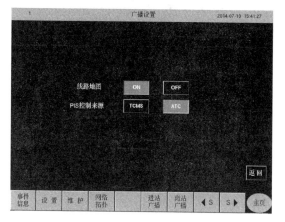

图 12.3-2 设置 PIS 控制来源

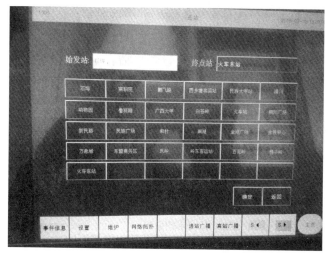

图 12.3-3 HMI 设置起始、终点站

HMI 上设置：2 个软按键。PIS 工作在手动模式下时，操作这两个软按钮可以实现跳站选择。

当司机发现 PIS 反馈给 HMI 显示的当前站站名错误时，司机可通过调整当前站站名显示并触发到站或离站广播。

双周检及以上修程要求检查数字化报站广播。

12 乘客信息系统

7. 预录的紧急信息广播

在司机台显示屏 HMI 上设置紧急广播条目的选择界面，界面上显示紧急广播的标题，司机可以操作此界面选择需要广播的紧急广播条目，HMI 将通过软件接口发送信息给司机室广播主机，在司机室广播主机内存储有相应广播的语音文件，当接收到需要播报的信息后，立即触发相应的语音文件通过列车扬声器播放，播放方式可根据用户的要求实现一次性播放、循环播放或司机操作终止。紧急信息和自动报站信息一并存储在司机室广播主机数字报站器的 SD 卡中。

双周检及以上修程要求检查紧急广播。

8. 广播音量调节

(1) 客室广播音量调节

系统设置两级音量调节，第一级为全列车广播音量的调节，可以在 3 个地方实现调节，一个是用 PTU 软件设置广播音量大小，一个是在 CCTV 触摸屏上设置广播音量大小，一个是在司机室广播主机的音量调节模块调节广播音量大小。第二级为调节单节车广播音量的大小（微调），可以在每个客室广播主机的功放模块中调节。

系统在客室设有噪声传感器（集成在紧急报警器中），实时采集客室噪声，自动调节广播音量，根据工作环境使广播音量进行自动增益，使广播的声音始终高于室内噪声至少 10dB（可调），但不超过 95dB，并使广播音响效果应均匀、稳定。

(2) 司机室监听音量调节

在司机台广播控制盒上设置音量调节按键，司机室安装有监听扬声器。司机每按一下广播控制盒上的"音量调节"键，广播控制盒上有 5 个指示灯，从左至右依次指示监听音量由低→中→高变化。司机室扬声器的音量将随着指示灯的变化而变化。

广播音量的维护要求如表 12.3-1。

因广播音量还没有国标标准，各个城市地铁的广播音量标准值可根据厂家意见或实际运行情况设置。

广播音量的维护要求 表12.3-1

检修标准	日检	双周检	三月检	年检
分别占有两端司机室,每节车客室广播音量无明显异常,否则用分贝仪测量并调整	√	√		
分别占有两端司机室,使用分贝仪测量每节车客室广播音量,客室广播音量在标准范围内(测量位置:客室中央,距离地板面高度1.5m),若音量不在标准范围内,则将音量调至标准范围(客室音量标准为79~83dB)			√	√

9. 优先级别

表12.3-2为广播系统优先级定义图,定义了广播系统各语音通信的优先级别和各功能是否可以同时执行的示意图。其中,"√"表示可以同时执行;"×"表示不能同时执行;"\"表示不适用。

广播系统优先级 表12.3-2

优先级	广播功能	OCC广播	司机对讲	乘客紧急对讲	司机人工广播	预录紧急广播	数字语音广播
高等级	OCC广播	\	√	√	×	×	×
	司机对讲	√	\	×	×	√	√
↓	乘客紧急对讲	√	×	\	×	×	√
	司机人工广播	×	×	×	\	×	×
低等级	预录紧急广播	×	√	×	×	\	×
	数字语音广播	×	√	√	×	×	\

在高级别的通信要求到来时,正在播送的低一级的通信立即中断。在高级别通信结束后自动恢复,或执行下一广播。低级别的广播通信不能打断高级别广播通信,需要等高级别广播通信结束后才能开始。优先级模式可根据用户需要通过PTU软件进行设置或更改。

三月检及以上修程需要检查广播优先级。

12.4　故障诊断

PIS 系统具有上电自检功能，各功能模块会实时将各自的状态信息传送给 PIS 系统中央控制器并进行存储，最少能记录 1000 条的故障数据。当信息储存满后，新信息数据自动覆盖最旧的信息数据，故障记录包括故障发生的部件、时间，故障等级和故障处理建议，维护人员可以定期通过 USB 接口连接到中央控制器，运行 PTU 软件来读取 PIS 系统的各设备状态信息，并且可以下载所有的设备状态信息到 PC 电脑。方便列车维护人员收集所有故障信息。

PIS 系统在正常运行过程中，一旦主要设备出现故障，能及时地通过 MVB 通信上报到 TCMS 系统，在 HMI 上显示报警信息。如司机室广播主机断电会报 PIS 通信严重故障，客室广播主机本地控制器故障会显示具体哪个客室广播主机通信错误等。

12.5　常见故障诊断与处理

1. 广播系统故障

（1）全自动广播故障

数字报站广播工作原理：由 ATC 或 TCMS 触发指令，经过中央控制器处理，由接口板送入功率放大器，实现数字化报站广播。

数字报站广播数据流程图如图 12.5-1。

整列车广播故障：

若 TMS 模块记录的报站数据有误，则可能为信号发送的站点信息错误或 MVB 模块故障；若 TMS 模块记录的报站数据正常，则可能为广播主机机柜、TMS 模块、中央控制器、数字报站器、SD 卡、音量调节模块故障或插头松动。

单节车全自动广播故障，则可能为接线松动或功放模块

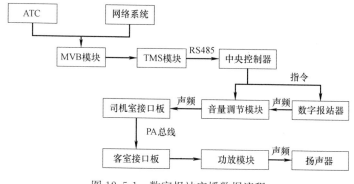

图 12.5-1 数字报站广播数据流程

故障。

注：广播音量过小时，查看广播音量设置是否正确，若正确，则可能为广播机柜或音量调节模块故障。

（2）OCC 广播故障

工作原理：有车载无线系统提供一个干接点信号，经接口板检测到后，由中央控制器进行处理，进行无线广播。OCC 广播数据流程图如图 12.5-2 所示。

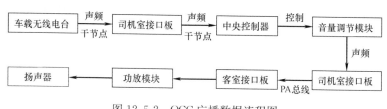

图 12.5-2 OCC 广播数据流程图

OCC 广播故障或声音小：检查车载无线电台是否故障或接线是否错误，若无错误，校验检测车载无线电台信号是否能正常传输干节点信号至广播主机以及中央控制器、音量调节模块是否有故障。

（3）人工广播故障

工作原理：由广播控制盒触发，经声频总线送入功率放大器，进行人工广播。数据流程图如图 12.5-3。

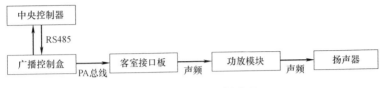

图 12.5-3 人工广播流程

人工广播故障：检查是否有更高级别广播影响人工广播，若无，检查手持话筒是否故障，若手持话筒完好，则可能为广播控制盒硬件或软件故障。

（4）广播控制盒故障

检查接线及手持话筒是否故障，若无，则为广播控制盒硬件或软件故障。

（5）司机室扬声器故障

司机室内无广播监听声音，若检查插头无异常，则可能的故障原因为司机室扬声器本身故障或是广播控制盒故障。

（6）紧急报警器故障

工作原理：由紧急报警器触发，报警经过本地控制器响应，由本地控制器经过 RS485 总线传送到广播控制盒，接通后由对讲总线传输声频。紧急报警流程如图 12.5-4。

图 12.5-4 紧急报警流程

当按下报警按键时，紧急报警器不能报警。如果本节车 4 台紧急报警器有一台不能报警，则该紧急报警器或其插头有故障；4 台都不能报警则需要检测线路和本地控制器是否能正常工作。

2. 乘客信息显示系统故障

（1）本地控制器故障

动态地图及客室内部 LED 显示屏工作原理如下：由中央控

制器触发经RS485总线,由本地控制器解析指令,将站代码送到动态地图及客室内部LED显示屏。

动态地图及客室内部LED显示屏数据传输流程如图12.5-5。

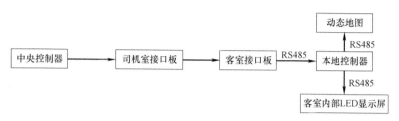

图12.5-5 数据传输流程

当列车总线可正常发出信号,只有单节列车客室内动态地图、内部屏不能正常工作,在确认客室内动态地图、内部屏无故障后,可确认本地控制器有问题。

(2)客室LCD显示屏故障

1)客室LCD显示屏直播故障

客室LCD显示屏的直播信号流程图如图12.5-6所示:

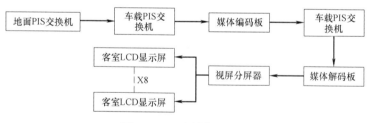

图12.5-6 直播信号流程

当在直播过程中出现整列车客室LCD显示屏黑屏、卡屏故障时,若客室LCD显示屏可自行恢复播放,则故障原因为无直播信号或直播信号不好;若无法自行恢复播放,则可能的原因为媒体编码板或交换机故障。

媒体播放为环网形式,某个交换机故障不会影响其他车辆的媒体播放。媒体播放如图12.5-7所示。

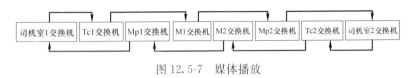

图 12.5-7　媒体播放

2）客室 LCD 显示屏录播故障

客室 LCD 显示屏的直播信号流程图如图 12.5-8 所示：

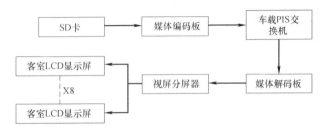

图 12.5-8　直播信号流程

若整列车客室 LCD 显示屏在录播过程中出现黑屏或卡屏故障，则可能的故障原因为 SD 卡内没有片源、媒体编码板地址冲突、媒体编码板故障、司机室交换机故障、插头松动等。

若某节车客室 LCD 显示屏出现黑屏或卡屏故障，则可能的故障原因为交换机故障、媒体解码板故障、视屏分屏器故障。

3. 监控系统故障

监控系统流程图如图 12.5-9 所示。

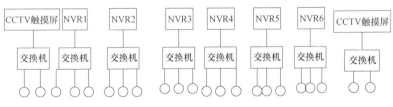

图 12.5-9　监控系统流程图

（1）摄像头故障

1）若单个摄像头画面无显示，检查该摄像头电源、信号线是否有松动，若无松动，则可以判断该摄像头故障，需更换。

2）整节车摄像头画面无显示，检查该节车交换机是否工作正常（指示灯快闪），若交换机指示灯闪烁缓慢，则可判断交换机模块或该节车网络通信故障，依次更换排除即可。

3）若整列车无监控画面显示，则可判定为司机室交换机或者司机室网络总线故障。

（2）CCTV 触摸屏故障

检查 CCTV 触摸屏本身是否有故障或插头是否松动。

12.6　缩写表

缩写表见表12.6-1。

缩写表　　　　　　表 12.6-1

序号	缩写符号	名　称
1	CC	司机对讲
2	DACU	广播控制盒
3	DRMD	动态地图
4	IDU	客室内部 LED 显示屏
5	MIC	手持话筒
6	NVR	网络硬盘摄像机
7	OCC	运营控制中心
8	PA	列车广播
9	PC	乘客对讲
10	ACSU	司机室广播主机
11	PECU	紧急报警器
12	PACU	客室广播主机
13	PIS	乘客信息系统
14	ANM	噪声传感器
15	CaCam	司机室摄像头
16	SaCam	客室摄像头
17	CabSP	司机室扬声器
18	SaSP	客室扬声器

13 照明系统

照明系统分为车辆外部照明和车辆内部照明，外部照明包括前照灯和运行灯，车辆内部照明包括司机室照明和客室照明。车辆外部照明主要提供轨道照明及信号指示。司机室照明主要给乘务人员提供照明。客室照明，灯光应均匀温和，给乘客一个舒适的环境。

13.1 车辆外部照明

外部照明由前照灯、运行灯（行车灯）组成。前照灯安装在带有嵌装玻璃可调的灯具中，包括近光灯、远光灯、尾灯，其中近光灯、远光灯允许进行水平和垂直方向的适当调节。前照灯位于司机室前端墙下方，两侧对称布置。

1. 远光灯、近光灯

远光灯和近光灯采用氙气灯，光照性能高、功率低、远近光切换可靠、照射方向可调、维护方便等特点。

技术参数：

（1）工作电压：DC 24V。

（2）光源：氙气灯。

（3）照度：晴天、在正常工作时，在列车前端 80km/h 速度紧急制动距离处照度不低于 2lx。

2. 尾灯

尾灯又称为标志灯。

技术参数：

（1）光源：红色 LED。

(2) 工作电压：DC110V。

在视觉清晰的天气情况下，在距车辆最大紧急制动距离处应能清晰地看到尾灯。

3. 运行灯

每个司机室端部设有两套运行灯（行车灯），安装在司机室端部的上部。

技术参数：

(1) 光源：红白双色 LED。

(2) 工作电压：DC110V。

4. 外部照明控制逻辑

(1) 当列车处于停机状态（未激活），前照灯、运行灯和尾灯保持熄灭状态。

(2) 前照灯切换开关采用两位置自锁开关，分"近光"、"远光"两个位置。

(3) 当司机室受控后，并且司控器已经进行了操作模式选择时，前后两个单元 Tc 车的前照灯、标志灯和运行灯将按照表13.1-1 点亮（"○"表示亮，"×"表示灭）：

标志灯点亮模式　　　　　　表 13.1-1

司控器手柄位置	司机室激活端				司机室未激活端			
	前照灯	标志灯	运行灯（白）	运行灯（红）	前照灯	标志灯	运行灯（白）	运行灯（红）
向前	○	×	○	×	×	○	×	○
0	×	○	×	○	×	○	×	○
向后	×	○	○	○	○	×	○	×

13.2　车辆内部照明

1. 司机室内部照明

安装司机室顶棚灯与阅读灯。司机室照明线路及控制独立于客室的线路,并由 DC110V 紧急直流电源列车线直接供电,并由位于司机室的开关控制照明灯与阅读灯。

当司机室顶棚灯打开时,司机台上的照度不小于 150lx。

(1) 顶棚灯

顶棚灯为圆形平面灯,采用 LED 光源发光表面均匀、不刺眼。每个司机室布置三个顶棚灯,成品字形分布。

司机室顶棚灯技术参数:

1) 输入电压:DC110V(DC77~DC137.5V)。

2) 色温:4000±200K。

3) 显色指数:不小于 70。

(2) 阅读灯

司机室阅读灯主要用于司机台照明,独立于司机室的其他照明,照明区域较小。阅读灯安装于司机室顶棚上,该灯的照明由司机室中的一个开关控制,且照明方向可微调。

阅读灯技术参数:

1) 输入电压:DC110V(DC77~DC137.5V)。

2) 色温:4000±200K。

3) 显色指数:不小于 70。

(3) 控制

司机室照明控制开关为一个三位置自锁开关,当该开关在"0"位置时,司机室顶棚灯和阅读灯都熄灭;当该开关在"顶棚灯"位置时,三个顶棚灯点亮;当该开关在"阅读灯"位置时,阅读灯点亮。

2. 客室照明

(1) 概述

根据照明灯具的不同,又可将城市轨道车辆客室照明分为荧光灯和 LED 灯。在 21 世纪前期,我国城市轨道车辆绝大部分使用荧光灯,如广州地铁 3 号线,深圳地铁 1 号线。随着科技的进步,国内越来越多的城市轨道车辆采用 LED 平面光源作为照明灯具,客室照明使用节能环保的 LED 平面照明灯具,如深圳地铁 5 号线，上海地铁 11 号线，南宁地铁 1 号线。荧光灯通过电弧激发水银蒸气产生紫外线光，使涂磷层产生荧光，属于热光源；LED 使用固体半导体芯片中的载流子符合放出过剩的能量引起光子发射发光，属于冷光源。LED 平面光源与荧光灯相比，有功耗低、寿命时间长、使用无毒材料的优点，本书将着重介绍 LED 平面光源。

以我国某轨道车辆为例介绍，客室照明采用的 LED 灯充分考虑故障条件下灯光照明的均匀性，整个照明系统的设计合理，灯带布置美观、均匀。

（2）性能描述

客室照明电路分为 4 条照明电路。沿客室顶棚纵向排列的两条灯带交叉排列组成。如果一条电路故障，贯穿全车厢的其他电路的照明是均匀分布的。照明由 110V 直流母线供电，可在 77VDC～137.5VDC 电压范围内正常工作。在列车失去 DC1500V 高压正常照明将被关断，仅保留由蓄电池供电的紧急照明，并能维持至少 45min。

技术参数：

1）光源：LED 灯。

2）输入电压：DC110V。

3）色温：6500±200K。

4）显色指数：不小于 70。

5）照度：正常照明时，在距地板面高 800mm 处，高于 200lx；紧急情况下，在距地板面高 1m 处，高于 30lx。

（3）灯具结构

客室照明采用 LED 照明模块，色温 6500±200K，显色指数不小于 70，发光均匀柔和。重量轻，抗震性能好，清洁、更换和维护简便。

（4）灯具布置

客室照明在电路上分为 4 个电路供电，采用集中式驱动电源供电方案，其车厢内灯具在电气结构上分为 4 路灯带分别都由直流110V供电，车内左右两侧各2路灯具，且间隔分布。客室照明电路分为4条照明电路。沿客室顶棚纵向排列的两条灯带交叉排列组成。

(5) 紧急照明

客室照明驱动电源设有专门的紧急照明信号接口，当意外造成地铁车内动力供电中断或低压电源故障时，紧急照明信号将由正常的低电平自动切换为高电平，客室照明系统将由正常照明模式自动切换为紧急照明模式，4个驱动电源各自接收到一个高电平紧急照明启动信号，自动降低恒流输出，而使车内所有灯具照度降低。以节约车内后备电池电力消耗。

(6) 照明控制

照明控制开关位于司机室内，正常情况下，司机可以由受控司机室对客室照明的开关进行控制，客室照明开关设在司机台面上，照明接通的维持不受控于主控制器钥匙。

当列车与直流1500V线路切断或者全部直流供电设备无直流输出的情况下，自动转换成由蓄电池供电的紧急照明。

照明控制以每节车为基础，如果列车线无"接通"指令，车辆照明无法接通，本节车的照明回路分别由本地的断路器进行保护。

照明控制开关位于司机室内，正常情况下，司机可以由受控司机室对客室照明的开关进行控制，客室照明开关设在司机台面上，照明接通的维持不受控于主控制器钥匙。

司机室照明控制开关为一个三位置自复位开关，当该开关在"ON"位置时，客室照明灯具点亮；当该开关打到"OFF"位时，客室照明灯具熄灭；在司机台上有一个"客室灯亮"指示灯，当客室照明灯具点亮时，该绿色指示灯点亮。

13.3 预防性维修

灯具日常性维护主要体现在照明功能的检查上，日检以上修程应检查灯具有无闪烁、有无不亮的情况，年检需增加对灯具紧固件及客室灯具照度的检查。

照明系统常见故障为电气故障，只要有：

1. 灯具不亮

故障现象为灯具不亮。该故障的主要原因是灯具无电压输入。解决办法：（1）检查电源电压是否在电压范围内，如在电压范围内则更换灯具，如不在电压范围内则检查供电系统。（2）检查连接器是否松动，如有松动，则插紧连接器。

2. 灯光闪烁

故障现象为灯光不亮。该故障的主要原因是供电电压不稳定。解决办法：检查电源电压是否在电压范围内。如在电压范围内则更换灯具，如不在电压范围内，则恢复电源电压。

14 附属设备

14.1 概述

附属设备主要包括火灾报警、刮雨器、电笛等,承担车辆的辅助功能。火灾报警系统主要用于在防控区域内探测到火警信号,将火警信息通过 RS485 迅速上报到列车控制单元,提醒乘务人员处理,客室火灾报警控制器发出声光报警信号提醒车厢内乘客。刮雨器设备主要用于雨雪天气,保持前窗玻璃干净,不影响乘务人员瞭望。

14.2 火灾报警系统

火灾报警系统在防控区域内的探测器探测到火警信号之后,控制器之间通过 can 总线共享火警信息,两端拖车的火灾报警控制器通过 RS485 总线迅速将火灾报警信息上报到列车控制单元,火灾报警控制器发出声光报警信号,控制器主液晶屏上同时显示首次火警及后续火警的报警部位及报警时间,维护人员可通过列车控制单元或拖车火灾报警控制器对整车控制器火警信息发送复位指令。

1. 火灾设备配置

火灾报警系统设备包括火灾报警控制器、温烟复合型探测器、感烟探测器。

每辆车的控制器安装在每节车的继电器柜内,在除升弓柜外的其他每个屏柜内均各安装一个感温感烟探测器,在每辆车客室的侧顶板内安装两个感烟探测器,附属设备配置见表 14.2-1。

附属设备配置　　　　　表 14.2-1

序号	名称	Tc	Mp	M	M	Mp	Tc	总数量(列)
1	火灾报警控制器(FCU)	1	1	1	1	1	1	6
2	温烟组合探测器(SHD)	3	2	2	2	2	3	14
3	感烟探测器(SD)	2	2	2	2	2	2	12

2. 火灾设备位置布置（图 14.2-1）

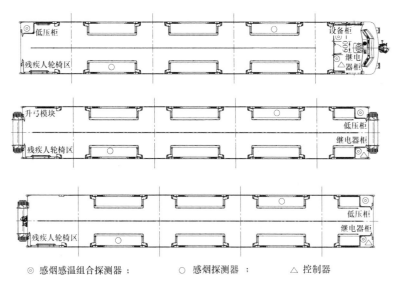

◎ 感烟感温组合探测器；　　○ 感烟探测器；　　△ 控制器

图 14.2-1　火灾设备位置布置

（1）感温感烟组合探测器布置于各电器柜内。
（2）感烟探测器布置于客室侧顶板内。
（3）控制器布置于各继电器屏柜内。

3. 技术参数

（1）主电源：110V DC。
（2）输出信号电源（高电平）：110V DC。
（3）输出信号电源（低电平）：0V DC。
（4）探测回路电压：15～32VDC。

4. 系统结构

火灾报警系统由火灾报警控制器、温烟复合探测器及感烟探测器等设备组成。在客室侧顶板内布置感烟探测器，在车辆内部屏柜内布置温烟复合探测器。当探测器探测到火情或者温度超过阈值后，通过电缆将信号传送给控制器，火灾报警控制器一方面启动本地信号灯进行光提示，另一方面将火警信息通过 RS485 接口传送到列车控制单元，火灾报警系统见图 14.2-2。

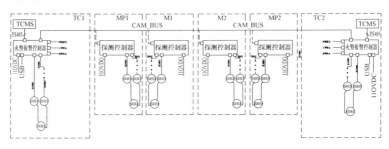

图 14.2-2　火灾报警系统

（1）火灾报警控制器

1）技术参数

工作电压：浮地制 DC110V（波动范围 DC77~137.5V）

额定功率：25W。

最大功率：30W。

重量：1.6kg。

2）功能描述

火灾报警控制器的液晶显示器采用 192×64 点阵，6 只发光二极管指示机器运行的状态（火警灯、故障灯、屏蔽灯、消音灯、电源灯、运行灯），10 只按键操作完成功能操作（编程键、方向键（↑↓←→）、自检键、确认键、复位键、退出键、消声键）。

火警功能：接收当节车的火警信息，自身启动声音报警，火警灯亮（保持至复位），并将火警信息传递给列车控制单元，液晶屏上同时显示首次火警及后续火警的报警部位及报警时间。接收来自列车控制单元或拖车火灾报警控制器对整车控制器火警信息发送复位指令。火警声可用消声键手动消音，但不影响下次火灾报警声音。

故障报警功能：当火警系统发生故障时（如有探测器污染、通信故障等），确认后主机点亮故障灯，报故障声，显示故障报警部位（如探测器编号等信息）。故障报警声可用消声键手动消声，但不影响下次故障报警。故障原因排除后，报警自动消失。

火警优先功能：若火警系统当前有故障报警，同时系统内又检测到火警信号时，会同时显示火警和故障信息，但是火警声取代故障声，即火警优先。故障和火警信号可以同时进行查询，在没有手动查询情况下，主机显示屏逐条自动滚动显示火警和故障信息。

自检功能：按下自检键火警主机可对其显示功能、报警功能进行检查。自检后，屏幕显示恢复到系统的当前状态。

设定功能：可根据需要对控制器的时间、地址等信息进行设置，同时可以为探测器的敏感度参数进行设置。

信息存储：控制器可存储 999×4 条火警、故障、屏蔽、其他事件记录，为维护人员提供便利。

火警灯：红色，当有探头报警时，此灯亮，且保持到复位。

故障灯：黄色，有故障存在时点亮，故障消失时灭。

屏蔽灯：黄色，有屏蔽信息时点亮，无屏蔽信息时灭。

消音灯：当有报警信息时按下消音键点亮，有新的报警信息时灭。

电源灯：供电开关打开时亮。

运行灯：机器正常运行。

声报警开关：打开时有声报警，关闭时无声报警信号输出。

（2）智能复合式烟温探测器（图 14.2-3）

智能复合式烟温探测器核心由烟雾传感、环境温度传感、信号处理等部分组成。其中烟雾传感部分由迷宫式暗室、红外光接收发射装置、光学透镜和有一定防尘防虫作用的滤网组成，采用光散射原理对外部烟雾进行探测，当外部烟雾粒子浓度在连续时

图 14.2-3 智能复合式烟温探测器

间内(可设定)大于等于烟雾浓度报警阈值(可设定)时向外提供烟雾报警信息。

环境温度的监测采用了数字式温度传感器,温感器的作用除了监测环境温度之外还给烟雾信号处理电路提供了温度补偿的作用。温度报警采用了定温方式,当监测到环境温度在连续时间内(可设定)大于等于温度报警阈值(可设定)时向外提供温度报警信息。

该探测器具有自动地址定位,不需要对探测器进行地址设定。

智能复合式烟温探测器主要技术参数如下。

工作电压:15~32VDC,由控制器提供。

静态电流:小于等于230μA(24VDC)。

最大报警电流:6.5mA(24VDC时,灯恒亮)。

环境温度:-10~50℃。

外形尺寸:直径×高度=102mm×35mm。

(3) 智能光电感烟探测器

智能光电感烟探测器技术参数参数如下。

工作电压:15~32VDC。

静态电流:不大于450μA。

报警电流:不大于3.5mA。

环境温度:-10~50℃。

外形尺寸:ϕ102×55mm。

智能光电感烟探测器由烟雾传感、信号处理等部分组成。其中烟雾传感部分与复合

图 14.2-4 智能光电感烟探测器

式烟温探测器一致，也是由迷宫式暗室、红外光接收发射装置、光学透镜和有一定防尘防虫作用的滤网组成，采用光散射原理对外部烟雾进行探测，当外部烟雾粒子浓度在连续时间内（可设定）大于等于烟雾浓度报警阈值（可设定）时向外提供烟雾报警信息。

智能光电感烟探测器无自动地址定位功能，故需要借助电子编码器对其进行编码。

14.3 刮雨器

1. 概述

刮雨器位于 Tc 车Ⅰ位端，刮雨器总成安装在头罩上，控制盒、水箱、注水口和控制面板安装在司机室操作台上。刮雨器主要是在雨天、雾霾等天气中刮洗前窗玻璃，使前窗玻璃干净、不影响司机视野。在需要时清除挡风玻璃上的雨水及其他遮挡物（昆虫、泥浆等），以获得清晰的视野，保证行车安全的装置。

2. 结构组成

刮雨器是由水箱总成、驱动总成、间歇器、雨刷组成。刮雨器结构如图 14.3-1 所示。

3. 技术参数

（1）机车运行速度：80km/h。

（2）额定电压：DC 110V，工作电压范围：DC 77~DC 137.5V。

（3）刮刷频率：刮雨器在正常工作情况下，能均匀地刮擦，不应出现抖动现象。

（4）高频：不小于 45 次/min，不大于 50 次/min。

（5）低频：不小于 20 次/min，不大于 25 次/min。

（6）间歇：10±1 次/min。

（7）标定刮刷角度：80±2°

（8）刮雨器驱动力臂长：900mm。

（9）刷片长：800mm。

(10) 安装方式：采用下置式安装。

启动马达：不小于 $1.5×106cycles$（次）。

胶条：不小于 $0.5×106cycles$（次）。

刮雨器停止时，雨刷应停留在玻璃的左侧（车行方向）。

4. 工作原理

按钮盒通过电压作用选择控制盒的工作模式，控制盒能实现快速、慢速、间歇、停止和喷/洗功能。一个电动机驱动一个刮臂，刮臂采取平行四边形结构，即一套刮雨器包括一个驱动电动机，一套传动机构，一套刮臂，一套刮片。刮雨器由同一个控制盒、按钮盒共同控制，并用一套储水系统，如图 14.3-2。

图 14.3-1 刮雨器结构

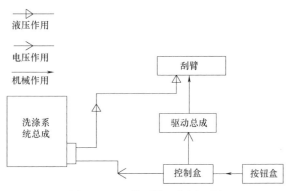

图 14.3-2 刮雨器工作原理图

控制盒、按钮盒可使其工作在低速、高速、间歇运转和停机复位 4 种工况，控制盒带有停机自动复位功能以及电动机堵转保护、电源输入接反保护功能。

刮雨器控制系统由操作盒、按钮盒两大部分组成。按钮盒可操纵电动机在高速、低速、间歇、复位和喷/洗 5 个状态之间的切换。每个状态的工作过程如下：

高速挡工作过程：电动机通电于高速运转状态，雨刷刮刷频率为 45～50 次/min 往复摆动。

低速挡工作过程：电动机通电于低速运转状态，雨刷刮刷频率为 20～25 次/min 往复摆动。

间歇挡工作过程：电动机通电于间歇运转状态，雨刷刮刷频率为 10±1 次/min 往复摆动。

复位挡工作过程：此时电动机将制动，刮臂将停止动作，雨刷停留在内侧即要求的复位位置处。

"喷/洗"为控制喷淋电动机，此时刮雨器实现喷水功能。在刮雨器处于正常工作过程时按下"喷/洗"按键，刮雨器实现喷水功能；在刮雨器处于复位状态时按下"喷/洗"按键，刮雨器实现洗车功能，刮雨器刮杆停在玻璃中间竖直位置。

14.4　预防性维修

1. 火灾报警系统

（1）每月检查内容：火灾报警系统的复位、消声、灯检、故障报警等功能是否正常。

（2）半年检查内容：采用加烟（或加温）的方法分期分批（10%）试验探测器的动作是否正常，及确认灯显示。

（3）年检检查内容：采用加烟（或加温）的方法对安装的所有探测器全部检查试验一遍，看功能是否正常；测试车载报警装置面板按键功能是否正常。

2. 刮雨器

三月检、半年检、年检检查内容：检查刮雨器外观是否正常，应刮片无裂纹、紧固件无松动；刮雨器水管接头无泄漏，箱体内部件运转良好；

刮雨器各个模式功能正常。